U0499425

中标
政府采购

中国政府采购杂志社 ◎ 主编

中国财经出版传媒集团

经济科学出版社
Economic Science Press

·北 京·

图书在版编目（CIP）数据

中标政府采购／中国政府采购杂志社主编. --北京：
经济科学出版社，2025.4. -- ISBN 978 - 7 - 5218 - 6838 - 8

Ⅰ. F812.2

中国国家版本馆 CIP 数据核字第 2025QY8938 号

策划编辑：殷亚红
责任编辑：王　洁
责任校对：刘　娅
责任印制：邱　天

中标政府采购

ZHONGBIAO ZHENGFU CAIGOU

中国政府采购杂志社　主编

经济科学出版社出版、发行　新华书店经销

社址：北京市海淀区阜成路甲 28 号　邮编：100142

总编部电话：010 - 88191217　010 - 68580916

发行部电话：010 - 88191522　010 - 88190453

网址：www. cgpmedia. cn

电子邮箱：cgpm@ vip. sina. com

天猫网店：经济科学出版社旗舰店

网址：http：//jjkxcbs. tmall. com

固安华明印业有限公司印装

710 × 1000　16 开　24.25 印张　320000 字

2025 年 4 月第 1 版　2025 年 4 月第 1 次印刷

ISBN 978 - 7 - 5218 - 6838 - 8　定价：98.00 元

（图书出现印装问题，本社负责调换。电话：010 - 88191545）

（版权所有　侵权必究　打击盗版　举报热线：010 - 88191661

QQ：2242791300　营销中心电话：010 - 88191537

电子邮箱：dbts@ esp. com. cn）

中标政府采购编写组

编写组成员： 何红锋　李德华　姜爱华　殷亚红
　　　　　王　洁

编者序

　　本书由中国政府采购杂志社主编。在响应（中标）这一结果上，采购人与供应商存在共同的目标。为了描述方便，本书使用中标代指各类采购方式中的成交。本书是从供应商的视角，讨论供应商如何进行中标能力建设、如何进行中标筹划和实施，以及中标筹划中的风险和救济管理等。

　　如何中标是政府采购供应商最为关心的问题。为此，供应商需要对政府采购制度有一个基本了解，这是一项基础性工作。为了能够参与政府采购，首先，需要了解政府采购项目和需求信息，这些信息主要从政府采购公开信息渠道获取，例如，从官方采购公告信息渠道中国政府采购网进行寻源，也可以从其他渠道获取相关信息。在了解政府采购信息后，决策是否投标时，就应该开始进行中标筹划，并且这种筹划要贯穿投标的全过程。其次，在决策是否参加投标时，需要做好市场调研，对中标的可能性进行评估，对于完全没有中标可能性的项目，自然是不应该参加投标的。在投标的过程中，要做好相关组织工作和资源协调工作。编制好投标文件是最为重要的，需要制定报价策略、技术方案策略等，也要对潜在的竞争对手有一定的分析。供应商也应当充分研究政府采购相关政策，如果具备相应资格条件，就能够大大提高中标的可能性，有的采购项目的政策要求甚至可以决定供应商能否中标。供应商还要做好风险管理工作，这是确保在投标和中标项目实施过程中不发生重大损失的保障。最后，如果发生了损害（或者可能损害）供应商利益的事件，供应商还应该充分利用政府采购制度的救济渠道维护自身合法权益，避免损失的产生或者能够及时挽回损失。

　　有的同志可能会认为，供应商只要做好自己的产品或者服务即可，遇到相应的政府采购项目顺其自然参加投标即可，对能否中标不应该过分考虑。这种认识实际上是"酒香不怕巷子深"的传统观念的反映，在本质上是认为通过筹划中标属于雕虫小技。这种观念是错误的，如果供应商能够做到引导政府采购需求，自然政府采购项目非你莫属。但是这样的供应商毕竟是极少数，绝大多数供应商还是需要迎合政府采购需求。这就要求供应商能够推销自己、能够在政府采购项目中展示自己。筹划中标的过程也是改造和提升供应商能力竞争，让其产品和服务更加符合政府采购要求的过程。这并非雕虫小技，而是通过这样的能力竞争改造让供应商更加符合政府和社会的要求，有的供应商会通过一次次筹划中标成长壮大起来。

总之，本书试图提高政府采购供应商筹划中标的能力，本质上也是希望供应商能够通过参与政府采购项目不断成长。从这样的角度编写一本书，在国内尚属首次。本书的读者既包括希望参与政府采购项目而中标的供应商工作人员，也包括政府采购代理机构、采购人等相关单位中的政府采购从业人员。中国政府采购杂志社组织专家编写了本书。参与本书策划编写的编写组成员包括：南开大学法学院何红锋教授、天津城建大学经济与管理学院李德华副教授、中央财经大学财政税务学院姜爱华教授、中国财经出版传媒集团财经期刊总社社长兼中国政府采购杂志社社长兼总编辑殷亚红、中国政府采购杂志社副总编辑王洁。本书共分为八章，各章分工情况如下：何红锋：第一章、第五章；李德华：第二章、第四章、第六章、第七章；姜爱华：第三章、第八章。由何红锋、李德华、殷亚红、王洁进行全书统稿。此外，我们邀请了上海市财政局政府采购处徐舟老师作为外审专家进行审稿，收获了大量详细而有益的修改建议，在此一并致谢。希望本书能够对广大供应商中标政府采购带来助益。

何红锋

2024 年 10 月 12 日

» 目　录

CONTENTS

第一章 概　　述

第一节　政府采购基础知识

一、政府采购范围与主体

（一）政府采购的概念

政府采购，是指各级国家机关、事业单位和团体组织，使用财政性资金采购依法制定的集中采购目录以内的或者采购限额标准以上的货物、工程和服务的行为。这是《中华人民共和国政府采购法》（以下简称《政府采购法》）对政府采购的界定。界定政府采购，最大的争议在于是否应当将所有的使用财政性资金的购买行为都列入。在《政府采购法》颁布前，有人认为应当将所有的使用财政性资金的购买行为都列入政府采购的范围。例如有学者提出，"政府采购是指各级国家机关和实行预算管理的政党组织、社会团体、事业单位，使用财政性资金在政府的统一管理和监督下获取货物、工程和服务的行为。"① 但《政府采购法》没有采纳这样的界定方法。我国政府采购应当具备以下条件。

1. 采购主体符合要求

政府采购的采购主体限于国家机关、事业单位和团体组织，其他类型的主体（如国有企业），即使在采购时使用财政性资金，也不属于政府采购。关于国有企业是否应当属于政府采购的主体，是我国在加入 WTO《政

---

① 孟春主编：《政府采购理论与实践》，经济科学出版社 2001 年出版，第 3 页。

府采购协定》（GPA）谈判中的重点问题之一，我国已经承诺将有部分国有企业会成为政府采购实体。因此，未来，我国的部分国有企业会成为政府采购主体。2022年财政部发布的《中华人民共和国政府采购法（修订草案征求意见稿）》（以下简称"2022年修法方案"）规定，采购主体除了国家机关、事业单位、团体组织外，还增加了其他采购实体，其他采购实体是指实现政府目的，提供公共产品和公共服务的其他实体，其他采购实体及其采购项目范围，由国务院确定。

2. 使用财政性资金

政府采购限于使用财政性资金进行的采购活动。即使属于国家机关、事业单位和团体组织的采购，如果没有使用财政性资金，仍然不属于政府采购。财政性资金是指纳入预算管理的资金。根据《中华人民共和国预算法》（以下简称《预算法》）的规定，预算由预算收入和预算支出组成。政府的全部收入和支出都应当纳入预算。预算包括一般公共预算、政府性基金预算、国有资本经营预算、社会保险基金预算。

一是一般公共预算是对以税收为主体的财政收入，安排用于保障和改善民生、推动经济社会发展、维护国家安全、维持国家机构正常运转等方面的收支预算。中央一般公共预算包括中央各部门（含直属单位）的预算和中央对地方的税收返还、转移支付预算。中央一般公共预算收入包括中央本级收入和地方向中央的上解收入。中央一般公共预算支出包括中央本级支出、中央对地方的税收返还和转移支付。地方各级一般公共预算包括本级各部门的预算和税收返还、转移支付预算。地方各级一般公共预算收入包括地方本级收入、上级政府对本级政府的税收返还和转移支付、下级政府的上解收入。地方各级一般公共预算支出包括地方本级支出、对上级政府的上解支出、对下级政府的税收返还和转移支付。

二是政府性基金预算是对依照法律、行政法规的规定在一定期限内向特定对象征收、收取或者以其他方式筹集的资金，专项用于特定公共事业发展的收支预算。政府性基金预算应当根据基金项目收入情况和实际支出需要，按基金项目编制，做到以收定支。

三是国有资本经营预算是对国有资本收益作出支出安排的收支预算。国有资本经营预算应当按照收支平衡的原则编制，不列赤字，并安排资金调入一般公共预算。

四是社会保险基金预算是对社会保险缴款、一般公共预算安排和其他方式筹集的资金，专项用于社会保险的收支预算。社会保险基金预算应当按照统筹层次和社会保险项目分别编制，做到收支平衡。

3. 集中采购目录以内或者采购限额标准以上

政府采购限于采购依法制定的集中采购目录以内的或者采购限额标准以上的货物、工程和服务的行为。政府集中采购目录和采购限额标准依照法律规定的权限制定。这一要求，意味着即使是政府采购主体使用财政性资金进行的采购活动，如果是在集中采购目录以外，且没有达到采购限额标准的，仍然不属于政府采购。

（二）政府采购的对象

1. 货物

货物是指各种形态和种类的物品，包括原材料、燃料、设备、产品等。它应当具有一定的物质形态、占有一定空间、具有一定价值和使用价值、用于交易的物质。货物从不同的角度有不同的分类：生活资料和生产资料；种类物和特定物；原物和孳息物；动产和不动产等。作为货物的不动产与工程不同，是指已经成为成品的建筑产品。政府采购制度是起源于货物采购的。

2. 工程

工程是指建设工程，包括建筑物和构筑物的新建、改建、扩建、装修、拆除、修缮等。工程是政府采购的重要对象，但我国政府采购工程并不必然适用《政府采购法》。由于我国《中华人民共和国招标投标法》①与《政府采购法》并存，工程的政府采购存在适用法律的区别。《政府采购法》第

---

① 本书后文简称《招标投标法》。

四条规定："政府采购工程进行招标投标的，适用招标投标法。"因此，原则上，政府采购工程进行招标投标的，适用《招标投标法》；如果是采用招标以外的其他采购方式的，则适用《政府采购法》。这里所称工程，是指建设工程，包括建筑物和构筑物的新建、改建、扩建及其相关的装修、拆除、修缮等；所称与工程建设有关的货物，是指构成工程不可分割的组成部分，且为实现工程基本功能所必需的设备、材料等；所称与工程建设有关的服务，是指为完成工程所需的勘察、设计、监理等服务。对"与工程建设有关的服务"不能做扩大化理解，应当限于为完成工程所需的勘察、设计、监理。

3. 服务

服务是指除货物和工程以外的其他政府采购对象。服务在汉语中的含义为"为集体（或别人的）利益或为某种事业而工作"。[①] 《中央预算单位政府集中采购目录及标准（2020年版）》规定的服务类包括车辆维修保养及加油服务、机动车保险服务、印刷服务、工程造价咨询服务、工程监理服务、物业管理服务、云计算服务、互联网接入服务等。

（三）政府采购集中采购目录和限额标准

我国政府采购实行集中采购和分散采购相结合原则。集中采购，是指采购人将列入集中采购目录的项目委托集中采购机构代理采购或者进行部门集中采购的行为；分散采购，是指采购人将采购限额标准以上的未列入集中采购目录的项目自行采购或者委托采购代理机构代理采购的行为。分散采购和集中采购与分散采购相结合模式，是指一部分采购、即列入政府采购集集中采购目录的项目由政府集中采购部门统一负责，其他采购则由使用单位自行采购的模式。

政府采购集中采购的范围由省级以上人民政府公布的集中采购目录确定。属于中央预算的政府采购项目，其集中采购目录由国务院确定并公布；

---

① 中国社会科学院语言研究所词典编辑室编：《现代汉语小词典》，商务印书馆1994年出版，第159页。

属于地方预算的政府采购项目，其集中采购目录由省、自治区、直辖市人民政府或者其授权的机构确定并公布。政府采购限额标准，属于中央预算的政府采购项目，由国务院确定并公布；属于地方预算的政府采购项目，由省、自治区、直辖市人民政府或者其授权的机构确定并公布。省、自治区、直辖市人民政府或者其授权的机构根据实际情况，可以确定分别适用于本行政区域省级、设区的市级、县级的集中采购目录和采购限额标准。

《中央预算单位政府集中采购目录及标准（2020年版）》规定：分散采购限额标准为，除集中采购机构采购项目和部门集中采购项目外，各部门自行采购单项或批量金额达100万元以上的货物和服务的项目、120万元以上的工程项目应按《政府采购法》和《招标投标法》有关规定执行；公开招标数额标准为，政府采购货物或服务项目，单项采购金额达200万元以上的，必须采用公开招标方式。政府采购工程以及与工程建设有关的货物、服务公开招标数额标准按照国务院有关规定执行。

（四）政府采购主体

广义的政府采购主体就是政府采购当事人的概念，包括采购人、供应商和代理机构。狭义的政府采购主体是指采购人。本书对政府采购主体采用狭义概念。我国《政府采购法》第十五条规定："采购人是指依法进行政府采购的国家机关、事业单位、团体组织。"通过对各国政府采购制度的比较，我们可以对政府采购的采购人进行如下定义：政府采购的采购人，是指享有一定的公法上的权利（或者承担一定的公共管理或公共服务职能），能以自己的名义从事政府采购活动，并能独立承担由此产生的法律责任的社会组织，包括国家机关、事业单位、团体组织。

1. 国家机关

国家机关包括以下几类：国家权力机关，是全国人民代表大会及其常委会和地方各级人民代表大会及其常委会；国家行政机关，是中央人民政府即国务院和地方各级人民政府；国家军事机关，是中华人民共和国中央军事委员会，是全国武装力量的领导机关；国家审判机关，是各级人民法院；国家检察机关，是各级人民检察院。

2. 事业单位

事业单位，是指国家为了社会公益目的，由国家机关组建或者其他组织利用国有资产组建的，从事教育、科技、文化、卫生等为国民经济和社会发展服务的社会组织。

3. 团体组织

团体组织，是指由具有共同目的和志趣的人组成的集体，通常具有非营利性质，旨在通过一定的组织形式实现成员的共同意愿。这种组织可以是社会团体，如学会、研究会等。

二、政府采购方式与程序

（一）政府采购方式

根据《政府采购法》第二十六条，政府采购采用以下方式：（1）公开招标；（2）邀请招标；（3）竞争性谈判；（4）单一来源采购；（5）询价；（6）国务院政府采购监督管理部门认定的其他采购方式。政府采购制度经过多年的发展，国务院政府采购监督管理部门认定的其他政府采购方式还有竞争性磋商采购方式、框架协议采购方式和合作创新采购方式。

1. 公开招标

公开招标，是指采购人依法以招标公告的方式邀请非特定的供应商参加投标的采购方式。公开招标作为政府采购的主要方式，是一种由招标人按照法定程序，在公开媒体上发布招标公告，所有符合条件的供应商都可以平等参加投标竞争，从中择优选择中标者的招标方式。由于这种招标方式对竞争没有限制，因此，在国际上又被称为无限竞争性招标。公开招标最基本的含义是：（1）招标人以招标公告的方式邀请投标；（2）可以参加投标的法人或者其他组织是不特定的。从招标的本质来讲，这种招标方式是最符合招标宗旨的。

2. 邀请招标

邀请招标，是指采购人依法从符合相应资格条件的供应商中随机抽取三家以上供应商，并以投标邀请书的方式邀请其参加投标的采购方式。邀请招标是由接到投标邀请书的法人或者其他组织才能参加投标的一种招标方式，其他潜在的投标人则被排除在投标竞争之外，因此，也被称为有限竞争性招标。邀请招标必须向三个以上的潜在投标人发出邀请。

采用邀请招标方式的，采购人或者采购代理机构应当通过以下方式产生符合资格条件的供应商名单，并从中随机抽取三家以上供应商向其发出投标邀请书：（1）发布资格预审公告征集；（2）从省级以上人民政府财政部门（以下简称"财政部门"）建立的供应商库中选取；（3）采购人书面推荐。采用第（1）种方式产生符合资格条件供应商名单的，采购人或者采购代理机构应当按照资格预审文件载明的标准和方法，对潜在投标人进行资格预审。采用第（2）、第（3）种方式产生符合资格条件供应商名单的，备选的符合资格条件供应商总数不得少于拟随机抽取供应商总数的两倍。随机抽取是指通过抽签等能够保证所有符合资格条件供应商机会均等的方式选定供应商。随机抽取供应商时，应当有不少于两名采购人工作人员在场监督，并形成书面记录，随采购文件一并存档。

3. 竞争性谈判

竞争性谈判是指谈判小组与符合资格条件的供应商就采购货物、工程和服务事宜进行谈判，供应商按照谈判文件的要求提交响应文件和最后报价，采购人从谈判小组提出的成交候选人中确定成交供应商的采购方式。

公开招标应作为政府采购的主要采购方式，竞争性谈判主要适用于不能或者不宜采用招标方式的采购项目，具体为：（1）招标后没有供应商投标或者没有合格标的或者重新招标未能成立的；（2）技术复杂或者性质特殊，不能确定详细规格或者具体要求的；（3）采用招标所需时间不能满足用户紧急需要的；（4）不能事先计算出价格总额的。

4. 单一来源采购

单一来源采购是指采购人从某一特定供应商处采购货物、工程和服务的采购方式。根据《政府采购法》第三十一条，符合下列情形之一的货物或者服务，可以采用单一来源方式采购：（1）只能从唯一供应商处采购的；

（2）发生了不可预见的紧急情况不能从其他供应商处采购的；（3）必须保证原有采购项目一致性或者服务配套的要求，需要继续从原供应商处添购，且添购资金总额不超过原合同采购金额百分之十的。

为了避免出现奢侈采购、豪华采购，财政部在《政府采购非招标采购方式管理办法》中规定："采购人应当在收到评审报告后5个工作日内，从评审报告提出的成交候选人中，根据质量和服务均能满足采购文件实质性响应要求且最后报价最低的原则确定成交供应商，也可以书面授权谈判小组直接确定成交供应商。采购人逾期未确定成交供应商且不提出异议的，视为确定评审报告提出的最后报价最低的供应商为成交供应商。"

5. 询价

询价是指询价小组向符合资格条件的供应商发出采购货物询价通知书，要求供应商一次报出不得更改的价格，采购人从询价小组提出的成交候选人中确定成交供应商的采购方式。根据《政府采购法》第三十二条，采购的货物规格、标准统一、现货货源充足且价格变化幅度小的政府采购项目，可以采用询价方式采购。

6. 竞争性磋商

为了克服竞争性谈判"报价最低"原则确定供应商的局限性，对于非价格因素对采购需求满足影响重大的采购项目，《政府采购竞争性磋商采购方式管理暂行办法》（财库〔2014〕214号）规定了竞争性磋商的采购方式。该办法第三条规定，符合下列情形的项目，可以采用竞争性磋商方式开展采购：（1）政府购买服务项目；（2）技术复杂或者性质特殊，不能确定详细规格或者具体要求的；（3）因艺术品采购、专利、专有技术或者服务的时间、数量事先不能确定等原因不能事先计算出价格总额的；（4）市场竞争不充分的科研项目，以及需要扶持的科技成果转化项目；（5）按照招标投标法及其实施条例必须进行招标的工程建设项目以外的工程建设项目。

7. 框架协议采购方式

框架协议采购是指集中采购机构或者主管预算单位对技术、服务等标准明确、统一，需要多次重复采购的货物和服务，如采购计算机软件、汽车维修和加油等，通过公开征集程序，确定第一阶段入围供应商并订立框架协议，采购人或者服务对象按照框架协议约定规则，在入围供应商范围内确定第二阶段成交供应商并订立采购合同的采购方式。为了规范多频次、小额度采购活动，提高政府采购项目绩效，《政府采购框架协议采购方式管理暂行办法》（财政部令第110号）确立了框架协议采购制度。

框架协议采购分为封闭式框架协议采购和开放式框架协议采购两类。封闭式框架协议采购是指通过公开竞争订立框架协议后，除经过框架协议约定的补充征集程序外，不得增加协议供应商的框架协议采购。开放式框架协议采购是指明确采购需求和付费标准等框架协议条件，愿意接受协议条件的供应商可以随时申请加入的框架协议采购。两者的主要区别是：（1）入围阶段有无竞争；（2）供应商能否自由加入和退出。

8. 合作创新采购方式

合作创新采购是指采购人邀请供应商合作研发，共担研发风险，并按研发合同约定的数量或者金额购买研发成功的创新产品的采购方式。2024年4月24日，财政部发布《政府采购合作创新采购方式管理暂行办法》（财库〔2024〕13号）确立了合作创新采购方式。

合作创新采购方式分为订购和首购两个阶段。订购是指采购人提出研发目标，与供应商合作研发创新产品并共担研发风险的活动。首购是指采购人对于研发成功的创新产品，按照研发合同约定采购一定数量或者一定金额相应产品的活动。创新产品，应当具有实质性的技术创新，包含新的技术原理、技术思想或者技术方法。对现有产品的改型以及对既有技术成果的验证、测试和使用等没有实质性技术创新的，不属于本办法规定的创新产品范围。

采购项目符合国家科技和相关产业发展规划，有利于落实国家重大战略目标任务，并且具有下列情形之一的，可以采用合作创新采购方式采购：（1）市场现有产品或者技术不能满足要求，需要进行技术突破的；（2）以研发创新产品为基础，形成新范式或者新的解决方案，能够显著改善功能性能，明显提高绩效的；（3）国务院财政部门规定的其他情形。

（二）政府采购程序

1. 一般规定

（1）编制采购预算。负有编制部门预算职责的部门在编制下一财政年度部门预算时，应当将该财政年度政府采购的项目及资金预算列出，报本级财政部门汇总。部门预算的审批，按预算管理权限和程序进行。

（2）履约验收。采购人或者其委托的采购代理机构应当组织对供应商履约的验收。大型或者复杂的政府采购项目，应当邀请国家认可的质量检测机构参加验收工作。验收方成员应当在验收书上签字，并承担相应的法律责任。

（3）采购文件保存。采购人、采购代理机构对政府采购项目每项采购活动的采购文件应当妥善保存，不得伪造、变造、隐匿或者销毁。采购文件的保存期限为从采购结束之日起至少保存十五年。采购文件包括采购活动记录、采购预算、招标文件、投标文件、评标标准、评估报告、定标文件、合同文本、验收证明、质疑答复、投诉处理决定及其他有关文件、资料。

2. 招标采购的程序

货物和服务项目实行招标方式采购的，自招标文件开始发出之日起至投标人提交投标文件截止之日止，不得少于二十日。在招标采购中，出现下列情形之一的，应予废标：（1）符合专业条件的供应商或者对招标文件作实质响应的供应商不足三家的；（2）出现影响采购公正的违法、违规行为的；（3）投标人的报价均超过了采购预算，采购人不能支付的；（4）因重大变故，采购任务取消的。废标后，采购人应当将废标理由通知所有投标人。废标后，除采购任务取消情形外，应当重新组织招标；需要采取其他方式采购的，应当在采购活动开始前获得设区的市、自治州以上人民政府采购监督管理部门或者政府有关部门批准。

3. 竞争性谈判采购的程序

采用竞争性谈判方式采购的，应当遵循下列程序：（1）成立谈判小组。

谈判小组由采购人的代表和有关专家共三人以上的单数组成,其中专家的人数不得少于成员总数的2/3。(2)制定谈判文件。谈判文件应当明确谈判程序、谈判内容、合同草案的条款以及评定成交的标准等事项。(3)确定邀请参加谈判的供应商名单。谈判小组从符合相应资格条件的供应商名单中确定不少于三家的供应商参加谈判,并向其提供谈判文件。(4)谈判。谈判小组所有成员集中与单一供应商分别进行谈判。在谈判中,谈判的任何一方不得透露与谈判有关的其他供应商的技术资料、价格和其他信息。谈判文件有实质性变动的,谈判小组应当以书面形式通知所有参加谈判的供应商。(5)确定成交供应商。谈判结束后,谈判小组应当要求所有参加谈判的供应商在规定时间内进行最后报价,采购人从谈判小组提出的成交候选人中根据符合采购需求、质量和服务相等且报价最低的原则确定成交供应商,并将结果通知所有参加谈判的未成交的供应商。

4. 单一来源采购的程序

达到公开招标数额标准的货物、服务采购项目,拟采用单一来源采购方式的,采购人应当在采购活动开始前,报经主管预算单位同意后,向设区的市、自治州以上人民政府财政部门申请批准。单一来源方式采购的,采购人与供应商应当遵循法律规定的原则,在保证采购项目质量和双方商定合理价格的基础上进行采购。拟采用单一来源采购方式的,采购人、采购代理机构在报财政部门批准之前,应当在省级以上财政部门指定媒体上公示,并将公示情况一并报财政部门。

5. 询价采购的程序

采取询价方式采购的,应当遵循下列程序:(1)成立询价小组。询价小组由采购人的代表和有关专家共三人以上的单数组成,其中专家的人数不得少于成员总数的2/3。询价小组应当对采购项目的价格构成和评定成交的标准等事项作出规定。(2)确定被询价的供应商名单。询价小组根据采购需求,从符合相应资格条件的供应商名单中确定不少于三家的供应商,并向其发出询价通知书让其报价。(3)询价。询价小组要求被询价的供应商一次报出不得更改的价格。(4)确定成交供应商。采购人根据符合采购需求、质量和服务相等且报价最低的原则确定成交供应商，并将结果通知所有被询价的未成交的供应商。

6. 竞争性磋商采购的程序

竞争性磋商采购方式，经磋商确定最终采购需求和提交最后报价的供应商后，由磋商小组采用综合评分法对提交最后报价的供应商的响应文件和最后报价进行综合评分。综合评分法，是指响应文件满足磋商文件全部实质性要求且按评审因素的量化指标评审得分最高的供应商为成交候选供应商的评审方法。

7. 框架协议采购的程序

（1）采购需求的制定。集中采购机构或者主管预算单位应当确定框架协议采购需求。框架协议采购需求在框架协议有效期内不得变动。确定框架协议采购需求应当开展需求调查，听取采购人、供应商和专家等意见。

（2）最高限制单价的确定。征集人就采购项目发布征集公告，编制征集文件。集中采购机构或者主管预算单位应当在征集公告和征集文件中确定框架协议采购的最高限制单价。征集文件中可以明确量价关系折扣，即达到一定采购数量，价格应当按照征集文件中明确的折扣降低。在开放式框架协议中，付费标准即为最高限制单价。最高限制单价是供应商第一阶段响应报价的最高限价。

（3）框架协议期限。集中采购机构或者主管预算单位应当根据工作需要和采购标的市场供应及价格变化情况，科学合理确定框架协议期限。货物项目框架协议有效期一般不超过1年，服务项目框架协议有效期一般不超过2年。

（4）框架协议的采购程序。框架协议是分两阶段进行的采购程序，第一阶段是通过公开征集程序，确定入围供应商并订立框架协议；第二阶段是采购人或者服务对象按照框架协议约定规则，在入围供应商范围内确定成交供应商并订立采购合同。

封闭式框架协议的第一阶段公开征集程序，按照政府采购公开招标的规定执行。确定第一阶段入围供应商的评审方法包括价格优先法和质量优先法，其中价格优先法是主要方法，质量优先法的适用范围有严格限制。封闭式框架协议确定第二阶段成交供应商的方式包括直接选定、二次竞价和顺序轮候。

开放式框架协议的第一阶段公开征集程序，征集人发布征集公告，邀请供应商加入框架协议。征集公告发布后至框架协议期满前，供应商可以按照征集公告要求，随时提交加入框架协议的申请。征集人应当在收到供应商申请后7个工作日内完成审核，并将审核结果书面通知申请供应商。征集人应当在审核通过后2个工作日内，发布入围结果公告，公告入围供应商名称、地址、联系方式及付费标准，并动态更新入围供应商信息。第二阶段成交供应商由采购人或者服务对象从第一阶段入围供应商中直接选定。

8. 合作创新采购的程序

（1）采购需求管理。采购人开展合作创新采购前，应当开展市场调研和专家论证，科学设定合作创新采购项目的最低研发目标、最高研发费用和研发期限。最低研发目标包括创新产品的主要功能、性能，主要服务内容、服务标准及其他产出目标。

（2）订购程序。

①采购人应当组建谈判小组，谈判小组由采购人代表和评审专家共五人以上单数组成。采购人应当自行选定相应专业领域的评审专家。评审专家中应当包含一名法律专家和一名经济专家。

②采购人应当发布合作创新采购公告邀请供应商，但受基础设施、行政许可、确需使用不可替代的知识产权或者专有技术等限制，只能从有限范围或者唯一供应商处采购的，采购人可以直接向所有符合条件的供应商发出合作创新采购邀请书。提交参与合作创新采购申请文件的时间自采购公告、邀请书发出之日起不得少于二十个工作日。

③谈判小组依法对供应商的资格进行审查。

④谈判小组集中与所有通过资格审查的供应商共同进行创新概念交流，交流内容包括创新产品的最低研发目标、最高研发费用、应用场景及采购方案的其他相关内容。采购人根据创新概念交流情况，对采购方案内容进

行实质性调整的，应当按照内部控制管理制度有关规定，履行必要的内部审查、核准程序。

⑤采购人根据创新概念交流结果，形成研发谈判文件。

⑥采购人应当向所有参与创新概念交流的供应商提供研发谈判文件，邀请其参与研发竞争谈判。从研发谈判文件发出之日起至供应商提交首次响应文件截止之日止不得少于十个工作日。采购人可以对已发出的研发谈判文件进行必要的澄清或者修改，但不得改变采购标的和资格条件。

⑦供应商应当根据研发谈判文件编制响应文件，对研发谈判文件的要求作出实质性响应。

⑧谈判小组集中与单一供应商分别进行谈判，对相关内容进行细化调整。谈判结束后，谈判小组根据谈判结果，确定最终的谈判文件，并以书面形式同时通知所有参加谈判的供应商。供应商按要求提交最终响应文件，谈判小组给予供应商的响应时间应当不少于五个工作日。

⑨谈判小组对响应文件满足研发谈判文件全部实质性要求的供应商开展评审，按照评审得分从高到低排序，推荐成交候选人。

⑩采购人根据谈判文件规定的研发供应商数量和谈判小组推荐的成交候选人顺序，确定研发供应商，也可以书面授权谈判小组直接确定研发供应商。研发供应商数量最多不得超过三家。采购人应当依法与研发供应商签订研发合同。

⑪采购人根据研发合同约定，组织谈判小组与研发供应商在研发不同阶段就研发进度、标志性成果及其验收方法与标准、研发成本补偿的成本范围和金额等问题进行研发中期谈判。研发中期谈判应当在每一阶段开始前完成。

⑫对于研发供应商提交的最终定型的创新产品和符合条件的样品，采购人应当按照研发合同约定的验收方法与验收标准开展验收，验收时可以邀请谈判小组成员参与。

（3）首购程序。

①采购人按照研发合同约定开展创新产品首购。首购评审综合考虑创新产品的功能、性能、价格、售后服务方案等，按照性价比最优的原则确

定首购产品。采购人应当在确定首购产品后十个工作日内在省级以上人民政府财政部门指定的媒体上发布首购产品信息，并按照研发合同约定的创新产品首购数量或者金额，与首购产品供应商签订创新产品首购协议，明确首购产品的功能、性能，服务内容和服务标准，首购的数量、单价和总金额，首购产品交付时间，资金支付方式和条件等内容，作为研发合同的补充协议。

②研发合同有效期内，供应商按照研发合同约定提供首购产品迭代升级服务，用升级后的创新产品替代原首购产品。因采购人调整创新产品功能、性能目标需要调整费用的，增加的费用不得超过首购金额的百分之十。

③其他采购人有需求的，可以直接采购指定媒体上公布的创新产品，也可以在不降低创新产品核心技术参数的前提下，委托供应商对创新产品进行定制化改造后采购。

④国务院财政部门会同国务院相关行业主管部门选择首购产品中的重点产品制定相应的采购需求标准，推荐在政府采购中使用；对涉及国家安全的创新产品，可以实行强制采购。

（4）研发合同管理。采购人应当根据研发谈判文件的所有实质性要求以及研发供应商的响应文件签订研发合同。研发合同约定的各阶段补偿成本范围和金额、标志性成果，在研发中期谈判中作出细化调整的，采购人应当就变更事项与研发供应商签订补充协议。研发合同期限包括创新产品研发、迭代升级以及首购交付的期限，一般不得超过两年，属于重大合作创新采购项目的，不得超过三年。研发合同为成本补偿合同。成本补偿的范围包括供应商在研发过程中实际投入的设备费、业务费、劳务费以及间接费用等。

三、政府采购原则与政策功能

（一）政府采购原则

1. 公开透明原则

政府采购公开透明原则，首先要求政府采购信息要公开。并且对公开的程度有相当严格的要求，除涉及国家秘密、商业秘密、工作秘密、个人隐私以外，要求在政府采购监督管理部门指定的媒体上及时向社会公开发布。无论是招标公告、资格预审公告，还是投标邀请书，都应当载明能大体满足潜在投标人决定是否参加投标竞争所需要的信息。另外，开标过程、评标方法、评标标准和程序、中标结果等都应当公开。除涉及国家安全和秘密的政府采购，其他政府采购的过程也应当透明和公开。

2. 公平竞争原则

政府采购公平竞争原则，要求采购人严格按照规定的条件和程序办事，平等地对待每一个供应竞争者，不得对不同的供应竞争者采用不同的标准。采购人不得以任何方式限制或者排斥本地区、本系统以外的供应商参加竞争。规定政府采购公平竞争原则的原因在于采购资金是公共资金，因此，所有的公众都应当获得平等的竞争机会。

3. 公正原则

在政府采购中采购人的行为应当公正。对所有的供应竞争者都应平等对待，不能有特殊待遇。在设置供应商的条件时，应当针对所有的供应商设置统一的条件。这种公正原则更主要体现在确定供应商时。特别是在评标时，评标标准应当明确、严格，对所有在投标截止时间以后送到的投标书都应拒收，与投标人有利害关系的人员都不得作为评标委员会的成员。招标人和投标人双方在招标投标活动中的地位平等，任何一方不得向另一方提出不合理要求，不得将自己的意志强加给对方。在其他的采购方式中也应如此。

为了确保政府采购中的公正原则，《政府采购法》建立了回避制度。在政府采购活动中，采购人员及相关人员与供应商有利害关系的，必须回避。所谓相关人员，包括招标采购中评标委员会的组成人员，竞争性谈判采购中谈判小组的组成人员，询价采购中询价小组的组成人员等。

4. 诚实信用原则

诚实信用是民事活动的一项基本原则，政府采购是以订立采购合同为目的的民事活动，当然也适用这一原则。诚实信用原则要求政府采购各方都要诚实守信，不得有欺骗、背信的行为。

（二）政府采购政策功能

1. 保护环境

广义的环境包括自然环境、人工环境和社会环境。狭义的环境仅指自然环境，是指未经过人的加工改造而天然存在的环境；自然环境按环境要素又可分为大气环境、水环境、土壤环境、地质环境和生物环境等。《政府采购法》所指的环境是狭义的环境。随着我国经济的发展，我国政府逐渐认识到环境保护的重要作用，制定了多部环境保护法。同时，政府采购也是保护环境的重要方面。

2004 年，财政部、国家发展改革委就印发《节能产品政府采购实施意见》，要求政府采购应当优先采购节能产品，逐步淘汰低能效产品；财政部、国家发展改革委综合考虑政府采购改革进展和节能产品技术及市场成熟等情况，从国家认可的节能产品认证机构认证的节能产品中按类别确定实行政府采购的范围，并以"节能产品政府采购清单"的形式公布。2006 年，财政部发布《关于环境标志产品政府采购实施的意见》，要求政府采购要优先采购环境标志产品，不得采购危害环境及人体健康的产品。2007 年，国务院办公厅发布《关于建立政府强制采购节能产品制度的通知》，要求建立政府强制采购节能产品制度，在积极推进政府机构优先采购节能（包括节水）产品的基础上，选择部分节能效果显著、性能比较成熟的产品，予以强制采购。此后，财政部会同国务院相关部委多次发布促进政府采购环境保护的文件，我国已经初步建立了政府采购制度促进环境保护的机制。

2. 扶持不发达地区和少数民族地区

不发达地区是指具有一定经济实力和潜力但与发达地区还有一定差距，生产力发展不平衡，科技水平还不发达的区域。少数民族地区是指以少数民族为主聚集生活的地区。中国的少数民族主要分布在西部、北部等边疆地区，这些地区也存在地处偏僻、交通不便、经济发展缓慢的问题。不发达地区和少数民族地区的发展是共同富裕和实现社会主义现代化目标的基本要求。政府采购具有扶持不发达地区和少数民族地区的政策功能，但如何落实这一政策尚待进一步研究。例如，2021年5月，财政部、农业农村部、国家乡村振兴局发布了《关于运用政府采购政策支持乡村产业振兴的通知》，对积极组织预算单位采购脱贫地区农副产品等作出规定。

3. 促进中小企业发展

中小企业在国家的经济社会中发挥了重要的作用，对于解决就业、税收贡献、科技创新等都发挥了重要的作用。中小企业在促进市场公平竞争方面也有积极的作用。促进中小企业发展是很多国家政府采购的一项政策。我国政府采购也一直重视扶持中小企业，2011年，财政部、工业和信息化部发布了《政府采购促进中小企业发展暂行办法》，通过预留份额、评审优惠等措施，扩大中小企业获得政府采购合同份额。2020年，财政部、工业和信息化部发布了《政府采购促进中小企业发展管理办法》，在促进中小企业发展方面进行了以下完善：细化预留份额的规定；完善政府采购项目价格评审优惠方法；多措并举支持中小企业发展；增强可操作性。

4. 采购本国货物、工程和服务

采购本国货物、工程和服务，是世界上各国政府采购普遍适用的要求。我国《政府采购法》也有此规定。2007年12月，财政部发布《政府采购进口产品管理办法》，规定政府采购应当采购本国产品，确需采购进口产品的，实行审核管理。因此，在政府采购中，购买本国货物、工程和服务是原则，采购进口产品是例外，是需要履行审核程序的。

第二节　供　应　商

根据我国《政府采购法》规定，供应商是指向采购人提供货物、工程或者服务的法人、其他组织或者自然人。

一、供应商范围

法人是具有民事权利能力和民事行为能力，依法独立享有民事权利和承担民事义务的组织。法人是最常见和最主要的供应商。

1. 法人应当具备的条件

（1）依法成立。法人的设立目的和方式必须符合法律的规定。法人应当有自己的名称、组织机构、住所、财产或者经费。法人的名称是法人相互区别的标志和法人进行活动时使用的代号。法人的组织机构是指对内管理法人事务、对外代表法人进行民事活动的机构。法人的场所则是法人进行业务活动的所在地，也是确定法律管辖的依据。法人以其主要办事机构所在地为住所。依法需要办理法人登记的，应当将主要办事机构所在地登记为住所。有必要的财产或者经费是法人进行民事活动的物质基础，法人的财产或者经费必须与法人的经营范围或者设立目的相适应，否则将不能被批准设立或者核准登记。

（2）能够独立承担民事责任。法人以其全部财产独立承担民事责任。法人必须能够以自己的财产或者经费承担在民事活动中的债务，在民事活动中给其他主体造成损失时能够承担赔偿责任。法人以其全部财产独立承担民事责任。

（3）有法定代表人。《中华人民共和国民法典》（以下简称《民法典》）规定，依照法律或者法人章程的规定，代表法人从事民事活动的负责人，为法人的法定代表人。法定代表人以法人名义从事的民事活动，其法律后果由法人承受。法人章程或者法人权力机构对法定代表人代表权的限制，不得对抗善意相对人。法定代表人因执行职务造成他人损害的，由法人承担民事责任。法人承担民事责任后，依照法律或者法人章程的规定，可以向有过错的法定代表人追偿。

2. 法人的分类

法人分为营利法人、非营利法人和特别法人三大类。

（1）营利法人。

以取得利润并分配给股东等出资人为目的成立的法人为营利法人。营利法人包括有限责任公司、股份有限公司和其他企业法人等。营利法人经依法登记成立。依法设立的营利法人，由登记机关发给营利法人营业执照。营业执照签发日期为营利法人的成立日期。设立营利法人应当依法制定法人章程。法人章程是关于法人组织和行为的基本规则的书面文件，是对法人内部事务具有法律效力的自治性规范，对法人成员均具有约束力。营利法人是政府采购中最主要的供应商。

（2）非营利法人。

为公益目的或者其他非营利目的成立，不向出资人、设立人或者会员分配所取得利润的法人为非营利法人。非营利法人包括事业单位、社会团体、基金会、社会服务机构等。非营利法人也可能成为政府采购的供应商，例如，2021 年 3 月 1 日起施行的《政府购买服务管理办法》第六条规定："依法成立的企业、社会组织（不含由财政拨款保障的群团组织），公益二类和从事生产经营活动的事业单位，农村集体经济组织，基层群众性自治组织，以及具备条件的个人可以作为政府购买服务的承接主体。"

（3）特别法人。

机关法人、基层群众性自治组织、农村集体经济组织、城镇农村的合作经济组织等属于特别法人。有独立经费的机关和承担行政职能的法定机构从成立之日起，具有机关法人资格，可以从事为履行职能所需要的民事活动。城镇农村的合作经济组织依法取得法人资格。居民委员会、村民委员会具有基层群众性自治组织法人资格，可以从事为履行职能所需要的民事活动。未设立村集体经济组织的，村民委员会可以依法代行村集体经济组织的职能。特别法人也可能成为政府采购的供应商，如《政府购买服务管理办法》相关规定。

3. 其他组织

其他组织是指依法成立，有一定的组织机构和财产，但又不具备法人资格的社会组织。其他组织虽然不具备法人资格，但作为一种民事主体，仍对其所从事的民事活动独立承担民事责任。在《民法典》中，"其他组织"已经被改称为"非法人组织"。《民法典》规定，非法人组织包括个人独资企业、合伙企业、不具有法人资格的专业服务机构等。

4. 自然人

自然人要成为政府采购的供应商，必须具有完全的民事行为能力，即能够以自己的行为行使民事权利和设定民事义务，并且能够对自己的违法行为承担民事责任。《民法典》规定，自然人从事工商业经营，经依法登记，为个体工商户。个体工商户可以起字号。个体工商户的债务，个人经营的，以个人财产承担；家庭经营的，以家庭财产承担；无法区分的，以家庭财产承担。农村承包经营户的债务，以从事农村土地承包经营的农户财产承担；事实上由农户部分成员经营的，以该部分成员的财产承担。自然人也可能成为政府采购的供应商，如《政府购买服务管理办法》相关规定。

二、供应商分类

（一）潜在供应商、投标（响应）供应商和中标（成交）供应商

由于公开招标是政府采购的主要方式，根据供应商参加投标与否，可将供应商分为潜在供应商与投标供应商。在政府采购中，采购人发布招标公告或发出投标邀请书后，所有对招标公告或投标邀请书感兴趣的并有可能参加投标的供应商，称为潜在供应商。那些响应招标并按规定获取招标文件，参加投标的供应商称为投标供应商。而经过开标、评标，最后中标的供应商则称为中标交供应商。其他采购方式也是如此，可以根据是否响应，可将供应商分为潜在供应商与响应供应商。最后成交的供应商则称为成交供应商。

（二）货物供应商、工程承包商和服务提供者

根据政府采购对象的不同，可将供应商分为货物供应商、工程承包商和服务提供者。给采购人提供其所需货物的供应商，称为货物供应商；承接采购人的工程项目建设任务的供应商，称为工程承包商；满足采购人的

服务需求的供应商，称为服务提供者。采取这种分类方法，可以直接区分政府采购的内容以及供应商的行业性质。

（三）国内供应商和国际供应商

根据供应商的不同国籍，将其分为国内供应商和国际供应商。与采购人同属一国的称为国内供应商；与采购人分属不同国家的供应商称为国际供应商。

（四）单一体供应商和联合体供应商

按照供应商参加政府采购的形式，可将其分为单一体供应商和联合体供应商。单一体供应商是指以自己的名义单独参加政府采购的供应商；联合体供应商是指两个以上的供应商组成联合体以一个供应商的身份参加政府采购活动。

三、供应商条件

《政府采购法》规定："供应商参加政府采购活动应当具备下列条件：（1）具有独立承担民事责任的能力；（2）具有良好的商业信誉和健全的财务会计制度；（3）具有履行合同所必需的设备和专业技术能力；（4）有依法缴纳税收和社会保障资金的良好记录；（5）参加政府采购活动前三年内，在经营活动中没有重大违法记录；（6）法律、行政法规规定的其他条件。采购人可以根据采购项目的特殊要求，规定供应商的特定条件，但不得以不合理的条件对供应商实行差别待遇或者歧视待遇。"

（一）具有独立承担民事责任的能力

法人、自然人都具有独立承担民事责任的能力。对于这一条件要求，在实践中主要针对法人的分支机构（最常见的是分公司）能否成为供应商，产生了长期的争论。《中华人民共和国公司法》第十四条规定，"分公司不具有法人资格，其民事责任由公司承担"，因此，分公司没有承担民事责任的能力，当然更没有独立承担民事责任的能力。一种观点认为，"但法人的分支机构由于不能独立承担民事责任，不能以分支机构的身份参加政府采购，只能以法人身份参加"。① 但是，如果否定分公司成为政府采购供应商的资格，实际是做不到的。比如，有的大型企业，总公司基本不做业务；一个县政府的金融服务政府采购，只能由中国工商银行股份有限公司作为供应商，不能由中国工商银行股份有限公司某市分公司作为供应商，这将导致工商银行无法成为供应商。《中华人民共和国政府采购法实施条例》② 把这一规定具体化为，参加政府采购活动的供应商应当提供下列材料：法人或者其他组织的营业执照等证明文件，自然人的身份证明。有人认为，《政府采购法实施条例》允许分公司成为供应商了③。但代表财政部和原国务院法制办公室观点的《政府采购法实施条例释义》解释是，"尽管'其他组织'可以参加政府采购活动，但法人的分支机构由于其不能独立承担民事责任，不能以分支机构的身份参加政府采购，只能以法人身份参加。但银行、保险、石油石化、电力、电信等有行业特殊情况的，采购人、采购代理机构可按照其特点在采购文件中作出专门规定"。④ 按照这一解释，分公司仍然不能成为政府采购供应商，但又规定了特殊行业可以。但是，无法从立法中得出特殊行业可以的结论，这一解释也没有对为什么这些行业是特殊行业作出进一步解释。因此，有学者主张，应当删除《政府采购法》第二十二条第一款要求供应商具有"独立承担民事责任的能力"的条件⑤。

（二）具有良好的商业信誉和健全的财务会计制度

《政府采购法实施条例》把这一规定具体化为，参加政府采购活动的供应商应当提供下列材料：财务状况报告，依法缴纳税收和社会保障资金的

---

① 财政部国库司，财政部政府采购管理办公室，财政部条法司，国务院法制办公室财金司编：《〈中华人民共和国政府采购法实施条例〉释义》，中国财政经济出版社 2015 年版，第 68 – 69 页。

② 本书后文简称《政府采购法实施条例》。

③ 沈德能：《分公司、个体户参加政采有了法律依据》，《中国政府采购报》2015 年 4 月 21 日，第 4 版。

④ 财政部国库司，财政部政府采购管理办公室，财政部条法司，国务院法制办公室财金司编：《〈中华人民共和国政府采购法实施条例〉释义》，中国财政经济出版社 2015 年版，第 67 – 68 页。

⑤ 何红锋，赵平：《应当允许分公司成为政府采购供应商——关于〈政府采购法〉第二十二条的修改建议》，《中国政府采购》2024 年第 2 期。

相关材料。这一要求是为了保障政府采购的安全，要求供应商遵纪守法、诚实守信。财务状况报告，包括经审计的财务报告、银行出具的资信证明、投标担保函等。需要注意的是，这些材料是选择关系。有些供应商，没有经审计的财务报告，则银行出具的资信证明也可。《财政部关于开展政府采购信用担保试点工作方案》要求："财政部门支持和鼓励供应商使用信用担保手段，专业担保机构对供应商进行资信审查后出具投标担保函的，采购人和采购代理机构不得再要求供应商提供银行资信证明等类似文件。"

（三）具有履行合同所必需的设备和专业技术能力

一般而言，政府采购通过竞争性程序选择了供应商，供应商应当自己完成政府采购合同。具有履行合同所必需的设备和专业技术能力，是保障政府采购合同顺利履行的基础。《政府采购法实施条例》把这一规定具体化为，具备履行合同所必需的设备和专业技术能力的证明材料。这些证明材料需要结合具体项目来提要求。有的可以是资质和业绩方面的要求。但是，所有的要求不能超过合同履行的需要。

（四）有依法缴纳税收和社会保障资金的良好记录

依法缴纳税收的证明材料主要是指供应商税务登记证和参加政府采购活动前一段时间内缴纳增值税、营业税和企业所得税的凭据。供应商缴纳社会保障资金的证明材料主要是指社会保险登记证和参加政府采购活动前一段时间内缴纳社会保险的凭证（专用收据或社会保险缴纳清单）。

（五）参加政府采购活动前三年内，在经营活动中没有重大违法记录

《政府采购法实施条例》把这一规定具体化为，参加政府采购活动前三年内在经营活动中没有重大违法记录的书面声明。因此，在参加政府采购项目时，供应商提交"声明函"，声明"参加政府采购活动前三年内在经营活动中没有重大违法记录"即可。在实践中存在的争议往往是如何判断"重大违法记录"。《政府采购法实施条例》第十九条规定："政府采购法第二十二条第一款第五项所称重大违法记录，是指供应商因违法经营受到刑事处罚或者责令停产停业、吊销许可证或者执照、较大数额罚款等行政处

罚。"在这几项重大违法记录中，"较大数额罚款"一直不明确。2022 年 1 月 5 日，财政部发布《关于〈中华人民共和国政府采购法实施条例〉第十九条第一款"较大数额罚款"具体适用问题的意见》明确："《中华人民共和国政府采购法实施条例》第十九条第一款规定的'较大数额罚款'认定为 200 万元以上的罚款，法律、行政法规以及国务院有关部门明确规定相关领域'较大数额罚款'标准高于 200 万元的，从其规定。"

（六）具备法律、行政法规规定的其他条件的证明材料

国家对一些产品、工程、服务的销售或者提供有专门要求的，则供应商应当具备这些要求，并且应当提供相应的证明材料。

第三节 供应商中标筹划

一、供应商中标筹划的概念与特点

（一）供应商中标筹划的概念

筹划，有计划安排的意思。供应商中标筹划，是指在政府采购活动中，供应商在符合政府采购法律的前提下，按照相关政策法律导向，选择最有利于中标或者成交的投标或者响应方案的行为。

（二）供应商中标筹划的特点

供应商的中标筹划，具有明显有别于其他筹划的特点，主要表现如下。

1. 战略性、全局性与约束性

（1）供应商的中标筹划不仅是准备一份投标或者响应文件，而是一项极具战略性活动。供应商除需要考虑本次中标或者成交外，还应当将中标筹划纳入中长期战略规划。

（2）供应商的中标筹划应当综合采购人需求、市场形势、竞争对手状况等因素，进行全局性多角度分析。中标筹划也通常涉及多个部门和组织的合作，具有综合性特点。

（3）供应商的中标筹划受到内外部条件的约束。供应商的中标筹划不能脱离采购人需求，具有高度定制化的特点。供应商也不能脱离本单位人员、财力等资源的限制，中标筹划应当一切从实际出发。

2. 竞争性、技术性与资源依赖性

（1）供应商参与政府采购活动，应当做好竞争的心理准备，政府采购方式的本质是竞争，《政府采购法》本身就是一部公平竞争法。供应商在筹划中标策略时，需要深入分析竞争对手的优劣势，并制定差异化的竞争策略。

（2）对于技术复杂的政府采购项目，中标筹划应当将重点置于技术方案的编制。供应商可以凭借技术优势转化为中标概率。

（3）中标筹划依赖于供应商的内外部资源。供应商应当尽力保证中标筹划所需的充足资源支持，并在竞标过程中针对可能出现的资源短缺动态调整。

3. 灵活性、时效性与风险性

（1）政府采购市场中，投标或者响应活动面临的情况瞬息万变，市场环境、采购人需求或者竞争对手策略均可能发生变化，供应商应当灵活应对，及时调整中标策略。

（2）政府采购活动具有时效性强的特点，所有中标筹划工作及其实施必须在投标截止时间前完成。供应商应当严守进度计划，避免因时间不足而影响投标质量。

（3）供应商投标或者响应面临着各种内外部风险，例如，政府采购活动废标、政策法律变化等。中标筹划应当预先考虑风险管理。

二、供应商中标筹划的指导思想、作用与途径

（一）供应商中标筹划的指导思想

1. 目标导向

中标筹划应当围绕明确的目标展开。目标必须是具体的、可衡量的、可实现的、相关的和有时限的。指导思想应确保所有决策和行动紧密围绕

主要目标进行，避免偏离。

2. 全局观念

筹划不同于具体的计划，制定过程必须具有过全局观念。即便突出某局部利益时，也应时刻将其置于全局利益之下考虑，确保每一次中标筹划均服从于供应商的整体战略目标和中长期发展规划。

3. 科学决策

中标筹划的全局性，使得其对科学决策的要求更高。供应商的领导需要基于充分的数据和信息，运用科学的分析工具和方法，确保决策的合理性和可行性。

（二）供应商中标筹划的作用与途径

1. 供应商中标筹划的作用

（1）供应商中标筹划，能够直接作用于提升中标成功率。谋定而后动，通过精密筹划，供应商可以充分调动各种资源，保证投标技术、报价等方案符合采购人需求，提出更具针对性的投标或者响应方案。

（2）供应商进行中标筹划，不断对比竞争对手的优势，提前规划并优化资源配置，提高本单位投标竞争力，其结果是推动自身技术和管理的创新。

（3）中标筹划有助于避免投标或者响应的盲目性，识别和评估财务风险、技术风险、法律风险等投标或者响应中的潜在风险，便于及时采取有效风险应对措施，避免不必要的损失。

2. 供应商中标筹划的途径

供应商中标筹划的途径，可以从中标筹划的组织形式入手，通过对本单位资源分析，进行筹划方案的编制。对于筹划方案，可以进一步采取中标实施计划的方式予以细化、落实，并注重中标筹划与战略规划、税务筹划等的联动协调。具体内容详见第四章。

三、优化营商环境为供应商中标筹划带来机遇

优化营商环境为供应商中标筹划带来了机遇。良好的营商环境通常意

味着政策支持与优惠措施的加大，市场准入壁垒进一步降低，市场规则更加透明。

（一）政策支持与优惠措施

营商环境有关法律规定，各类市场主体依法平等适用国家支持发展的政策。政府及其有关部门在政府资金安排、土地供应、税费减免、资质许可、标准制定、人力资源政策等方面，应当依法平等对待各类市场主体，不得制定或者实施歧视性政策措施。这些政策和优惠措施为供应商在中标筹划投标时提供了实质性的经济和政策支持，降低了供应商运行成本，提高了中标的可能性。对于作为中小企业的供应商，还能享受专门面向其的采购份额以及专门的价格扣除等扶持政策，使得其在与大型供应商的竞争中获得更多机会。

（二）市场准入门槛降低

国家持续放宽市场准入，并实行全国统一的市场准入负面清单制度。市场准入负面清单以外的领域，各类市场主体均可以依法平等进入。各地区、各部门不得另行制定市场准入性质的负面清单。没有法律、法规或者国务院决定和命令依据的，行政规范性文件不得减损市场主体合法权益或者增加其义务，不得设置市场准入和退出条件，不得干预市场主体正常生产经营活动。供应商尤其是中小供应商，市场准入门槛的降低无疑提升了其中标概率。

（三）增加市场透明度与公平竞争

营商环境有关法律规定，政府采购应当公开透明、公平公正，依法平等对待各类所有制和不同地区的市场主体，不得以不合理条件或者产品产地来源等进行限制或者排斥。中小供应商大多属于民营企业，在参与政府采购活动中往往受到各种不合理条件的限制。公开透明的公平竞争市场，将为供应商提供更好的竞争环境。

第二章　供应商中标能力建设

第一节　近期能力建设

供应商应当围绕中标所需能力，注重其近期能力建设和中长期能力建设的平衡，便于保持在政府采购活动中长时间保持较强竞争力。近期能力建设主要聚焦于整合现有资源、引进亟须人才、充分挖掘自身亮点等方面。

一、现有资源整合

供应商应当立足当下，掌控与中标所需能力建设相关各类已有资源，采取科学管理方法对各类资源进行优化组合，提升中标竞争力。

（一）资源的分类

按照要素的不同，供应商的资源通常可以分为以下几类。

（1）硬件资源。如供应商的办公环境与生产场所、办公与生产设施设备等。

（2）人力资源。包括生产、服务、管理人才和其他人力等，重点是各类人才的知识结构、工作技能、实践经验等。

（3）技术资源。提供货物、服务所需的技术、专利、商业秘密，以及为前述技术等资源提供支撑功能的相关文本储备、信息技术系统和专业软件等。

（4）信息资源。主要包括招标项目数据来源、客户信息以及竞争对手信息等。

（5）关系资源。供应商与政府、采购人、采购代理机构的合法关系，以及与联合体战略合作伙伴、上下游合作供应商之间良好的关系维护。

（6）品牌资源。供应商在所属细分领域中的品牌价值、商誉、客户认可度等。

供应商也可以按照资源对本单位的重要性的不同，将其划分为战略性资源、重要资源和辅助资源。例如，供应商因办公环境老旧，无法适应本单位近年的快速发展和良好企业形象的展示要求，购置或者租赁了核心地段高档写字楼，可以作为重要资源甚至是战略性资源，在采购人考察环节突出亮点，促进交易的达成。各供应商的情况不同，如何界定、列入战略性资源、重要资源和辅助资源也不同。各供应商应当根据本单位的特点和实际需要适时调整，全面掌握现有各类资源的性质、水平、质量、数量等情况。

（二）资源整合要点

1. 根据项目目标整合资源

资源整合应当围绕本次或者同类政府采购项目的目标和需求，确立符合本行业、本单位特点和实际需要的资源整合原则。资源整合通常应当以战略性资源、重点资源为主，以辅助资源等为辅。以技术整合为例，若采购人对公务用车倾向于电动汽车，则其关注点往往与公务用车需求相适应。就公务用车的高性能而言，供应商应当围绕高配置、高效率，通过快速迭代使得其具有明显优于其他供应商的产品。但业界技术水平在一定期限内处于瓶颈、无重大突破时，技术整合的重心应当有所区别。此时，供应商的电动汽车所配备电池容量、密度大体属同类产品，差别较小。供应商更多地可以考虑将"技术"与"管理"相结合，利用先进的信息技术、管理方法，在使用相同的电池情形下，降低能耗，实现电池的高效利用。

2. 以优化业务管理实现资源整合

资源不能简单地理解为物理堆砌，而是应当通过优化业务管理流程来实现资源的化学整合。供应商的既定业务流程，通常是基于货物流、现金流、信息流等方式设定。在考虑本单位现有资源优化时，也可以考虑以资源流的视角重塑业务流程。具体操作是审查分析现有的业务流程与资源整合之间的矛盾，评价如何通过调整业务流程满足资源整合的需要。

3. 多部门协同实现资源整合

现有资源可能分布在本单位多个部门或者临时性机构中，其资源整合也将涉及多个部门或者机构。资源整合往往意味着多个部门之间的利益再平衡，不可避免地存在阻力。为实现现有资源的充分整合，需要以单位战略发展的高度，打破部门壁垒，协调部门矛盾，实现以资源整合为中心的多部门协同配合机制。

（三）资源整合的可持续性

现有资源的整合，不能搞成一次性或者运动式行为，而应根据政府采购项目目标或者需求形成阶段化甚至常态化管理工作。为保障资源整合的效果，需要及时开展后评估、总结，并将经验教训运用到下一轮次的工作中。

1. 资源整合后评估

（1）确定资源整合后评估的目标：后评估在于分析总结本轮次资源整合的效果，分析利弊及其成因，并给出针对性的解决措施。

（2）收集资源整合的数据：由资源所属部门，根据不同资源种类，按照供应商单位制度规定的收集方法，收集与本轮次资源整合的相关数据。

（3）建立资源整合评估指标体系：根据本轮次评估目标和已有数据情况，建立评估指标体系，例如，目标达成率、资源种类与深度、中标率、履约度、采购人满意率等。一级指标不能满足评估目标的，可以考虑继续建立下级指标。

（4）实施评估分析：根据收集的资源整合数据和建立的评估指标体系，采取逻辑框架法、对比法、层次分析法、因果分析法等常见的后评估方法，实施评估分析。

（5）编制评估报告：根据评估分析结果，编制资源整合评估报告，包括整合效果整体评价、存在的主要问题、分析过程和方法以及对策建议等。

2. 持续改进与调整

资源整合后评估的成果，应当及时向各部门、单位领导反馈，作为资源整合持续改进与调整的主要依据。

（1）评估报告及相应文件的提供。按供应商单位信息分级管理制度，尽可能地向各层级管理人员提供评估报告或者其可以知晓的部分信息。

（2）征求各层级管理人员对评估报告及相应对策建议的意见。对无意见的内容，及时作出资源或者流程调整。对提出意见予以采纳的，按照采纳后的对策建议实施。对提出意见不采纳的，及时回复理由。

（3）时刻关注政策法律变化、采购人需求、市场环境等内外部环境的变化，及时更新资源整合的策略、方案和具体措施。

二、人才引进

供应商现有人才资源不足以支撑参加政府采购活动的，需要及时弥补短板。因人才培养与能力提升等人才积累方式属于中长期能力建设范畴，无法快速解决人才资源不足问题，供应商可考虑通过人才引进等人才集聚方式，解决现有人员知识结构不足、专业或者管理技能短板、实践经验匮乏等紧迫问题。人才引进同时也能发挥为本单位的中长期能力建设储备高水平人才的功能。

（一）人才引进目标与策略

1. 明确人才引进的目标和需求

人才引进的侧重点要根据其能力建设的紧迫程度而定。在近期能力建设方面，供应商的人才引进应当以参加政府采购活动的亟须人才为主，尤其是在新涉足的行业领域和地域中。供应商明确当前投标或者响应工作的具体需求，结合业务实践或者后评估等报告已经总结的经验教训尤其是投标或者响应失败的原因中涉及人才能力不足的分析，确定需要引进的人才类型及岗位层次，突出其技能、经验甚至资源符合所需岗位的具体要求。例如，新近投标失败案例或者后评估报告的原因分析表明，投标文件的编制尤其是技术标编制水平低、存在诸多低级问题，是丢分较多导致投标失败的主要原因，针对这一情况，可以考虑引进技术水平高、经验丰富的技术标编制人才。

2. 人才吸引策略

人才引进需要充分考虑其本人的意愿，应当充分尊重市场规律，并以供应商较强的吸引力为保障。吸引力可以表现为多方面、多层次，供应商提供有竞争力的薪酬福利，是吸引相应人才的基础条件。有竞争力的薪酬和福利方案，不仅包括劳动相关法律规定的工资、奖金、津贴与补贴、与工作岗位相关的福利待遇等内容，还包括公司相关法律规定的股权激励等各类利益。供应商可根据本单位和所引进人才的实际情况，协商确定合理的薪酬、激励方案，引进并留住人才。

有竞争力的薪酬福利、工作地点的因素只是基础条件，用于解决生存问题。对于高度关注发展的人才，供应商应当提供更高的发展条件。供应商能够提供的职业发展愿景、职业发展平台等因素，能够为所引进人才提供更好的职业发展机会，对其构成较大吸引力。例如，供应商所处行业本身为风口行业，或者供应商在行业内的正处于迅猛发展或其存在较大可能性，将为人才与单位共同成长提供可能。

引进人才之后，应当注重人才尽快、稳定融入供应商问题。核心问题是使得人才与企业文化价值观保持契合。供应商应当建立鲜明并保持良好的企业文化与价值观，与所引进人才产生共鸣，留住与企业价值观一致的人才，淘汰价值观不符的人员。

（二）人才引进流程与渠道

伴随着我国经济社会高速发展，人才市场也经过多年的高速发展，较为成熟。人才引进的渠道较多，主要方式是通过人才招聘方式及其具体流程实现。即便对于推荐或者定向招揽的人才，也应当纳入本单位人才招聘的规范流程。

1. 多渠道广纳人才

（1）人才推荐。中国社会的组织特点，使得推荐制更有利于人才融入企业文化，形成较为稳固的内部合作关系。推荐一般要求是熟人，彼此知晓根底，可以是供应商外部人员推荐人才，也可以由本单位员工推荐人才。

（2）定向招聘。定向招聘含义较广，社会招聘中的定向招聘俗称"挖人"，例如，供应商在参加政府采购活动中，发现了其他供应商对手或者合作者的优秀人才，采取文化认同、高薪、高职、高平台等方式吸引其加入。

（3）专项招聘广告。俗称"海选"，一般借助于人才市场、猎头公司、招聘网站、新兴社交平台等方式，通过招聘广告等方式，广发招聘信息，吸引符合供应商岗位需求的人才前来应聘。

（4）校园招聘。与前三种社会招聘方式不同，校园招聘依托于国家教育体系，由供应商与应届毕业生双向选择。供应商可以根据所处行业、专业，与对口的高校相关专业对接，联合培养与重点招聘综合素质强、有潜力的应届毕业生，解决近期能力建设中低端人才层次问题，并为培养和储备高端人才层次创造条件。相关专业既包括财经、管理、法律类专业，也包括与采购相关专业。供应商认可的高校、科研机构学者推荐的学生，也属于这一招聘方式。

相较于人才推荐、定向招聘，专项招聘广告、校园招聘对近期能力建设尤其是高端能力建设起效较慢，其作用更多地体现为对中长期能力建设发挥作用，两者可以结合使用。

2. 人才招聘科学评估

对于应聘的人才，即便是熟人推荐，供应商也应当按照本单位人才引进流程进行科学评估。除对人才的知识结构、技术能力等通用内容进行评估外，还应当评估其履历以及文化认同感、价值观等方面是否与本单位匹配，以便既解决人才引进迅速弥补短板，能够立竿见影解决问题，还能够保证其迅速融入单位并创造价值。

3. 人才招聘精准筛选

应聘人才是否符合本单位设定的人才引进目标，或者符合目标的人才较多时，应当对应聘人才实施筛选。供应商可以按照人力资源尤其是针对高水平人才的要求，运用科学的方法和规范的流程，例如，领导或者对口业务负责人亲自面试、履历尽职调查、专项能力测试等，筛选出合乎招聘目标的人才。

三、供应商亮点挖掘

除垄断领域外，很难有供应商能够实现对其他或者大部分供应商的全面优势。供应商有哪些亮点，这些亮点与招标项目的特点和实际需求是否匹配，无论对于供应商还是采购人，都非常重要。

挖掘供应商亮点时，要围绕招标或者采购文件尤其是评审方法与标准展开。供应商的亮点与评审方法与标准越契合，该项得分越高，供应商的中标优势更大一些。除法律允许招标或者采购文件设置的业绩、奖项等硬性指标外，还有一些供应商的亮点挖掘常见情形。

（一）三大控制目标

货物与服务招标项目的质量、进度和价格，是项目管理的三大控制目标，也是供应商无法避开的主要内容，应当重点聚焦和挖掘。

1. 货物、服务的高品质要求

（1）高品质的地位。供应商应当始终以追求高品质的货物、服务为首要亮点。高品质对供应商参加政府采购活动具有重要意义。一种情形是采购人对高品质有要求，设置了门槛，达不到门槛的供应商无法参与竞争。或者采取了综合评分法的政府采购项目，将高品质所涉及内容设定为评审因素，并设定了相应分值。当然，高品质不能机械地理解为越高越好，这种"高"是指符合招标项目需求和特点，必要时，还应当综合考虑质量、进度和价格来理解和定位"高"的亮点。

（2）高品质的衡量。高品质亮点的基本要求是符合强制性国家标准，供应商必须遵守。招标或者采购文件规定了其他标准如推荐性国家标准、行业标准、地方标准的，供应商应当响应。供应商还可以结合本单位的发展战略和实际情况，承诺履行高于推荐性标准相关技术要求的、团体标准、企业标准等。

（3）高品质的其他体现。高品质不仅体现在前述的合规性方面，还可以体现在此基础以上的方面，例如，对货物、服务的定制化、体验感等。

2. 货物、服务的创新能力要求

（1）供应商应当确保货物、服务方面的研发投入充足，使得其货物或者服务在政府采购项目重点关注的核心竞争力方面，甚至各方面尽量领先于竞争对手，对于处于技术密集型行业的供应商尤其如此。对于劳动密集型行业的供应商，可以从服务、管理模式等方面入手，体现其创新性。

（2）研发投入是技术创新的基本保障，应当具有足额性、持续性，以便持续保持供应商始终在近期保持行业领先性。

（3）不同的质量体系认证标准包括的要素不同。纯粹提供生产、制造和服务的供应商往往不具备设计要素。有条件的供应商，在进行质量认证时尽量选择带设计要素的认证标准，例如，包括设计要素的 ISO9000 族标准中的 ISO9001 标准。

（4）技术创新往往最终以知识产权的方式表现，并依赖于知识产权的保护。针对技术创新成果的不同特点以及供应商的不同需求，可以分别采取相应保护策略：对于货物自身难以保密的情形，可以采取发明、实用新型、外观设计等公之于众获取国家保护的专利权形式保护；对于货物自身以及存在有效保密措施等难以被解密的情形，可以考虑采取商业秘密保护等方式实施。知识产权的天然垄断性，有利于减少供应商的竞争对手，甚至使其成为单一来源采购的供应商。

3. 可持续性

近期能力建设中的可持续性，可以有多种层次的理解。一方面，指供应商在上一阶段的能力建设中，需要考虑为当期参加政府采购活动服务。另一方面，也包括近期能力建设要与中长期能力建设之间保持平衡。以人才引进为例，既要满足当前工作的紧迫需要，又要考虑本单位现有人才的培养，不能以牺牲本单位既有人才的发展为代价。压制年轻人的成长，寒了老同志的心，对供应商人才队伍建设的后果往往是灾难性的。供应商的可持续发展，可以借鉴全球报告倡议组织（GRI）的成熟做法，强调在信息管理、采购人、供应链下游合作单位和员工之间通过持续的沟通，编制持续发展能力报告，分析评估企业内外部环境制约可持续发展的因素，辅助决策层、管理层决定和实施针对性措施。

（二）内控和供应链管理能力

1. 竞标组织的团队管理能力

竞标组织自身应当具有相应的技术和管理经验，相关要求详见第六章第二节相关内容。

2. 供应商经营的灵活性

供应商的经营活动应当保持灵活性。即便是同地区同类别政府采购项目，不同时期的招标或者采购文件的需求和特点也不尽相同，供应商很难用一套应对策略和文件解决问题，应当根据具体情况及时调整。相形之下，中小企业供应商的资金性质和组织形式决定了其经营具有较好的灵活性。而大型企业尤其是上市公司、国有企业等组织形式的供应商，因其体制要求较为严格、管理层级较多、决策机制往往欠缺足够的灵活性，需要在政府采购活动中尽力克服这一弱点。

3. 供应链管理能力

供应商是否具有运行良好的供应链，是否具有相应的管理能力，往往也构成对政府采购合同履行的关键要素。以政府采购工程为例，施工总承包单位将工程分包的，应当依法取得采购人的同意；非经同意的，往往构成违约与违法的竞合。采购人重点关注的内容如下。

（1）供应链合作单位是否与供应商有长期战略合作意愿，是否具有保持长期的战略合作伙伴关系的经验和履历，上下游合作单位之间能否共担风险、共享收益，是否采取了有效措施防范供应链中断风险。

（2）供应链合作单位的相应货物、服务供应行为，是否已纳入供应商有效管理，能否满足项目目标的特点和需求，能否满足招标或者采购文件中的高品质要求。

（3）供应链合作单位是否能够符合供应商针对本次或者本类政府采购项目提出的灵活经营以及快速响应的配合要求。

（4）供应链合作单位涉及生产、运输、仓储等环节，其信息化水平和技术、管理工具应用是否符合履行政府采购合同的需要。

（三）社会责任与外部评价

供应商积极履行社会责任，享有良好的外部评价，对于提升其信誉和社会认可度，具有较大价值。

1. 社会责任的承担

企业本身具有社会属性，在公司法学和境外立法实践上也有公众公司的说法。在我国，供应商承担社会责任也与社会主义核心价值观实践相契合。供应商可以考虑采取积极参与公益捐赠、参与环保等事业、扶持弱势群体、吸收残障人士就业等多种方式履行社会责任，取得相关表彰证书和荣誉称号，切实提升或者维护本企业良好社会形象。

2. 企业信誉与社会评价

企业信誉是表征供应商能力的重要参数，尤其在国家未实行或者已经取消资质等行政许可的领域，例如，采购代理、工程造价咨询等领域。企业信誉评价在招标或者采购文件中往往也具有重要地位，可能作为评审因素出现，供应商应当高度重视，自觉改善或者维护企业信誉。供应商企业信誉改善和维护的主要方法有：全面及时履约、强化客户关系管理、提升客户体验和客户满意度、积极取得各项荣誉、修复不良信用等。

第二节　中长期能力建设

一、单位实力建设

供应商能否成为"百年企业"，能否长期保持行业内竞争力，根本基础在于单位实力。从中长期能力建设角度看，供应商的实力建设除资产等硬实力建设方面外，更多地体现在组织管理水平、技术、市场与品牌协同、健康、安全与环境综合管理等多个方面的建设。

（一）组织管理水平建设

1. 单位管理水平建设

（1）在单位组织方面，供应商应当建立围绕政府采购活动的组织，并持续优化组织架构。供应商应当以中长期为视角分析参与主要采购活动的业务发展需求，建立较为稳定的中高管理层，明确各部门职责，及时解决部门之间的冲突；适当保持底层流动，保持稳定与灵活的协调性。

（2）单位管理实施标准化。供应商应当围绕投标或者响应活动，梳理并优化能够符合行业未来发展趋势的业务流程，并在此基础上制定阶段性标准化管理流程。需要注意的是，标准化并不意味着僵化，供应商尽量在首先保证灵活性的前提下再实现流程的稳定性。

（3）面向供应链管理的建设。与近期能力建设中供应链管理要求不同，在中长期能力建设方面，供应商应当遴选能够长期、紧密合作的合作单位，通过构建灵活而不失稳定的供应链管理体系，确保默契配合，从而实现参加政府采购活动所需要的长期、持续、稳定的货物或者服务的供应。值得注意的是，长期稳定的供应链与招标等强竞争性采购方式的一次性，往往具有先天矛盾。因此，在以供应商为中心的采购体系中，招标等强竞争采购方式往往不是首选采购方式。近年来部分国际组织和发达经济体弱化招标适用范围和频率，突出谈判等采购方式，在一定程度上也是基于该考虑。

2. 部门组织水平建设

供应商作为一个组织，难以直接体现其专业化分工，而其各组成部门和业务机构则代表着业务和职能的集中，是组织内专业化分工的表现。与临时性的竞标组织能够立竿见影提升竞标能力不同，部门能力以及部门间协同的提升往往决定着供应商中长期竞标能力水平。供应商应当实行先进、务实的组织管理机制，通过人才引进与培养，调整专业人员结构，采取先进管理模式和方法，提高部门组织水平。

供应商可以以部门和业务机构为单元，实施核心团队建设。对于各部门和机构的管理层、技术人员和核心业务人员，分别采取不同的行为激励模式。必要时可以分别将其设置为三条平行建设的路径，但不同路径人员的相应层级在薪酬待遇、荣誉感方面大体持平，或者更为尊重技术人员和核心业务人员，使得不同的人员在不同的路径均可以发挥自己的优势，并实现专业、经验的持续积累，避免角色频繁转换，最终均挤入管理层一条道路。

3. 财务、风控等特定部门建设

供应商参加政府采购活动，不可避免地受到一定程度上的政府采购有关监督。除投诉处理以及其他政府采购监督行为，在国家审计等监督行政行为中，供应商往往也作为"有关单位"配合审计机关等行为。在高度重视审计等活动的历史背景下，围绕着采购活动的财务、风控部门建设，重要性凸显。财务管理制度应当以合法、安全为第一原则，在此基础上兼顾成本控制、流程简的要求，合理降低财务风险。

风控体系则融合了风险、内控、合规、法务等几个部门的职能，对于在政府采购活动中严守底线，具有较强的保障作用。好的风控工作，应当在实施投标或者响应行为时提出针对性建议，避免因招标或者采购文件存在不合理条件而限制该供应商，实现风控消极功能这一最低目标。在有利局面下，在保证不违法的情形下，风控工作还可以采取较为激进的策略，例如，争取各种途径、资源和方法，使得采购的评审因素设置与评审方法与本单位亮点最大可能实现契合。在纠纷发生时，供应商应当就其他供应商对本单位的质疑、投诉具有专业、全面、及时的应对能力，或者在不利局面下对其他供应商存在的问题准确识别并作出有力的质疑、投诉。

（二）技术、市场与品牌协同建设

与单位管理水平等内部要素相比，技术、市场与品牌更多地表现连接外部的要素。三者相辅相成、互为促进，供应商应当对其实施协同建设。

供应商应当采取积极引进、吸收业内先进技术、模式或者经验，以及自主研发等方式，提升技术能力。以生产型货物供应商为例，大型供应商尤其是在涉及"卡脖子"工程的首台（套）情形下，可通过保证持续、高额的研发投入，增强自主创新能力，开发能够引领行业或者替代被采取限制、禁止进口等制裁措施的相关设备，以技术抢占市场，树立品牌的市场、社会乃至政治形象。

技术能力的提升不能脱离市场需求和市场供应。过分执着于技术能力的提升，往往因成本高昂而难以持续实施。政府采购活动中，采购人的需求通常表现为常规技术而非高精尖技术。采购人的需求决定着供应商技术能力的走向。供应商应当通过对政府采购市场的研究，准确把握货物、服务的定位和采购人需求的匹配性。当然，对于有特定技术需求的政府采购活动，供应商应当高度重视技术能力响应性和灵活性。例如，对于直接落实国家双碳政策要求的政府采购活动，指标高、效果好的专业技术能力往往是中标的关键。

技术、市场应当面向品牌建设。品牌高度浓缩地体现了一个单位的技术能力与市场活跃度。尽管在政府采购活动中，采购人不能指定品牌，但品牌所表征的技术能力、市场活跃度等内容，对供应商中标具有显著的外在和潜在影响。供应商可以集中注意力，加强企业品牌形象建设，提升品牌知名度，实现在行业、地方细分市场中确立品牌影响力，并实现品牌与技术能力、市场活跃度的良性发展。

（三）健康、安全与环境综合管理建设

供应商应当遵循百年大计、安全第一的发展原则。健康、安全与环境综合管理对企业安全具有显著意义，该管理是指将健康（Health）、安全（Safety）和环境（Environment）进行综合管理的体系，也称 HSE 管理体系。该体系通过体系化建立团队合作方式，通过事先制订详细的标准，分析安全隐患的原因，重视防范和要素控制，防止事故的发生或者将风险降到允许的程度，以保障人员健康、财产安全和环境良好。

1. HSE 管理体系的内容

HSE 管理体系包括健康、安全和环境三大内容。供应商按照 HSE 管理体系运行的，应当制订健康管理计划，并按照计划采取适当的方式对相关人员进行健康检查，确保相关人员身心健康；应当建立健全安全管理体系，制定并实施安全制度，减少直至避免相关人员尤其是存在危险因素的岗位人员在工作中不受伤害，即便受到伤害，也有意外伤害保险等风险转移机制予以保障；应当建立健全环境管理体系，在分析评估环境影响因素及其权重的基础上，采取相应防范措施，减少直至避免供应商在政府采购合同履约过程中对环境造成污染。

2. HSE 管理体系的要素

（1）基本要素。领导高度重视，是体系建设成败的关键。作为 HSE 管理体系基本要素，要求供应商的最高领导者这一自然人而不是由单位这一法人作出明确承诺，并由该自然人依照该承诺严格执行。该承诺的主要内容为公司及领导将为 HSE 管理设立组织机构、建立健全规章制度、提供必要资源并落实有关部门和人员的 HSE 管理责任。

（2）循环链要素。该组要素是基于 PDCA 循环等管理思想和方法提出的若干要素组合。主要内容包括管理方针和目标、行动计划、风险管理、实施与监测、审核评价、纠偏与改进等。

（3）辅助管理工具与方法。HSE 管理需要辅助管理工具与方法作为支撑，常见辅助管理工具与方法包括围绕安全的个人经验分享、具体行动计划、安全观察及目视化管理、作业许可、事前安全分析、培训管理、审核定级等。

二、人员素质建设

对于供应商来说，大至战略目标的实现，小到具体行为的实施，均离不开具体人员。人员素质是各项目标行为有效的前提。供应商与供应商单位之争，事实上是资源之争尤其是人员素质之争。供应商应当将人员素质建设提升到企业中长期战略高度。人员素质建设内植于其心理、职业道德与价值观，外化于技能、管理、沟通与创新，并可以通过培训、激励等机制予以提高。

（一）职业道德、心理与价值观

1. 供应商相关人员的职业道德建设

职业道德是人员素质培养的基础。供应商应当在人才招聘环节将职业道德测试作为基本要求，在人才培养环节加强职业操守教育培训，在工作阶段保持、提高相关人员在参加政府采购活动中的良好职业道德素养。由于法律是最低层次的道德，良好的道德也有助于供应商减少、避免违法行为。

2. 供应商相关人员的心理建设

供应商相关人员的心理素质与抗压能力往往在很大程度上决定着投标或者响应行为的质量。政府采购活动具有竞争强、压力大的特点，在持续参加政府采购活动时表现尤为明显。供应商可以通过抗压能力培训等事先方式提高相关人员的心理素质阈值，或者通过心理辅导、（强制）带薪休假等事中、事后方式舒缓相关人员的心理压力，尽最大可能保持其心理健康。

3. 供应商相关人员的价值观

供应商相关人员的职业道德、心理建设应当提升到价值观高度。供应商相关人员的价值观，应当与供应商的企业文化相契合，并符合社会主义核心价值观。供应商可以在人才招聘环节通过测试相关人员的价值取向，在工作环节通过企业文化专题培训等方式，引导相关人员理解和认同单位价值观，促进供应商及其相关人员之间的彼此认同感。

（二）技能、管理与创新

技能、管理、沟通与创新，是供应商保持长久竞争力的基本素质，应当作为中长期能力建设的重要内容。

1. 技能建设

（1）不同类别、不同层次的技能体系，有助于实现相关人员成长。供应商可以对相关人员按照其专业、职能类别进行划分，并结合其所在岗位的具体要求，开展针对性的专业、职能岗位技能培训，确保相关人员具备参加政府采购活动、履行政府采购合同所需的技能。以竞标组织为例，法务人员应当能够准确识别特别规定的否决性条款的内涵与外延，技术人员能够编制符合招标或者采购文件的高水平专业技术方案。

（2）技能建设鼓励实施"一专多能"。在岗位技能的基础上，鼓励相关人员按照单位推荐或者个人兴趣参加跨岗位培训或者轮岗工作，例如，投标人员通过了解、熟悉、掌握合同履约人员等其他岗位甚至其他部门所需知识、技能，反过来全面、深刻理解和反思本专业技能，从而弥补其技术能力短板，同时增强岗位之间、部门之间的协同能力，最终实现提高供应商中标能力的目的。

（3）技能培训应当注重可持续性。供应商应当将岗位技能培训固定为基本制度，将相关人员的技能培训融入其职业发展规划，为相关人员制定共性与个性相结合的发展规划，并以定期或者不定期的多样化内部培训保障其规划目标的实现。即便在经济下行阶段，也不要减少培训、削减经费。恰恰相反，下行阶段是相关人员大幅储备知识、提高技能的最佳时机。

2. 管理能力建设

（1）沟通能力培养与提升。良好的沟通能力有助于保证供应商组织内部个体与个体之间、部门与部门之间的有效运行，并有利于在供应商在政府采购活动中减少失误。供应商应当确保特定部门或者竞标组织等的内部信息传递，以及部门之间的信息传递准确无误。供应商可以通过开展沟通相关培训课程，提高相关人员的表达能力、理解能力及其沟通方法。

（2）供应商可以以部门或者竞标组织等团队为基本单位进行协作能力建设，并将能力建设责任分解到相关人员个人。供应商可以通过团队协作的专题培训，帮助相关人员树立管理理念，掌握基本管理方法，解决人际冲突，提升团队内部凝聚力。

（3）培养中高层管理人员领导力水平。供应商可以着眼于中高层管理人员这一特定群体，通过领导力强化等方法，提高前述人员的决策能力、领导能力。

3. 创新能力建设

供应商不仅在货物或者服务的提供方面，应当始终保持创新，在人员素质、能力方面，也应如是。供应商面临的竞争不仅限于国内，同时还往往在与国外供应商或者名为提供国货实为外国货的供应商之间进行。若不能保持足够创新能力，无法在日趋激烈的竞争中生存和发展。供应商应当以技术、管理人员等核心人群为重点人群，通过鼓励创新思维、实施创新思维研讨等，激发其持续、旺盛的创造力，使得供应商在人员素质方面始终居于细分领域前沿。

（三）培训与激励机制保障

与人员素质建设前述主要表现为供应商举办的内部培训等形式不同，本部分所述培训主要指外部机构举办的培训。

1. 所属行业各类业务培训

常见的形式有参加政府或者行业协会商会组织的行业年会、论坛、专题讲座等，便于在技能、管理、创新等方面紧跟行业最新动态和前沿技术。

2. 科研院所的理论培训或者讲座

参加科研院所的理论培训或者讲座，在基础理论层面为相应人员筑好基础，提供更为宽阔的视野，重塑系统科学的思维，使其能够看得更远、走得更远。

3. 取得职业水平评价或者认证等

供应商可以关注并积极组织相关人员参加财政等部门或者其他机构设置的相关职业水平评价或者认证，比如，采购师、招标师、CIPS 考试。

4. 激励机制与考核制度

政府采购讲绩效考核，主要是针对政府采购活动中的采购人而言。事实上，供应商也应当建立健全与之相应的以绩效考核为导向的激励机制。供应商可以通过透明、有效的绩效考核体系与合理的激励机制相挂钩，将公开表彰等精神激励与奖金期权等物质激励相结合，尽最大可能调动相关人员的工作积极性和主动性，将人员素质与单位实力紧密联系起来。

三、业绩优势积累与持续改进

除首台（套）等不可能也无须具备相应业绩的特殊情形外，业绩对供应商获取竞争优势、提高中标能力具有重要作用。尤其是在资质、资格等行政许可弱化的历史大背景下，符合招标项目特点和实际需要的业绩作为少数可供衡量的关键指标之一，其地位凸显。供应商保持业绩优势的积累与持续改进是其在政府采购活动中保持竞争力的关键。

（一）面向招标或者采购文件要求的业绩

采购人可以要求参加政府采购的供应商提供有关业绩情况。供应商的业绩积累工作不能盲目，应当紧紧围绕着近期招标或者采购文件的具体业绩要求，并结合本单位中长期能力建设预先布局，逐步积累符合未来竞争的相应业绩。招标或者采购文件对业绩的常见要求如下。

1. 一定年限以内一定数量以上的业绩要求

招标或者采购文件要求供应商具备的一定数量的类似业绩，通常限定了相应期限。该期限对采购人而言，意味着可以对供应商提供货物或者服务能力初步认可。对供应商而言，是其持续经营的直接体现。供应商应当持续不断地参与政府采购活动，并始终保持完成本单位近期、中长期战略设定的业绩目标，例如，"每×年内履行完毕至少×个某类货物或者服务的合同……"

2. 规模标准要求

与工程招标立足于工程质量、生产安全而往往允许设置较为严格的业绩不同，因政府采购具有促进中小企业发展等政策功能的要求，对业绩设置尤其是其规模的要求较为敏感。涉及政府投资工程的，在一定条件下可以考虑一定年限以内一定数量以上的业绩。往往伴随着规模标准要求，通常表现为合同金额、面积等量化标准。合同金额越大、面积越大，往往体现着供应商的实力越强，采购人对供应商的信心也往往越大。供应商可以设定分级策略，结合年限、数量对其业绩规模标准设定若干档次，例如，"每×年内履行完毕至少×个某类工程的合同，其中×万元以上的合同不少于×个……"但要注意，规模标准的设置不得构成以不合理的条件对供应商实行差别待遇或歧视待遇。

3. 合同履约评价要求

除年限、数量、规模之外，还可能存在对货物或者服务业绩的评价要求。供应商所提供的业绩符合年限、数量、规模等要求，但其履约评价是否良好，体现了供应商的诚信程度和合作能力，也决定着采购人是否敢于授予供应商合同或者在履约中放心。供应商应当认真履行每一份合同，尤其是在一定规模以上的合同，更应当倾斜资源、加强管理，全面、及时、适当履行，做好客户关系管理，务求获得采购人的优秀履约评价。在招标或者采购文件要求"合格"业绩时，能够提供更为"优良"的业绩。

（二）业绩优势的管理要求

供应商的业绩积累应当科学化、常态化管理。对于业绩欠缺时，应当有补救机制；对于业绩证明文件，应当纳入档案管理；并建立专业案例库，采用辅助工具实施管理。

1. 业绩欠缺时的临时性补救措施

一般来说，供应商应当主要参与其有较强竞争力的政府采购活动，但对于存在吸引力大、符合战略布局而初步进入等情形的采购项目，供应商也应当积极响应采购活动。此时，供应商往往无法完全满足招标或者采购文件中的业绩要求，或者虽然勉强符合但不占据优势。为补足业绩，供应商可以采取联合体投标等方式，补足短板或者强强联合，提高其中标能力，进一步为下一阶段的投标或者响应活动积累新的业绩。

2. 重视业绩证明文件档案积累

供应商应当高度重视业绩证明文件，不能仅仅将业绩证明理解为合同文件。事实上，履约验收报告、支付凭证，乃至供应商的回访记录，采购人的致谢信、锦旗等，都属于业绩证明文件的范畴。供应商均应当将业绩证明文件积累上升为新质生产力层面，尽力与采购人或者监管部门建立、保持良好的关系，积极参与各类行业、地区活动，获得各项良好评价、荣誉，并列入专门档案实施管理。在编制投标或者响应文件时，以上文件均为证明供应商业绩的有力依据。

3. 专业案例库

供应商可以就本单位已履行完毕的相关货物或者服务的政府采购合同或者其他采购合同，建立案例库。案例可以实施分类管理，例如，划分为优秀案例、一般案例、失败案例等，并使用适当的辅助工具实施管理，便于检索与分析总结。优秀案例主要包括获得较高评价或者荣誉的业绩，可在后续投标或者响应活动中根据实际情况选用，或者作为参选竞赛、开展相关培训的素材。

（三）业绩优势的保持和持续改进

在政府采购活动中，招标或者采购文件对业绩的一定数量、规模等的年限要求驱动着供应商必须始终保持一定周期内的业绩优势并持续改进。供应商可以在业绩分析的基础上，持续拓展市场，并保持持续改进的企业文化。

1. 数据分析驱动的业绩管理

量化是供应商业绩管理的基本要求。供应商可以为本单位或者按相关业务部门就各类业绩设定关键绩效指标（KPI），确保本单位或者相关业务部门的业绩可以量化和分析。常见的量化指标包括业绩的种类、质量、数量、规模、周期、履约情况、采购人满意度等。在前述指标体系建立之后，供应商可以通过数据分析工具建模并评价有关业绩的重要程度，并基于数据作出合理决策或者改进建议，为业绩优势的保持提供技术支撑。

2. 客户黏性与市场拓展

如何保持客户黏性，在政府采购活动中是个难题。采取以招标为主要采购方式的政府采购活动，往往具有一次性交易特点，很难在采购人与供应商之间保持长期合作。即便如此，履约情况良好、采购人评价高的供应商，往往能在竞争不太激烈的政府采购活动中更为符合招标或者采购文件的要求，或者赢得采购人的潜在认可，进而转化为中标优势。供应商应当珍视这一优势进行市场开拓，通过客户满意度直接影响并实现供应商的业绩累积。

3. 业绩优势积累的持续改进

围绕供应商的业绩优势积累，应当建立起全员参与的持续改进机制。供应商可以在横向上鼓励业务甚至职能等各部门、组织人员参与业绩优势积累，在纵向上鼓励一线相关人员、中层管理人员以及单位高级领导提出持续改进的相关建议。

吸收并形成业绩优势积累的持续改进建议后，供应商应当对该建议进行落实和推广。成功改进经验和失败教训，面向各部门、各层级全员推广，形成经验教训共享机制，推动全员业绩优势持续改进意识的提升。

业绩优势积累的持续性注重方式方法。供应商可以采取 PDCA 循环（计划—执行—检查—改进）等常见管理方法，分析业绩积累过程中的工作利弊得失，持续优化业务积累，实现业绩优势积累的持续改进。

第三节　中标筹划能力建设

一、供应商自我分类分级与定位

供应商自我分类、分级与定位是中标筹划能力的前提。供应商有清醒的自我认知，方可理性地选择参加适合本单位竞争的政府采购活动，科学合理地制定有针对性的投标或者响应策略，从而提升中标能力。

（一）供应商自我分类

根据供应商提供的履约内容的类型领域、地域、合作方式等不同标准，可以将其划分为不同的类别。

1. 履约内容的类型领域

根据供应商履约内容的类型领域的不同，可以将其分为货物供应商、工程供应商以及服务供应商。其中，根据货物属性的不同，又可以将货物供应商分为原材料供应商、设备供应商、零部件供应商等。按照政府投资工程所属行业专业的不同，可以将工程供应商（承包人）分为建筑、交通、水利工程等不同行业、专业领域的供应商。因服务的含义具有兜底性特点，供应商可根据服务具体内容划分，种类繁多，例如，IT 支持、物业等相关供应商。

2. 供应商所在地域

按照供应商所在地域（法律上称为"住所"）的不同，可以将其分为本地供应商、外地供应商和国外供应商。需要注意的是，我国对国外供应商的界定采取注册地主义，即虽然投资、品牌等因素具有涉外性，但只要在我国市场监管部门注册，则为国内供应商；虽然投资、品牌等均为国内主体持有，但注册于国外，则为国外供应商。按照政府采购法律及营商环境法律等的要求，不得对外地供应商实行歧视性待遇。但客观来讲，本地供应商往往具有地理优势，对政府采购合同的履行具有便利性、成本较低、快速响应性、环节少、风险低等特点；对本地财政税收也有直接贡献，往往在客户关系管理上也有持续性。这些特点在不违反法律的前提下，往往会直接或者间接地构成供应商中标能力的一部分。

（二）供应商自我分级

供应商可以按技术、管理能力以及业绩等因素，实施自我分级。

1. 供应商的技术、管理能力分级

根据供应商技术、管理能力在行业内所处的地位，一般可以分为基础型供应商、跟随型供应商和领先型供应商。基础型供应商提供的货物、服务通常为标准化产品或者基础技术服务，含金量较低，参与政府采购活动时竞争也极为惨烈。领先型供应商拥有业界先进的技术和研发能力，能够为采购人提供高附加值产品或创新解决方案。跟随型供应商的技术、管理能力居于两者之间。

2. 供应商的业绩分级

以业绩为评审重要内容的政府采购活动中，供应商的业绩分级工作较为重要。供应商可以按本单位业绩优良与否进行分级。考虑到供应商对于追求优良业绩的动力，并便于采购人把握，可以引入操作简易的 ABC 分类管理法。ABC 分类管理法也称巴累托分析法，用于供应商业绩管理时，本质是根据供应商业绩的不同进行分类、排序，有区别地对重点内容实施管理。ABC 分类管理法将业绩分为 A、B、C 三类，以 A 类即优良业绩作为重点管理对象。A 级业绩体现了供应商的优秀履约能力、货物或者服务质量水平。B 级业绩体现了供应商总体合格但尚未达到优秀程度的履约能力、货物或者服务质量水平。C 级业绩则体现了供应商较差的供应能力，例如，质量不合格、交付进度迟延等。供应商也可依据或者参照采购人、行业对业绩的分级标准对照实施。

（三）供应商自我定位

1. 供应商对采购人的重要性

供应商所处行业的特点、自身实力等因素，往往决定了其对采购人的价值不同。按照其价值程度的不同，可以将供应商划分为一般供应商、重要供应商和应急供应商。在绝大多数情形下，任一供应商都不具有不可替代性，招标或者采购文件所规定的符合性要求存在能够满足采购人的需求的大量供应商，此类供应商为一般供应商。但在特定情况下，某些供应商对采购人不可或缺，例如，采购人对寡头垄断行业的供应商依赖程度高，或者国家对重要行业或者重要企业进行扶持等情形。此类供应商因其重要程度高，可作为重要供应商。在疫情、抢险等特殊情形实施应急采购时，往往适用单一来源采购或者更为简便的交易方式。此类供应商可以称为应急供应商。不同类型的供应商，其中标能力不同。重要供应商、应急供应商的相对中标能力，显然是一般供应商无法企及的。

2. 分类、分级维度组合

供应商可以在自我分类、分级各维度组合的基础上，结合本单位中标筹划的战略需求进一步分析，并将分析结果应用于编制投标或者响应文件等活动中。以前述介绍的分类、分级四个维度为例，将履约内容、所在地域、技术与管理能力、业绩中的各自分类、分级进行组合，将产生简单的供应商画像。例如，某本地供应商在本行业、地区内属于领先型供应商，其业绩等级为 A 级。则在采取综合评分法的政府采购活动中，该供应商可以充分利用其在本行业、地区的各种显明或者潜在优势，充分发挥其先进的技术、创新优势，实现业绩优势与招标或者采购文件的要求相契合，从而获得高分优势，为高报价策略提供较大灵活性。

3. 供应商定位流程管理

（1）基本情况收集与分析。供应商收集涉及本单位的基本情况，包括行业专业背景、本地资源优势、技术和管理能力水平、业绩情况等信息，进行基本信息评估。

（2）进行分类、分级维度组合分析。根据供应商所处行业特点和地域特点，结合本单位技术和管理能力水平、业绩情况，组合分析本单位竞争力优势、劣势。并尽可能按前述方法对所有或者主要潜在的对手供应商按进行分类分级维度组合，进行对比分析，准确评价供应商与竞争对手之间的相对优势与劣势。

（3）制定中标筹划策略，作出相应决策。供应商根据前述分析结果，对本单位适合参与的政府采购项目类型、范围，以及对某具体政府采购项目中投标或者响应策略进行精准定位，选择投哪类标、是否投标、是否联合投标、是否高价、是否利用各类资源等差异化的中标筹划策略，并结合下文寻源和切入的情况作出决策。

二、响应寻源与切入途径

供应商应当通过有效的寻源方式、精准的市场切入策略提升中标筹划能力。

（一）供应商的寻源

供应商的寻源，是指供应商按照自我定位，寻找适合本单位投标或者响应的政府采购项目，确保其政府采购需求与本单位定位相契合，以便决定是否参与该政府采购活动。

1. 利用政府采购公开信息

（1）官方公告信息。采取官方公告信息渠道，例如，通过中国政府采购网进行寻源的，往往属于供应商的海投策略。政府采购项目的公开性，要求其采购信息通常通过各级政府采购网络平台公开发布。供应商可以建立常规寻源规章制度，在主要采购网络平台注册用户，利用平台提供的便利功能，由专人负责定期浏览检索上述网络平台，及时获取最新的采购项目信息。

（2）政府采购计划。对供应商较为重要的采购人按季度或者年度等周期发布采购计划的，供应商也应当长期跟踪、重点关注，通过分析该采购计划，提前筹划准备相关人员和各类资源。

2. 提前获取采购需求等信息

（1）与采购人或者采购代理机构沟通。在合法的前提下，供应商可以凭借其行业、专业以及地域优势等，与采购人或者采购代理机构等相关单位保持联系沟通，及早获取采购需求或者意向，力争在采购计划发布之前通过合法途径获得足够信息，或者提前了解采购计划的变化。

（2）提前获取政府计划、采购需求或者有关信息的合法途径。例如，积极参与政府组织的相关前期咨询论证会议，参与事业单位、团体组织相关年会、研讨会、展览会、论坛等活动，获得政府采购的需求信息和相关政策的解释。

3. 合作寻源

供应商可从其他供应商或者中介机构处获取政府采购需求等相关信息。采取联合体组织形式的，可以从联合体成员处获取前述信息。以采取工程总承包模式的政府投资工程为例，因设计单位往往在前期已经介入实际工作，承担了工程可行性研究报告的编制工作，了解该工程信息较早，施工总承包单位可以从拟作为联合体成员的该设计单位处获取政府采购相关信息。也有本地施工单位利用地方优势，在跟踪政府投资项目后，寻求业绩份额大、技术优势强的全国知名设计单位等共同合作的模式。这种相互合作的寻源模式目标性强，往往中标概率较大。

（二）供应商的切入途径

供应商寻源后，可以发动已有合法资源，充分利用各项政策法律，实施精准的货物与服务定位，开展差异化优势竞争，有效介入政府采购活动。

1. 利用政府采购政策法律

根据《政府采购法》，政府采购应当有助于实现国家的经济和社会发展政策目标，包括保护环境，扶持不发达地区和少数民族地区，促进中小企业发展等。

（1）供应商为中小企业的，可以以其中小企业的身份介入政府采购，参加专门面向中小企业预留采购份额的政府采购活动；或者在经主管预算单位统筹后未预留份额专门面向中小企业采购的采购项目，以及预留份额项目中的非预留部分采购包，享受报价扣除或者价格分加分等优惠待遇，从而提高中标能力。

（2）供应商的货物或者服务涉及绿色环保低碳的，可以利用国家推行的绿色采购政策，提供环保、节能、低碳的货物或者服务，享受相关政策优惠。

（3）供应商住所在不发达地区或者少数民族地区的，可以利用国家倾斜政策享有相关优惠。

如何理解、利用政府采购政策法律具体介入政府采购活动，详见本书第五章。

2. 初步或者精准筹划货物或者服务

能够较好地实施响应寻源而获取或者尽可能提前获取政府采购相关信息的，供应商应当借助这一优势，及早准备介入政府采购活动。供应商可以根据所获取的政府采购需求或者较为简略的信息，提前对所需提供的货物或者服务内容进行筹划准备，以便在后续阶段能够精准定位货物或者服务，满足招标或者采购文件所要求的质量标准、技术规格、报价水平等各项具体需求。存在较强竞争对手的，供应商应当提前分析准备，在供应商自我分类分级定位的基础上，结合招标或者采购文件的要求，或者可能出现的要求，发挥具有差异化竞争优势，提高中标概率。

3. 合法获得采购人信任

行业或者本地的知名供应商，往往较为容易获得采购人的信任。基于该类供应商的影响力或者与采购人建立的长期、多次履约关系，供应商可以发挥其技术、管理等优势，提高后续政府采购中标概率。当然，该信任关系应当建立在合法合规的基础上，供应商不得推动采购人实施明招暗定、串通投标等违法行为。

三、采购人、采购代理机构关系管理

客户关系管理（CRM）是项目管理的重要一环，对于持续性经营主体的项目管理尤为重要。供应商建立并维护与采购人或者采购代理机构的良好关系，既可以提升当次政府采购活动的中标机会，还可以为其赢得持续性的竞争优势。供应商应当始终将与采购人、采购代理机构保持良好的关系作为中标筹划能力的重点，将其上升为战略高度。

（一）供应商与采购人的客户关系管理

根据《政府采购法》，政府采购活动遵循公平原则，所有供应商都应当受到采购人的平等对待。但不可否认的是，与采购人存在良好关系的供应商，在政府采购活动中往往具有明显或者潜在的优势。

1. 始终深入了解采购人每次采购活动的需求

赢得信任的基础是了解和尊重。供应商与采购人关系管理中，最为直接的是供应商对采购人及其采购需求的了解，对采购人的最大尊重也体现于此。供应商应当通过多种合法渠道和途径深入了解该次政府采购项目的具体情况，利用踏勘、问询、预备会、谈判以及其他各种合法途径与采购人深入沟通，充分掌握政府采购项目的具体需求和实质条件。

2. 在已往履行合同中尽最大能力量履约

（1）在与采购人的已履行合同中，供应商应当依据法律规定和采购合同约定，致力于及时全面提供高质量的货物或者服务，积极解决履约中发生的各项问题，赢得采购人的信任。

（2）在与采购人订立过多次采购合同时，或者通过框架协议采购方式提供过多次货物或者服务，供应商可以发挥其技术、管理能力的创新优势与差异化优势，通过提供迭代、增值货物或者服务，向采购人展示其强大的实力和良好的服务意识。

（3）供应商应当以诚信为本，全面履行在参与政府采购活动订立、履行和保修全过程中作出的承诺。履行保密、通知、协助等诚信义务，并注重其他附随义务等细节。

（二）供应商与采购代理机构的客户关系管理

采购代理机构作为专业的采购活动组织实施主体，负责具体采购事务。供应商与采购代理机构虽无合同关系或者缔约的可能性，但也应当重视与采购代理机构的关系管理，便于顺利参与政府采购程序。

1. 了解并理解采购代理机构的职责

供应商应当了解采购代理机构的工作流程，包括自发布采购计划、招标公告、资格预审公告或者投标邀请书等启动文件，到协助签署政府采购合同，甚至按照采购代理合同等的约定延伸至政府采购合同的履约验收等环节。供应商应当理解并尊重采购代理机构的职责，尽量予以配合；与采购代理机构保持良好的关系，在遇到非原则性问题时，也方便请采购代理机构协助解决。

2. 表现自身的专业性

供应商在与采购代理机构的关系管理中，保持良好关系、赢得尊重的根本在于自身的专业性建设。供应商应当严格依法合规，尽量体现本单位的强大技术、管理能力，投标或者响应文件的高质量编制水平，以及严谨务实的工作作风。

3. 建立积极的沟通渠道

供应商应当充分利用获取招标或者采购文件、问询、参加投标预备会等各种合法合规的沟通渠道，尽量建立与采购代理机构的良好关系。在沟通过程中，注重主动性，对采购代理机构的各项要求应当保持足够耐心。在中标后，及时按照招标或者采购文件的要求（如果有），向采购代理机构支付采购代理服务费。未中标的，供应商也应在合理时间与采购代理机构进行沟通，了解未能中标的具体原因，虚心请教，便于通过持续改进机制提升中标能力。在政府有关部门组织的各类合法沟通场合中，也应持续保持与采购代理机构的良好关系。

（三）供应商的客户关系管理的常见方法

项目管理中的 CRM 方法为供应商的客户关系管理提供了成熟可靠的方法支撑，供应商可以根据本单位的特点选用这些方法增强与采购人或者采购代理机构的关系管理效果。

1. 分层次管理的客户关系管理方法

供应商可以根据采购人或者采购代理机构的重要性进行分级管理。对于深耕多年、合同数量较多和规模较大、亟须开拓的采购人，供应商可以将其列为战略级采购人；对于中标概率较小，战略意义不大的采购人，可以列为一般采购人；居于两者之间的，可以列为重要采购人。针对不同重要程度的采购人，供应商可以采取差异化的关系管理策略。例如，对于战略级采购人，可以通过高级别领导会晤站台、针对性宣传等方式进行沟通。

2. 保持长期客户关系

在无实质合作之前，供应商与采购人或者采购代理机构可以在依法合规的前提下，探讨各类战略合作的可能性。该措施往往适用于大型供应商，战略合作着眼于未来，内容也较为宏观，务虚成分较为浓厚。

供应商与采购人已有履约合同的，供应商可以考虑定期或者不定期地对采购人或者采购代理机构进行回访，根据其反馈内容，了解投标或者响应、合同履行中存在的问题，及时纠偏，取得采购人或者采购代理机构的认同。

3. CRM 系统工具的应用

供应商可以考虑引入成熟的 CRM 系统工具，例如，Salesforce、Microsoft Dynamics 等。CRM 系统工具可以用于规划客户关系管理方案，制订实施计划，记录其与采购人或者采购代理机构的沟通记录；根据记录中的有效信息进行分析评价，确定采购人或者采购代理机构的习惯和偏好，预测其未来的采购需求，提前筹划准备，制定针对性的解决方案、措施；同时帮助供应商及时跟踪和维护与采购人或者采购代理机构的良好关系。

专栏 2-1
案例："首台（套）"中标能力建设

一、案例背景

某设备制造领域的技术门槛较高，其中尖端设备仅有国外少数几家设计、制造商能够提供。近年来，受国际政治、经济形势影响，上述设计、制造商对我国停止出口设备，并中断了售后服务，使我国使用该尖端设备所制造产品的下游产业受到严重影响。为了弥补我国在该设备制造领域的短板，相关部门出台了"首台（套）"等一系列与招标采购有关的政策和措施，大力支持该设备相关技术的研发和创新。

某国内供应商在该设备设计、制造领域有一定技术基础，主要提供中端设备，但在研发经验、技术管理水平、专利储备、关键指标与良品率等方面，与尖端设备尚有一定距离。供应商准备以单位现有能力为基础，抓住"首台（套）"的历史政策发展机遇，响应国家政策号召，研发提供尖端设备首台（套）设备。

二、问题

1. 该供应商参加涉及首台（套）尖端设备招标面临的主要困难有哪些？

2. 请为该供应商简要拟订一份首台（套）尖端设备中标能力建设大纲。

三、分析

（一）主要困难

（1）供应商的研发经验、技术管理水平、专利储备、关键指标与良品率等方面现状不能满足尖端设备的设计、制造。

（2）供应商的核心技术、专利储备均有欠缺，设备设计、制造难度大。

（3）首台（套）的研发所需资金巨大，竞争对手较强，研发时间紧迫、风险巨大。

（4）作为首台（套）设备，即便是采取合作创新采购等方式也需要具备相当的基础和亮点挖掘，才能获得采购人的信任，在竞争中脱颖而出。

（二）中标能力建设大纲

（1）中标能力建设指导原则。将研发首台（套）设备上升到供应商战略规划高度上，通过设备研发赢得市场先机。不仅限于参加一次政府采购活动，而是以首台（套）设备奠定尖端设备设计、制造基础，持续开拓市场。

（2）市场情况调研和情报搜集。供应商应当对尖端设备市场调研，跟踪国际设计、制造商研发动态，积极参与国内外行业展会、研讨会、论坛等。

（3）深入了解采购需求。供应商应当与潜在采购人持续深入沟通，确保所研发尖端设备功能符合采购人需求，并符合国家政策导向。

（4）项目管理优化。采用先进高效的项目管理工具和方法，确保质量、进度、造价三大控制目标的平衡。

（5）关键技术攻关。供应商通过人才引进、人才培养等方式组建高水平研发团队，确定并突破"卡脖子"技术难题，研发出具有相应市场竞争力的首台（套）设备。

（6）研发资金投入支持。供应商可以通过自有资金与外部融资等方式相结合，获得充足研发资金，共担或者转移开发失败风险。

（7）产品检测认证。首台（套）设备应当通过内部、外部的检验测试、认证。通过消缺、售后服务以及产品迭代等方式，逐步达到采购人认可的设备稳定性和良品率要求。

（8）通过首台（套）设备的中标，迅速积累行业内声誉，提升品牌优势，全面提升尖端设备的中标能力。

第三章　政府采购信息的获取与分析

　　预算是政府采购的起点，通过查看政府预算、部门预算、单位预算能从整体上了解政府整体以及各部门年度政府采购项目情况。同时，由于政府采购遵循公开透明的基本原则，从公开途径能够获得政府采购全过程的相关信息。通过收集、分析这些公开信息，供应商可以从中找到商机。

第一节　从公开预算获取政府采购信息

一、政府预算

（一）概念

　　政府预算作为国家财政管理的核心，是政府对一定时期内财政收支的全面规划与安排。它是政府财政活动的法律依据，也是实现政府治理目标和宏观经济调控的重要工具。政府预算的编制过程，体现了政府对资源的分配意愿，反映了政府对国家发展目标的承诺与规划。

　　政府预算包括收入预算和支出预算两个基本部分。收入预算涵盖了政府通过各种渠道获取的财政收入，比如，税收、非税收入、债务收入等，这些收入构成了政府财政的基础。而支出预算则详细列出了政府在教育、医疗、国防、基础设施建设等各个领域的投资计划，这些支出计划是政府实现其政策目标的具体行动。

　　政府预算的编制是一个复杂的过程，政府要在考虑国家经济状况、社会需求和政策目标的基础上，进行科学的预测和合理的规划。这一过程不仅需要政府部门之间的协调合作，也需要立法机关的审查和监督，以确保预算的合法性和合理性。

政府预算的公开透明是现代民主社会的基本原则之一。政府有责任向公众公开预算信息，接受社会的监督和评价。这种透明度有助于提高政府的公信力，促进公民对政府活动的理解和参与，同时也是防止腐败和资源浪费的有效手段。

政府预算的功能不仅限于财政收支的规划，还具有资源配置、政策实施和经济调节等多重作用。通过政府预算，政府可以引导和影响经济活动，促进社会公平和经济发展。政府预算的有效执行，对于维护国家财政健康、实现社会稳定和推动经济持续增长具有至关重要的作用。

（二）政府预算和政府采购预算的关系

政府采购预算是政府预算的一个组成部分，它体现了政府在一定时期内通过采购活动获取商品、工程和服务的支出计划。政府采购预算的编制和执行，直接影响到政府预算的平衡和效率。

政府预算作为国家财政活动的总体规划，涵盖了国家在一定时期内的所有财政收支计划。它不仅反映了政府的财政状况，也是政府实现其政策目标和宏观调控的重要手段。在这一宏观框架下，政府采购预算扮演着至关重要的角色，它不仅是政府预算的一个组成部分，更是政府资源配置和政策执行的具体体现。财政部发布的数据显示，2022年我国政府采购规模（政府采购预算执行数）为34993.1亿元，占全国财政支出（财政支出预算执行数）比重的9.4%，规模相当客观，对优化资源配置和强化宏观经济调控效果产生了重要影响。

政府采购预算专注于政府通过市场机制获取商品、工程和服务的财政计划。这一预算的编制和执行直接影响政府资源的有效分配，进而影响政府在教育、医疗、国防、基础设施等关键领域的服务和建设能力。政府采购预算的规模和结构，不仅反映了政府的财政状况，也体现了政府对不同领域的重视程度和政策导向。政府预算与政府采购预算之间的紧密联系，体现在以下四个方面。

第一，两者的政策目标具有一致性。政府采购预算的编制必须遵循政府预算的整体政策目标，确保采购活动与政府的宏观政策相协调。例如，如果政府预算强调对教育领域的投资，相应的政府采购预算将增加对教育设施和资源的采购，以支持教育政策的实施。

第二，政府采购预算的编制和执行需要在政府预算的监督和管理下进行。政府预算为政府采购预算提供了法律和规范的框架，确保采购活动符合财经纪律和效率要求。政府采购预算的公开透明，有助于提高政府采购的透明度，促进公平竞争，防止腐败和资源浪费。

第三，政府采购预算的灵活性对于应对市场变化和紧急需求至关重要。政府预算的调整机制应能够适应这些变化，确保政府采购活动能够顺利进行，同时保持政府财政的稳定性和可持续性。

第四，政府采购预算的绩效评价是政府预算管理的重要组成部分。通过对政府采购预算的执行情况进行评价，可以不断优化预算分配，提高政府采购的效率和效果，确保公共资金的有效使用。

综上所述，政府预算与政府采购预算之间的关系是相互依存、相互影响的。政府采购预算的有效管理对于实现政府预算的整体目标、提高财政资金使用效率、促进经济社会发展具有重要意义。政府必须在确保政府预算的宏观调控功能的同时，注重政府采购预算的科学编制和严格执行，以实现资源的最优配置和政策目标的最大化实现。

（三）政府预算信息获取途径

政府预算信息提供了对国家财政状况和政策方向的深入了解，对于政策分析师、学者、公民以及市场参与者来说至关重要。政府预算信息的获取途径主要集中在以下两个方面。

1. 政府官方网站

政府官方网站是获取预算信息的主要渠道。随着电子政务的发展，各级政府机构普遍在其官方网站上公布预算报告及相关文件。这些信息通常包括预算草案、执行情况、决算报告等，为公众提供了一个直接了解政府财政活动的窗口。

中华人民共和国中央政府门户网站（https：//www.gov.cn/）是中国中央政府的官方发布平台，通过该网站的导航栏进入政府信息公开界面（https：//www.gov.cn/zhengce/xxgk/）即可查看该网站提供的所有政府公开信息参见图3-1。

图3-1　中华人民共和国中央政府门户网站

在进入政府公开信息界面后，展开左侧"法定公开内容"导航栏，点击"预算/决算"即可获取到所有国家的预算草案、执行情况和决算报告参见图3-2。

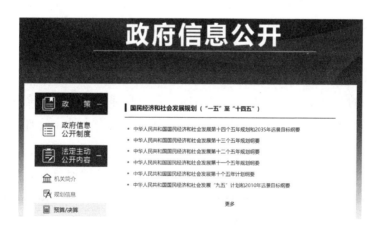

图3-2　政府公开信息界面

除了国家层面的政府网站外，地方政府网站也是获取地方预算信息的重要渠道。例如，北京市、上海市等地方政府的官方网站通常会发布地方预算报告和相关财政数据。通过这些官方网站，公众和研究人员可以获取到政府预算的原始数据、政策文件和官方解读，为深入分析和理解政府的财政状况和政策方向提供了基础。

财政部网站（https：//www. mof. gov. cn/）作为国家级财政信息的发布平台，提供了全国性的财政数据和政策文件。这些信息对于理解国家财政政策的宏观框架和具体细节具有重要意义。此外，财政部网站还可能提供对预算报告的解读和分析，帮助公众更好地理解复杂的财政数据。在网站的首页，点击导航栏中的"信息公开—财政数据"即可查看包括政府预决算的各种财政报告。

地方财政厅（局）网站也是获取地方预算信息的重要来源。地方政府的财政状况和预算安排通常在这些网站上公布，为研究地方财政和政策实施提供了宝贵资料。这些网站的信息有助于分析地方政府的财政健康度、支出优先级以及与中央政府政策的一致性。

2. 学术和专业机构

除了官方网站，学术和专业机构也经常对政府预算进行研究和分析，并发布相关的研究报告。这些报告可能包含对预算数据的深入解读、政策影响评估以及未来趋势预测，为学术界和政策制定者提供了宝贵的参考。

全国预算与会计研究会，为中华人民共和国财政部部署单位。全国预算与会计研究会成立于 1990 年 8 月，是在政府预算和政府会计领域内进行科研活动的全国性非营利社会学术团体，在财政部的指导下独立开展学术研究活动。预研会的基本任务是协同政府预算和政府会计主管部门，紧跟财政改革与发展的趋势，研究探讨政府预算与会计的基本理论、方法及应用业务技术操作规程，为建立建全现代政府预算制度政府预算、政府会计理论体系和管理体系服务。全国预算与会计研究会出版的《预算管理与会计》，会刊登有关政府预算的理论研究、政策分析和实务操作的文章，可以阅读这些出版物以获取信息。

全国政府预算研究会是由中央财经大学发起，国内高校自愿组织形成的群众性学术研究团体。全国政府预算研究会会定期举办学术活动，这些活动通常会围绕政府预算相关议题进行深入研讨。例如，全国政府预算研究会第八届年会暨2022年"预算管理一体化与数字财政"学术研讨会，可以通过关注此类会议并参与其中，以获取最新的研究成果和政府预算信息。

如果供应商想从国际公共采购规则中获得商机，则可以关注国际组织、国外政府预算动态。国际货币基金组织（IMF）提供了关于成员国政府财政状况的深入分析，包括政府预算、债务水平和财政政策等。IMF的数据库和定期发布的《世界经济展望》报告是研究全球财政状况的重要资源。经济合作与发展组织（OECD）提供了关于其成员国政府预算和财政政策的统计数据和分析报告。OECD的财政事务委员会定期发布关于成员国财政政策的评估和建议。世界各地的大学也设有研究中心，专注于财政政策和政府预算的研究。例如，哈佛大学的肯尼迪政府学院和牛津大学的布拉瓦尼克政府学院等，都提供了丰富的财政政策分析和教育资源。此外，还有专业会计和审计机构，例如，普华永道（PwC）、德勤（Deloitte）等专业服务公司，他们通过研究报告和专业分析，为政府和私营部门提供关于预算管理和财政透明度的见解。

（四）从政府工作报告和政府预算报告看政府采购

在每年两会上，总理代表国务院作《政府工作报告》，提请全国人大审议政府工作报告；受国务院委托，财政部提请全国人大审查关于上一年度预算执行情况和本年度预算草案的报告（一般简称"政府预算报告"），全国人大则对两份报告进行审查批准。一般来说，两份报告反映了未来一年政府工作的重点，认真学习两份报告，会对未来政府采购走势和工作重点有深入了解，这对供应商无疑是非常重要的。下面，我们以2024年政府工作报告和政府预算报告为例，帮助供应商发现其中的"亮点"。

1. 从2024年政府工作报告看政府采购

2024年政府工作报告客观总结了过去一年取得的成就，并对2024年工作作出部署，成绩来之不易，未来更需努力，报告求真务实、充满信心和力量。

一是创新为魂，政府采购助力科技创新。2024 年政府工作报告中有 40 处提及"创新"，有 26 处提及"科技"，这些高频词汇恰好说明了政府工作的重中之重。报告提出，要充分发挥新型举国体制优势，"全面提升自主创新能力""增强原始创新能力"，要充分发挥创新主导作用，"以科技创新推动产业创新""实施产业创新工程"。报告还特别强调了企业在创新中的主体地位，提出要"强化企业科技创新主体地位，激励企业加大创新投入""积极支持企业家专注创新发展"。

政府采购是促进科技创新的重要政策工具。我国近年来非常重视政府采购鼓励创新政策，从法律层面为政府采购支持创新奠定了基础。2021 年 12 月修订通过的《科技进步法》第九十一条规定，"对境内自然人、法人和非法人组织的科技创新产品、服务，在功能、质量等指标能够满足政府采购需求的条件下，政府采购应当购买；首次投放市场的，政府采购应当率先购买，不得以商业业绩为由予以限制"。在 2024 年 2 月，财政部发布了《政府采购合作创新采购方式管理暂行办法（征求意见稿）》，对合作创新采购方式的概念、适用条件、需求管理、订购首购程序、合同管理等进行了规定。一些地方政府积极实践探索，取得显著成效。例如，上海市通过政府采购首购、订购，医疗设备创新有了新突破，助力上海市形成集成电路、人工智能、生物医药三大产业"创新高地"。

从以上分析可以看出，供应商如果要想从政府采购中获得更多商机，就要抓住创新机遇，与国家的创新驱动战略同频共振，加大企业创新投入，加快技术攻关、成果转化和先进适用技术产业化推广应用。

二是绩效为本，政府采购加力提质增效。政府采购是财政政策的重要组成部分。2024 年政府工作报告提出，"积极的财政政策要适度加力、提质增效"，"要大力优化支出结构，强化国家重大战略任务和基本民生财力保障，严控一般性支出"；"要严肃财经纪律，加强财会监督，严禁搞面子工程、形象工程，坚决制止铺张浪费"；报告还提出，"各级政府要习惯过紧日子，真正精打细算，切实把财政资金用在刀刃上、用出实效来"。报告实际上提出了政府采购政策加力的重点以及要进一步发挥政府采购制度在全面预算绩效管理中的作用。

近年来，我国实施全面预算绩效管理取得实质性进展。政府采购制度目标与预算绩效管理契合，是促进预算绩效管理的重要力量。一些地方政府在政府采购绩效管理方面作出积极探索。例如，四川省在 2015 年 10 月就出台了《四川省政府采购执行情况绩效评价管理暂行办法》，此后，江西省、山东省日照市、滨州市、泰安市以及四川省攀枝花市等相继出台了政府采购项目绩效管理或评价相关文件，大力推进了政府采购绩效管理改革。

从以上分析可以看出，基于绩效导向，财政支出向国家重大战略任务和基本民生事项（主要是公共服务事项）方面倾斜，政府自身需要的支出（如办公用品等公用经费支出）要减少，因此对于供应商而言，可以及时调整企业战略，使企业发展更好与国家战略任务相匹配，服务类供应商要关注公共服务等民生领域政府采购，而对于办公用品、办公设备提供商，要根据实际情况及时调整销售策略。

三是公平为基，政府采购推进全国统一大市场建设。政府采购由于规模巨大，是全国统一大市场的重要"子市场"，是推进全国统一大市场建设的重要力量。2024 年政府工作报告明确提出，要加快全国统一大市场建设，"出台公平竞争审查行政法规，完善重点领域、新兴领域、涉外领域监管规则"，"加强对招投标市场的规范和管理"，"坚决维护公平竞争的市场，秩序"以及加大吸引外资力度，"落实好外资企业国民待遇，保障依法平等参与政府采购、招标投标、标准制定"。这对政府采购领域进一步落实公平竞争、优化营商环境、推进全国统一大市场建设提出了要求。

公平竞争是政府采购制度的基本原则之一，我国《政府采购法》对此有明确规定，《政府采购法实施条例》以及《政府采购货物和服务招标投标管理办法》（财政部令第 87 号）等对"差别待遇""歧视待遇"等也有明确规定。我国近年来大力推进政府采购领域公平竞争，2019 年财政部专门出台了《关于促进政府采购公平竞争优化营商环境的通知》（财库〔2019〕38号），要求各地区、各部门全面清理政府采购领域妨碍公平竞争的规定和做法，严格执行公平竞争审查制度，加强政府采购执行管理，加快推进电子化政府采购，进一步提升政府采购透明度。这些举措极大地降低了各类市场主体参与政府采购的成本，较好地促进政府采购领域公平竞争、优化营商环境，推动构建统一开放、竞争有序的政府采购市场体系。

基于以上分析，我国近几年政府采购改革不断促进政府采购公平竞争、降低政府采购制度性交易成本、持续优化营商环境。这些措施确保了供应商公平参与政府采购竞争，能够促进民营经济发展壮大、促进中小企业发展。供应商要"放下包袱"，提升自身实力，在公平竞争中获得长足发展。

四是协同为要，促进政策效果"四两拨千斤"。政府各项宏观政策、产业政策、区域政策等只有"劲儿往一处使"才能产生最好的政策效果。2024年政府工作报告提出，要"增强宏观政策取向一致性""围绕发展大局，加强财政、货币、就业、产业、区域、科技、环保等政策协调配合，把非经济性政策纳入宏观政策取向一致性评估""强化政策统筹，确保同向发力、形成合力""实施政策要强化协同联动、放大组合效应，防止顾此失彼、相互掣肘"。可以看出，政府非常重视各项政策的协同发力。

当前，我国已经建立起涵盖支持绿色采购、中小企业发展、残疾人就业、监狱企业发展、乡村振兴和鼓励创新等的政府采购政策支持体系，通过制定采购需求标准、预留采购份额、价格评审优惠、优先采购、首购订购等措施，实现节约能源，保护环境，扶持不发达地区和少数民族地区，促进中小企业发展、促进创新、维护国家安全等政策目标。数据显示，近年来我国政府采购节能环保产品占同类产品采购额度85%以上，向中小微企业采购的金额占全部采购金额的70%以上，对小微企业的采购占全部采购金额的38%以上，2022年通过"832平台"采购脱贫地区农副产品120亿元。但同时，这些不同类型政府采购政策之间要讲究协同发力，政府采购政策与其他财政政策工具也要协调配合，政府采购政策作为财政政策工具的组成部分与就业、科技、环保等政策也要协调一致，才能使各项政策目标同向同行，多措共赢。

通过以上分析可以看出，当前政府非常重视宏观政策取向的一致性。这意味着，一方面，供应商可以从政府宏观政策，如税收政策、政府采购政策等多种政策中寻找自身发展机遇；另一方面，可以在政府采购组合政策中寻找自己未来快速发展的赛道。比如，绿色环保企业要不断创新发展，节能环保叠加创新采购将会为企业带来更多商机，特别是2024年6月我国开始实施了合作创新采购方式，政府采购支持科技创新有了制度规范，也为企业带来新机会。

2. 从2024年政府预算报告看政府采购

2024年政府预算报告全称为《关于2023年中央和地方预算执行情况与2024年中央和地方预算草案的报告》。从财政部官网能够下载到各年度的政府预算报告。本部分以2024年政府预算报告为例，旨在通过分析，帮助供应商了解政府采购发展趋势和重点。从2024年政府预算报告总结政府采购如下。

（1）财政支出规模增长带动政府采购规模增长。

政府采购是政府与市场经济互动的关键环节，其资金来源于纳税人，因此必须确保每一笔支出都能实现价值最大化。根据2024年政府预算报告，我国财政支出规模持续增长。2023年全国一般公共预算支出完成预算的98％，实现了5.4％的增长率。2024年预算草案预计全国一般公共预算支出将进一步增长4％。这一增长主要得益于国家对经济恢复发展的支持，以及对科技创新、教育、社会保障、卫生健康等重点领域的持续投入。财政支出的增加为政府采购提供了更多的资金来源，使得政府能够通过采购活动获取更多的商品和服务，以支持公共项目的实施和公共服务的提供。

（2）政府采购政策着力点变化带来增量机遇。

2024年政府预算报告中提到，2024年将继续实施积极的财政政策，适度加力、提质增效。这意味着政府采购政策空间将逐步增大。目前，我国已经建立起包括支持绿色采购、中小企业发展、残疾人就业、监狱企业发展、乡村振兴、鼓励创新和维护国家安全等的政府采购政策支持体系，通过制定采购需求标准、预留采购份额、价格评审优惠、优先采购、首购订购等措施实现经济和社会发展目标。数据显示，近年来，我国政府采购节能环保产品占同类产品采购额度的85%以上，向中小微企业采购的金额占全部采购金额的70%以上，对小微企业的采购占全部采购金额的38%以上，2022年通过"832平台"采购脱贫地区农副产品120亿元。政府采购政策功能的强化将利好绿色企业、中小企业、高科技企业等的发展。

（3）政府采购对市场主体支持力度增强。

政府采购不仅是政府支出的一种形式，也是对市场主体特别是中小企业的重要支持。2024年政府预算报告强调了政府采购在帮助企业纾困、激发市场活力方面的作用。通过提高预付款比例、引入信用担保等措施，政府采购为中小企业参与市场竞争提供了更多机会。

（4）政府采购营商环境的优化与透明度提升。

为了打造一个公平、开放、透明的政府采购市场，财政部出台了一系列政策，旨在提高政府采购的透明度和效率。在2024年政府预算报告中提到，通过推进政府采购项目全流程电子化交易，实现在线公开采购意向、发布采购公告等，提升了政府采购的透明度和便捷性。此外，在2024年政府预算报告中提到，财政部全面清理妨碍公平竞争的规定和做法，严格执行公平竞争审查制度，以确保各类市场主体能够平等参与政府采购活动。

近年来，我国持续优化营商环境建设，力图营造稳定公平透明、可预期的营商环境。政府采购由于规模巨大，成为营商环境建设的重中之重。2019年财政部专门出台了《关于促进政府采购公平竞争优化营商环境的通知》（财库〔2019〕38号）。各地区、各部门全面清理政府采购领域妨碍公平竞争的规定和做法，严格执行公平竞争审查制度，加强政府采购执行管理，加快推进电子化政府采购，进一步提升政府采购透明度，极大地降低了各类市场主体参与政府采购的成本，较好地促进政府采购领域公平竞争、优化营商环境，推动构建统一开放、竞争有序的政府采购市场体系。

（5）政府采购引领企业数字化转型。

数字化转型是政府采购改革的重要方向。2024 年政府预算报告提到，2023 年启动了中小企业数字化转型城市试点，支持了首批 30 个试点城市探索转型模式。通过电子化平台的应用，政府采购过程实现了无纸化、低碳化，提高了采购效率和透明度。

总之，2024 年政府预算报告中对政府采购的描述和政策导向表明，政府采购是促进经济发展、提高财政资金使用效率、支持市场主体、推动数字化转型的重要力量。同时，政府采购领域的改革也在不断深化，旨在建立一个更加公平、透明、高效的政府采购体系。供应商可以通过预算报告分析政府采购发展趋势，根据企业自身特点和优势，抓住机遇，与政策同频共振，谋求自身更好发展。

二、部门预算

（一）概念

部门预算，是指与财政部门直接发生缴拨款关系的一级预算单位的预算，它由本部门及所属各单位的全部收支预算组成。部门预算是反映一个部门全部收支状况的预算。部门预算详细规划了部门在特定财政年度内的财政收入和支出，反映了该部门对资源的需求和分配意向。

部门预算的编制是一个系统性工程，它要求各个部门在综合考虑国家宏观政策、部门职责、预期工作目标以及可用资源的基础上，进行科学合理的规划。这一过程不仅涉及对财政资源的合理配置，还包括对部门工作计划和项目需求的细致梳理。

在我国部门预算中所谓的"部门"具有特定含义，它是指那些与财政直接发生经费领拨关系的一级预算会计单位。具体而言，根据中央政府部门预算改革中有关基本支出和项目支出试行单位范围的说明，部门预算改革中所指"部门"应包括三类：一是开支行政管理费的部门，包括了人大、政协、政府机关、共产党机关、民主党派机关、社团机关；二是公检法司部门；三是依照公务员管理的事业单位，如气象局、地震局等。

实行部门预算制度，需要将部门的各种财政性资金、部门所属单位收支全部纳入预算编制。部门预算收支既包括行政单位预算，也包括事业单位预算；既包括一般收支预算，也包括政府基金收支预算；既包括基本支出预算，也包括项目支出预算；既包括财政部门直接安排预算，也包括有预算分配权部门安排的预算，还包括预算外资金安排的预算。

部门预算的主要特点包括以下几个方面。

（1）法定性：部门预算的编制和执行必须遵循国家的财政法律法规，确保其合法性和合规性。

（2）目标导向性：预算编制需围绕部门的工作目标和任务，确保资源配置能够有效支持部门职能的实现。

（3）透明性：部门预算的编制和执行过程应向公众公开，接受社会监督，以提高财政资金使用的透明度和公信力。

（4）灵活性：在确保预算总体控制的同时，部门预算应具备一定的灵活性，以适应外部环境变化和突发事件的需要。

部门预算的有效管理对于提升政府部门的工作效率、确保财政资金的合理使用以及推动国家政策目标的实现具有重要意义。

（二）部门预算和政府采购预算的关系

我国《政府采购法》第三十三条规定，负有编制部门预算职责的部门在编制下一财政年度部门预算时，应当将该财政年度政府采购的项目及资金预算列出，报本级财政部门汇总。部门预算的审批，按预算管理权限和程序进行。因此，部门预算与政府采购预算紧密相连，部门预算包含着政府采购预算。部门预算是政府各部门根据其职能和任务需求，按照国家法律法规编制的财务计划，而政府采购预算则是部门预算中专门用于政府采购活动的部分，两者相辅相成，共同支撑政府的运行和发展。

政府采购预算是实现部门预算目标的重要手段。它涵盖了政府为履行职能所需购买的商品、工程和服务的详细计划和资金安排。政府采购预算的编制必须与部门预算的整体规划和政策目标保持一致，确保采购活动能够支持部门实现其职能和政策目标。

政府采购预算的有效执行，直接影响到部门预算的执行效率和资源配置的合理性。它不仅反映了政府对不同领域的重视程度和政策导向，也是政府资源配置和政策执行的具体体现。政府采购预算的规模和结构，直接影响政府在教育、医疗、国防、基础设施等关键领域的服务和建设能力。

政府采购预算的编制和执行需要遵循政府预算的法律与规范框架，接受政府预算的监督，确保采购活动的合规性和透明度。同时，政府采购预算需要具备一定的灵活性，以适应市场变化和紧急需求，同时保证政府财政的稳定性和预算的可持续性。

政府采购预算的绩效评价是部门预算绩效评价的重要组成部分。通过对政府采购预算的执行情况进行评价，可以不断优化预算分配，提高政府采购的效率和效果，确保公共资金的有效使用。

综上所述，部门预算与政府采购预算之间的关系是包含与被包含的关系，二者相互依存、相互影响。政府采购预算的有效管理对于实现部门预算的整体目标、提高财政资金使用效率、促进经济社会发展具有重要意义。政府必须在确保政府预算的宏观调控功能的同时，注重政府采购预算的科学编制和严格执行，以实现资源的最优配置和政策目标的最大化实现。

（三）部门预算信息获取途径

大多数政府部门都会在其官方网站上公布预算信息。这些网站通常会有"信息公开""财政信息"或"新闻"模块，其中包含了最新的预算报告、财务报表和相关的政策文件。

例如，在中国政府网的新闻模块中可以找到国务院办公厅 2024 年部门预算。（https：//www.gov.cn/xinwen/202403/content_6941594.htm）

在财政部官网的中央预决算公开平台中可以查看各个部门的年度预算信息，参见图 3 - 3。（https：//www.mof.gov.cn/zyyjsgkpt/zybmyjs/）

图 3 - 3   中央预决算公开平台界面

在南京市人民政府官网的"政府信息公开"模块、"财政信息"子模块能找到南京市人民政府办公厅 2024 年部门预算公开信息，参见图 3 - 4。（https：//www. nanjing. gov. cn/zdgk/）

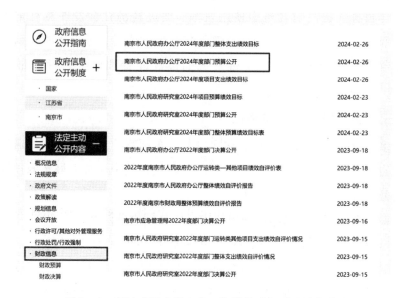

图 3 - 4   通过"政府信息公开"模块进行财政信息查询

（四）从部门预算看政府采购

以 2024 年国务院办公厅和南京市人民政府两个部门预算举例说明从中获取的政府采购预算相关信息。

《国务院办公厅 2024 年部门预算》显示，2024 年的政府采购预算总额为 18294.97 万元，具体细分为：政府采购货物预算为 1649.63 万元；政府采购工程预算为 3110 万元；政府采购服务预算为 13535.34 万元。此外，政府采购涵盖了多个领域，包括但不限于：（1）信息化运维：政府采购服务预算中可能包括用于维护和升级政府信息系统的服务采购；（2）设备购置：政府采购货物预算可能涉及办公设备和专用设备的购置；（3）基础设施建设：政府采购工程预算可能包括基础设施建设项目，如建筑物和设施的新建或改造。此外，文件中可以看出国务院办公厅在编制政府采购预算时遵循厉行节约、优化支出结构、绩效管理三大原则和要求。

因此，国务院办公厅的政府采购预算体现了政府在资源配置和政策执行方面的计划和优先级。通过详细的预算编制和绩效管理，政府旨在提高财政资金的使用效率，确保采购活动符合法律法规，并支持政府职能的有效履行。

《南京市人民政府办公厅 2024 年度部门预算公开》显示，在 2024 年度的预算中，南京市人民政府办公厅的政府采购预算总额为 26.44 万元，这一预算将专门用于购置各类货物。主要涉及办公设备购置，如多功能一体机、A4 黑白打印机、办公桌等。所有列出的采购项目均采用集中采购的方式进行，这有助于提高采购效率和降低成本，参见表 3 - 1。

表 3 - 1　　　　　　　　　　　　　　政府采购支出

部门：南京市人民政府办公厅　　　　　　　　　　　　　　　　　单位：万元

采购品目大类	专项名称	经济科目	采购品目名称	采购组织形式	资金来源				总计
					一般公共预算资金	政府性基金	其他资金	上年结转和结余资金	
合计					26.44				26.44
货物类					26.44				26.44

采购品目大类	专项名称	经济科目	采购品目名称	采购组织形式	资金来源				总计
					一般公共预算资金	政府性基金	其他资金	上年结转和结余资金	
南京市人民政府办公厅					26.44				26.44
南京市人民政府办公厅	办公设备购置费	办公设备购置	多功能一体机	集中采购	2.80				2.80
南京市人民政府办公厅	办公设备购置费	办公设备购置	A4黑白打印机	集中采购	3.00				3.00
南京市人民政府办公厅	办公设备购置费	办公设备购置	空调机	集中采购	1.14				1.14
南京市人民政府办公厅	办公设备购置费	办公设备购置	办公桌	集中采购	1.26				1.26
南京市人民政府办公厅	办公设备购置费	办公设备购置	交换设备	集中采购	1.40				1.40
南京市人民政府办公厅	办公设备购置费	办公设备购置	办公椅	集中采购	0.90				0.90

南京市人民政府办公厅的政府采购预算明确、详细，反映了政府在提高行政效率和透明度方面的努力。通过集中采购办公设备和相关耗材，办公厅能够确保日常运作的顺畅，并优化资源配置。同时，绩效目标管理的实施将有助于提升政府采购的效率和效果。

企业在审视2024年国务院办公厅和南京市人民政府的部门预算时，可以发现诸多机遇并据此规划其市场策略。一方面，通过分析这些预算文件中的政府采购预算细分，企业能够识别政府部门在信息化运维、设备购置和基础设施建设等关键领域的具体需求，这些需求为企业提供了明确的市场方向。企业可以利用这些信息对比自身产品与服务，优化自身的竞争力，并及时调整市场定位以更好满足政府的预期和需求。另一方面，企业可以密切关注政府部门的采购意向和公开信息，以便在2024年相关部门发布采购公告时能够迅速作出反应。通过主动跟踪政府采购的最新动态和意向，企业可以提前做好准备工作，包括技术方案的制定、成本结构的优化和服务质量的提升，确保在采购过程中具备竞争优势。此外，企业应及时了解并适应政府的节约和效率要求，确保自身在价格、质量和服务上的竞争力。

三、单位预算

（一）概念

单位预算是政府预算的基本组成部分，是各级政府的直属机关就其本身及所属行政事业单位的年度经费收支所汇编的预算，另外，还包括企业财务收支计划中与财政有关的部分。它是机关本身及其所属单位实现其职能或事业计划的财力保证，是各级总预算构成的基本单位。

根据经费领拨关系和行政隶属关系，单位预算可分为一级单位预算、二级单位预算和基层单位预算。一级单位预算，是直接从同级财政部门领取预算资金和对所属单位分配、转拨预算资金的单位预算，亦称主管部门预算；二级单位预算，是从一级单位预算领取预算资金，又向所属单位分配转拨预算资金的单位预算；基层单位预算，是仅与上级单位或财政部门发生领取预算资金关系的单位预算。有些主管部门虽然直接从财政部门领取预算资金，但下面无所属单位预算的，也视同基层单位预算。

单位预算的编制应遵循合法性、真实性、完整性和公开性等原则，确保预算的合理性和透明度。单位预算通常包括基本支出和项目支出两部分，基本支出用于保障单位正常运转，项目支出则针对特定的工作任务或发展目标。

（二）单位预算和政府采购预算的关系

单位预算和政府采购预算两者之间存在以下密切的联系和相互影响。

（1）一致的政策目标。单位预算的编制必须与政府的整体政策目标保持一致。政府采购预算作为单位预算的一个分支，其编制同样要遵循这一原则，确保采购活动能够支持和推动单位实现其职能目标和政策导向。

（2）规范的预算管理。政府采购预算的编制和执行需要在单位预算的框架内进行，受到单位预算的规范和管理。这包括预算的申报、审批、执行和监督等各个环节，确保政府采购活动合法、合规，并符合财政纪律。

（3）灵活性与适应性。单位预算需要具备一定的灵活性，以适应市场变化和紧急需求。政府采购预算作为单位预算的一部分，其调整和变动要能够迅速响应单位的实际需求和市场状况，保证采购效率和效果。

（4）绩效评价与优化。政府采购预算的绩效评价是单位预算管理的关键环节。通过对政府采购活动的执行情况和效果进行评价，可以及时发现问题、总结经验，不断优化政府采购预算的编制和执行，提高财政资金的使用效率。

（5）资源配置的反映。单位预算中的政府采购预算规模和结构，直接反映了单位对于不同领域和项目的重视程度。通过分析政府采购预算，可以了解单位在教育、科研、基础设施建设等关键领域的资源配置情况。

综上所述，单位预算为政府采购预算提供了基础和框架，而政府采购预算的有效管理又能够促进单位预算的顺利完成，实现资源的最优配置和政策目标的最大化实现。

（三）单位预算信息获取途径

2021 年发布的《财政部关于推进部门所属单位预算公开工作的指导意见》指出，部门所属单位预决算在本单位门户网站公开，并保持长期公开状态，其中，当年预决算公开在网站醒目位置。没有门户网站的单位，可以在本级政府或部门门户网站等平台公开，或通过政府公报、新闻发布会、报刊、广播、电视等方式公开。因此，可以与部门预算信息获取渠道类似，可以通过单位或部门官方网站的"信息公开""财政信息"或"新闻"模块获取，其中包含了最新的预算报告、财务报表和相关的政策文件。

例如，在财政部办公厅官网中的"工作动态"栏目，可以找到财政部本级 2024 年度单位预算（https：//bgt. mof. gov. cn/gongzuodongtai/），参考图 3-5。

图 3 – 5 财政部办公厅官网

在上海市政府官网搜索栏中搜索"单位预算",便可获取上海市各个单位预算,参见图 3 – 6。

图 3 – 6 搜索"单位预算"

(四)从单位预算看政府采购

以 2024 年中央单位预算为例,在《财政部本级 2024 年度单位预算》中显示,2024 年财政部本级政府采购预算总额为 6450. 47 万元。其中,政府采购货物预算为 317. 9 万元,政府采购服务预算为 6132. 57 万元。从预算分配来看，服务采购占据了政府采购预算的绝大部分，这反映了财政部本级在 2024 年更侧重于通过外部专业服务来提升工作效率和质量。

此外，政府采购预算总额从 2022 年的 6947.82 万元增加到 2023 年的 8251.99 万元，增长了 1304.17 万元，上升了 18.8%；从 2023 年的 8251.99 万元减少到 2024 年的 6450.47 万元，减少了 1801.52 万元，下降了 21.8%。从中可以看出，三年的政府采购预算显示了政府在不同年份对采购服务和货物的需求变化。2023 年服务采购预算的显著增加反映了政府对提高服务效率和质量的重视。而 2024 年预算总额的下降与政府紧缩开支或优化资源配置的策略有关。

以地方单位预算为例，《上海市财政局 2024 年市级单位预算》中显示，2024 年度上海市财政局的政府采购预算总额为 638.63 万元，其中，政府采购货物预算为 9.50 万元，政府采购工程预算为 0 元，政府采购服务预算为 629.13 万元。从分类预算中可以看出，服务类采购占据了绝大多数的预算，因为上海市财政局在 2024 年将重点放在了咨询、审计、评估、信息技术服务等服务采购上。政府采购预算的安排体现了上海市政府对于提高财政资金使用效率和透明度的重视。

通过细致分析单位预算文件中的政府采购预算信息，企业可以洞察到政府在服务采购方面的显著倾斜，以及预算分配随政策导向和市场环境的动态调整。一方面，企业应密切关注政府采购预算的结构性变化，如服务采购的大幅增加，这可能指示政府对提升行政效率和质量的迫切需求；另一方面，企业需对预算的年度波动保持敏感，这不仅反映了政府的财政策略，也为企业提供了一个调整市场定位和资源配置的信号。综合这些信息，企业可以更精准地预测市场趋势，提前规划产品开发和服务优化，同时，积极适应政府对高效和透明运营的要求，以期在政府采购中获得竞争优势。

第二节　从政府采购信息平台获取
政府采购项目信息

一、政府采购项目信息来源平台

（一）政府采购项目信息来源平台的变迁及现状

我国政府采购项目信息来源平台几经变迁，目前主要通过中国政府采购网及地方分网两种途径进行信息公告。

2004 年，由财政部指定全国发布媒体，由省级财政部门指定本地区发布媒体。

2015 年，财政部指定的媒体：中国政府采购网①、《中国财经报》《中国政府采购报》《中国政府采购》《中国财政》等。

1. 《中国财经报》

《中国财经报》于 1991 年 7 月 3 日创刊，是中华人民共和国财政部主管的以"立足财政，面向社会"为办报方针，面向小康阶层的宏观经济类报纸。以宣传国家财税等宏观经济政策，报道国内财经热点焦点新闻，反映全国财税改革最新动态，关注国际财经信息，传递市场动态，展示知名企业风采为主要特点。按照中央报刊治理办的批复意见。中国财经报于 2003 年正式实行管办分离，并成为由财政部主管的唯一一家报纸。

2. 《中国政府采购报》

《中国政府采购报》于 2010 年 5 月创刊成立，前身是 1998 年创立的《中国财经报·政府采购周刊》。其主要承载着权威发布和解读政府采购政策法规、传播政府采购专业知识，宣传政府采购实践中的新鲜经验及创新举措；履行作为财政部指定的政府采购信息必须刊登媒体的职能，第一时

---

① 中国政府采购网网址：https：//www.ccgp.gov.cn/。

间发布政府采购各类招标公告及信息，打造公开透明的政府采购资讯平台；准确披露和反馈制度执行过程中存在的问题，为完善政策决策和政府采购制度建言献策；积极为规范政府采购行为和政府采购市场秩序及构建"公开、公平、公正"的政府采购市场环境行使媒体的社会监督职能。

3. 《中国政府采购》

《中国政府采购》杂志是中华人民共和国财政部创办、主管的中国唯一一份全国性政府采购期刊，财政部指定全国政府采购信息发布媒体，全国政府采购工作指导刊物。《中国政府采购》杂志以指导、宣传、服务为宗旨，以我国各级党政机关、事业单位、团体组织、政府采购监管机关、执行机构、全国代理机构和广大供应商为读者对象，是一份权威、专业、全面的致力于为政府服务、为供应商服务的政府采购专业杂志。

4. 《中国财政》

1956 年 10 月，《财政》创刊，由财政部办公厅主管，刊期为月刊。2005 年 4 月，《中国财政》成为"财政部指定政府采购信息发布协作媒体"。《中国财政》自创刊起就担负着宣传财政政策、探索财政改革、报道财政工作、促进财政发展的使命。该刊始终坚持"立足财政，面向经济、服务社会"的定位，宣传中国共产党和中国国家财经方针、政策，交流财政改革和财政管理经验，探讨财政工作中难点热点问题，报道财政战线先进事迹和先进人物，为财政中心工作服务，为财政工作者服务。

省级财政部门应当将中国政府采购网地方分网作为本地区指定的政府采购信息发布媒体之一。在其他政府采购信息发布媒体公开的政府采购信息应当同时在中国政府采购网发布。对于预算金额在 500 万元以上的地方采购项目信息，地方分网应当同时推送至中央主网发布。

2019 年，中央预算单位政府采购信息应当在中国政府采购网发布，地方预算单位政府采购信息应当在所在行政区域的中国政府采购网省级分网发布。

自 2024 年 4 月 1 日起，中国政府采购网地方分网应当将本地区全部政府采购项目（含低于 500 万元的项目）的各类公告和公示信息推送至中国政府采购网中央主网（以下简称"中央主网"）发布。中央主网提供全国政府采购项目信息的"一站式"查询服务。

（二）政府采购信息的公开内容

1. 主要公开内容

《政府采购信息发布管理办法》中华人民共和国财政部第 101 号令第三条指出，本办法所称政府采购信息，是指依照政府采购有关法律制度规定应予公开的公开招标公告、资格预审公告、单一来源采购公示、中标（成交）结果公告、政府采购合同公告等政府采购项目信息，以及投诉处理结果、监督检查处理结果、集中采购机构考核结果等政府采购监管信息。

2. 意向公开

《关于开展政府采购意向公开工作的通知》（财库〔2020〕10 号）中对于政府采购意向公开的基本规范进行了说明。

（1）采购意向公开的主体和渠道。

政府采购意向由预算单位负责公开。中央预算单位的采购意向在中国政府采购网中央主网公开，地方预算单位的采购意向在中国政府采购网地方分网公开，采购意向也可在省级以上财政部门指定的其他媒体同步公开。主管预算单位可汇总本部门、本系统所属预算单位的采购意向集中公开，有条件的部门可在其部门门户网站同步公开本部门、本系统的采购意向。

（2）采购意向公开的内容。

采购意向按采购项目公开。除以协议供货、定点采购方式实施的小额零星采购和由集中采购机构统一组织的批量集中采购外，按项目实施的集中采购目录以内或者采购限额标准以上的货物、工程、服务采购均应当公开采购意向。采购意向公开的内容应当包括采购项目名称、采购需求概况、预算金额、预计采购时间等《关于开展政府采购意向公开工作的通知》附件中同时公布。其中，采购需求概况应当包括采购标的名称，采购标的需实现的主要功能或者目标，采购标的数量，以及采购标的需满足的质量、服务、安全、时限等要求。采购意向应当尽可能清晰完整，便于供应商提前做好参与采购活动的准备。采购意向仅作为供应商了解各单位初步采购安排的参考，采购项目实际采购需求、预算金额和执行时间以预算单位最终发布的采购公告和采购文件为准。

（3）采购意向公开的时间和依据。

采购意向由预算单位定期或者不定期公开。部门预算批复前公开的采购意向，以部门预算"二上"内容为依据；部门预算批复后公开的采购意向，以部门预算为依据。预算执行中新增采购项目应当及时公开采购意向。采购意向公开时间应当尽量提前，原则上不得晚于采购活动开始前30日公开采购意向。因预算单位不可预见的原因急需开展的采购项目，可不公开采购意向。

3. 2023年关于政府采购信息公开的最新规定

《关于进一步提高政府采购透明度和采购效率相关事项的通知》（财办库〔2023〕243号）进一步作出以下规定。

（1）推进政府采购合同变更信息公开。

政府采购合同的双方当事人不得擅自变更合同，依照政府采购法确需变更政府采购合同内容的，采购人应当自合同变更之日起2个工作日内在省级以上财政部门指定的媒体上发布政府采购合同变更公告，但涉及国家秘密、商业秘密的信息和其他依法不得公开的信息除外。政府采购合同变更公告应当包括原合同编号、名称和文本，原合同变更的条款号，变更后作为原合同组成部分的补充合同文本，合同变更时间，变更公告日期等。

（2）完善中标、成交结果信息公开。

采购人、采购代理机构应当按照《政府采购法》《政府采购法实施条例》《政府采购信息发布管理办法》等法律制度规定，进一步做好信息公开工作。项目采购采用最低评标（审）价法的，公告中标、成交结果时应当同时公告因落实政府采购政策等原因进行价格扣除后中标、成交供应商的评审报价；项目采购采用综合评分法的，公告中标、成交结果时应当同时公告中标、成交供应商的评审总得分。

（三）平台检索信息示例

1. 中国政府采购网

第一步，搜索"中国政府采购网"或"https：//www.ccgp.gov.cn/"，打开主网首页，参见图3-7。

图3-7　中国政府采购网首页

第二步，点击"信息公告"后，选择"高级检索"参见图3-8。

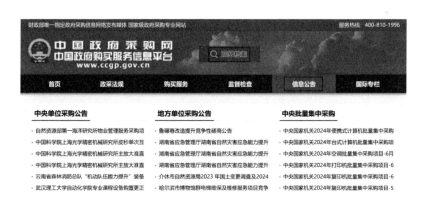

图3-8　信息公告与高级检索

第三步，进入高级检索界面后，选择"采购公告"，并根据需求选择所需信息的"类型""类别""品目"和"时间"。对于具备已知信息的项目，也可使用关键词在右上方搜索引擎中进行标题检索或全文检索，参见图3-9。

图3-9 采购公告高级检索

第四步，完成上述步骤后，官网将展示符合筛选条件的所有项目。以公开招标为例，点击项目名称后即可了解项目详细情况，涵盖"项目基本情况""申请人的资格要求"等内容，参见图3-10、图3-11。

东城新区和北部产业园消防站采购消防车辆公开招标公告
2024.06.29 21:48:38 | 采购人：喀什经济开发区规划土地建设环保局 | 代理机构：新疆元泓工程项目管理咨询有限公司
公开招标公告 | 新疆 |

186团文化润疆讲好新疆、讲好兵团好故事项目的公开招标公告
2024.06.29 21:36:26 | 采购人：新疆生产建设兵团第十师一八六团文体广电服务中心 | 代理机构：新疆中正恒通造价咨询有限公司
公开招标公告 | |

天津中德应用技术大学2024级新生床上用品供应服务项目公开招标公告
2024.06.29 21:29:23 | 采购人：天津中德应用技术大学 | 代理机构：天津磬宇咨询有限公司
公开招标公告 | 天津 | **服务/其他服务**

阿勒泰市2024年支持学前教育发展项目公开招标公告
2024.06.29 20:39:15 | 采购人：阿勒泰市教育局(阿勒泰市民族语言文字工作委员会) | 代理机构：阿勒泰市政府采购中心
公开招标公告 | 新疆 |

莎车县人民医院五金水暖耗材、垃圾桶、垃圾袋、手术室床单等耗材采购项目公开招标公告
2024.06.29 20:28:50 | 采购人：莎车县人民医院 | 代理机构：新疆优正信工程管理有限公司
公开招标公告 | 新疆 |

乌鲁木齐友爱医院2024年上半年医疗设备（国产）采购项目（二次）公开招标公告
2024.06.29 20:27:48 | 采购人：乌鲁木齐友爱医院 | 代理机构：新疆拓源工程管理咨询有限公司
公开招标公告 | 新疆 |

图3-10 项目信息展示界面

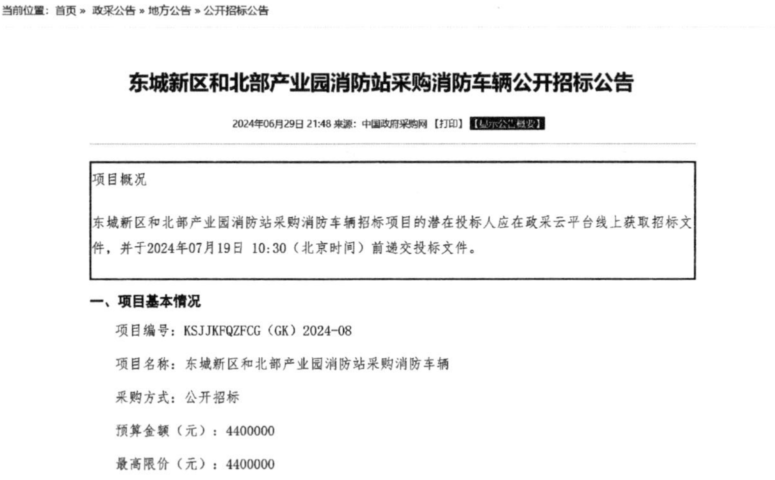

当前位置：首页 > 政采公告 > 地方公告 > 公开招标公告

东城新区和北部产业园消防站采购消防车辆公开招标公告

2024年06月29日 21:48 来源：中国政府采购网【打印】【此标公示群发】

项目概况

东城新区和北部产业园消防站采购消防车辆招标项目的潜在投标人应在政采云平台线上获取招标文件，并于2024年07月19日 10:30（北京时间）前递交投标文件。

一、项目基本情况

项目编号：KSJJKFQZFCG（GK）2024-08

项目名称：东城新区和北部产业园消防站采购消防车辆

采购方式：公开招标

预算金额（元）：4400000

最高限价（元）：4400000

图 3 – 11　项目详细信息展示界面

2. 地方政府采购网

以"浙江省政府采购网"为例，说明地方分网的采购项目检索步骤，其他地方分网参照此操作。

第一步，在浏览器搜索引擎检索"浙江省政府采购网"，进入网站首页，参见图 3 – 12。

图 3 – 12　浙江省政府采购网首页

第二步，点击"采购公告"后，先从左侧"政府采购公告"中选择目标信息类型，然后再根据需求输入"发布时间""项目名称""项目编号""采购目录""采购单位""采购方式"等内容，参见图 3 – 13。

图 3 – 13　"采购公告"检索界面

第三步，完成上述步骤后，官网将展示符合筛选条件的所有项目。以招标公告为例，点击项目名称后即可了解项目详细情况，涵盖"项目基本情况""申请人的资格要求"等内容，参见图 3 – 14。

图 3 – 14　项目详细信息展示界面

二、政府采购信息类别

政府采购信息主要可以分为以下几类：采购意向公告、采购公告、资格预审公告、单一来源采购公示、采购文件预公告、中标（成交）结果公告、政府采购合同公告、合同变更公告。

（一）采购意向公告

采购意向公告是指各预算单位在进行采购活动之前，公开其采购计划和需求的公告。有助于提高政府采购的透明度，优化政府采购的营商环境，方便供应商提前了解政府的采购信息，从而保障各类市场主体平等参与政府采购活动，提升采购效率。需要注意的是，采购意向应按采购项目公开。除以协议供货、定点采购方式实施的小额零星采购和由集中采购机构统一组织的批量集中采购外，按项目实施的集中采购目录以内或者采购限额标准以上的货物、工程、服务采购均应当公开采购意向。采购意向公开的内容应当包括采购项目名称、采购需求概况、预算金额、预计采购时间等，参见图 3 – 15、图 3 – 16。

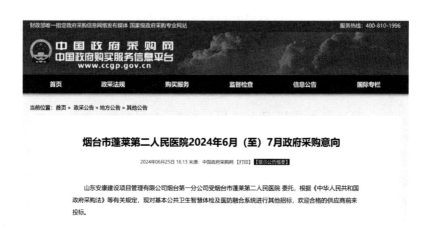

图 3 – 15　政府采购意向展示界面

2024年6月（至）7月政府采购意向

为便于供应商及时了解政府采购信息，根据《财政部关于开展政府采购意向公开工作的通知》（财库〔2020〕10号）等有关规定，现将烟台市蓬莱第二人民医院2024年6月（至）7月采购意向公开如下：

序号	采购项目名称	采购需求概况	预算金额	拟面向中小企业预留	预计采购时间（填写到月）	备注
1	基本公共卫生智慧体检及医防融合系统	1. **采购标的名称：** 基本公共卫生智慧体检及医防融合系统 2. **采购标的需实现的主要功能或者目标：** 实现全程信息化、自动化管理。该系统能够极大提高工作效率，显著改善体检质量 3. **采购的数量：** 一套 4. **采购标的需满足的质量、服务、安全、时限等：** 需满足采购人及项目需要	48万元	是	2024年7月	

图 3 - 16　政府采购意向详细内容展示界面

✒️ **专栏 3 - 1**

政府采购意向详细内容

烟台市蓬莱第二人民医院2024年6月（至）7月政府采购意向

2024 年 6 月 25 日 16：13　来源：中国政府采购网

山东安康建设项目管理有限公司烟台第一分公司受烟台市蓬莱第二人民医院委托，根据《中华人民共和国政府采购法》等有关规定，现对基本公共卫生智慧体检及医防融合系统进行其他招标，欢迎合格的供应商前来投标。

项目名称：基本公共卫生智慧体检及医防融合系统

项目编号：

项目联系方式：

项目联系人：李文琪

项目联系电话：0535 – 5615688

采购单位联系方式：

采购单位：烟台市蓬莱第二人民医院

采购单位地址：烟台市蓬莱区大辛店镇凤凰山路 12 号

采购单位联系方式：曲洪伟，0535 – 5719696

代理机构联系方式：

代理机构：山东安康建设项目管理有限公司烟台第一分公司

代理机构联系人：李文琪，0535 – 5615688

代理机构地址：烟台市蓬莱区南关路 151 号山东水务蓬莱华建水业综合楼 508 室

一、采购项目内容

烟台市蓬莱第二人民医院

2024 年 6 月（至）7 月政府采购意向

为便于供应商及时了解政府采购信息，根据《财政部关于开展政府采购意向公开工作的通知》（财库〔2020〕10 号）等有关规定，现将烟台市蓬莱第二人民医院 2024 年 6 月（至）7 月采购意向公开如表 3 – 2 所示。

表 3 - 2　　　　　　　　具体采购意向

序号	采购项目名称	采购需求概况	预算金额	拟面向中小企业预留	预计采购时间（填写到月）	备注
1	基本公共卫生智慧体检及医防融合系统	1. 采购标的名称：基本公共卫生智慧体检及医防融合系统 2. 采购标的需实现的主要功能或者目标：实现全程信息化、自动化管理。该系统能够极大提高工作效率，显著改善体检质量 3. 采购的数量：一套 4. 采购标的需满足的质量、服务、安全、时限等：需满足采购人及项目需要	48万元	是	2024年7月	

　　本次公开的采购意向是本单位政府采购工作的初步安排，具体采购项目情况以相关采购公告和采购文件为准。

烟台市蓬莱第二人民医院
2024 年 6 月 25 日

二、开标时间

三、其他补充事宜

四、预算金额：48.000000 万元（人民币）

（二）采购公告

　　采购公告是指各预算单位在进行采购活动时，为了向潜在的供应商介绍有关采购项目的细节，包括但不限于采购物品或服务的类型、数量、技术规格、交付时间、预算金额、投标截止日期、投标条件和资格要求等，通过正式渠道对外发布的公开信息。采购公告有助于确保采购过程的透明度和公平性，允许更多符合条件的供应商参与竞标参见图 3 - 17。

1. 公开招标采购公告

图 3-17　公开招标采购公告示例

专栏 3-2

公开招标采购公告示例

澜沧拉祜族自治县农业技术推广中心澜沧县 2024 年玉米单产提升行动项目公开招标公告

2024 年 6 月 28 日 1：17　来源：中国政府采购网

公开招标公告

项目概况

　　澜沧县 2024 年玉米单产提升行动项目招标项目的潜在投标人应在云南省公共资源交易信息网（网址：https：//ggzy. yn. gov. cn/homePage#/homePage，点击切换至"普洱市"）获取招标文件，并于 2024 年 7 月 17 日 8：30（北京时间）前递交投标文件。

一、项目基本情况

项目编号：YJZC〔2024〕-007

项目名称：澜沧县2024年玉米单产提升行动项目

预算金额（万元）：554

最高限价（万元）：554

采购需求：1. 项目编号：YJZC〔2024〕-007。2. 项目名称：澜沧县2024年玉米单产提升行动项目。3. 采购方式：公开招标。4. 预算金额（万元）：554.00（伍佰伍拾肆万元整）。5. 最高限价（万元）：554.00（伍佰伍拾肆万元整）。6. 标段划分：本项目划分为两个标段：第一标段：澜沧县2024年玉米单产提升行动项目（一标段），预算金额约434.00万元；第二标段：澜沧县2024年玉米单产提升行动项目（二标段），预算金额约120.00万元。7. 采购需求：标段名称数量单位技术参数合计（万元）一标段 玉米种子14000千克 玉米种子（紧凑型和半紧凑型）434.00 尿素1040000千克 规格：40千克/袋，氮含量≥46%。二标段 复合肥280000千克 规格：40千克/袋，含量：20∶6∶8（N∶P∶K）120.00 16%甲维.茚虫威15000 包规格：10克（毫升）/包，含量：16% 12%甲维.虫螨腈.虱螨脲15000套 规格：40克（毫升）/套，含量：12% 具体要求详见本项目招标文件"第三章 采购内容及要求"。8. 合同履行期限：采购人下达供货通知后，10日历天内完成供货。9. 质量要求：符合国家、地方及行业相关规定，满足采购人与招标文件要求，一次性验收合格。10. 本项目接受联合体投标。

合同履行期限：采购人下达供货通知后，10日历天内完成供货。

本项目（是）接受联合体投标。

二、申请人的资格要求

1. 满足《中华人民共和国政府采购法》第二十二条规定。

2. 落实政府采购政策需满足的资格要求：该项目不属于专门面向中小企业采购的项目。执行政策文件：《政府采购促进中小企业发展管理办法》（财库〔2020〕46号）、《财政部关于进一步加大政府采购支持中小企业力度的通知》财库〔2022〕19 号、《财政部司法部关于政府采购支持监狱企业发展有关问题的通知》（财库〔2014〕68 号）、《财政部民政部中国残疾人联合会关于促进残疾人就业政府采购政策的通知》（财库〔2017〕141号）监狱企业、残疾人福利性单位视同小型和微型企业，对符合要求的投标人投标报价给予 10% 的价格扣除优惠，用扣除后的价格参与评审。（1）澜沧县 2024 年玉米单产提升行动项目（一标段）：小微企业价格扣除优惠比例：10%、大中企业与小微企业组成联合体评审优惠比例：4%、大中企业向小微企业合同分包评审优惠比例：4%。（2）澜沧县 2024 年玉米单产提升行动项目（二标段）：小微企业价格扣除优惠比例：10%、大中企业与小微企业组成联合体评审优惠比例：4%、大中企业向小微企业合同分包评审优惠比例：4%。

3. 本项目的特定资格要求：【一标段】种子生产商或经销商需取得有效的农作物种子生产经营许可证或农作物种子经营备案书；化肥生产商需提供有效的产品生产许可证或农业肥料使用证（肥料登记证）（必须在有效期内），化肥经销商需提供厂家授权书、产品生产许可证或肥料登记证（加盖生产厂家公章的复印件）。【二标段】化肥生产商需提供有效的产品生产许可证或农业肥料使用证（肥料登记证）（必须在有效期内），化肥经销商需提供厂家授权书、产品生产许可证或肥料登记证（加盖生产厂家公章的复印件）；农药生产商参与投标的需提供在有效期内的《农药生产许可证》，农药经销商需提供在有效期内的《农药经营许可证》。

三、获取招标文件

时　　间：2024 年 6 月 21 日 23：55 至 2024 年 6 月 28 日 17：30，每天8：30 至 12：00，14：30 至 17：30（北京时间，法定节假日除外）

地　　点：云南省公共资源交易信息网（网址：https：//ggzy. yn. gov. cn/homePage#/homePage，点击切换至"普洱市"）

方　　式：登录云南省公共资源交易信息网（网址：https：//ggzy. yn. gov. cn/homePage#/homePage，点击切换至"普洱市"），凭企业数字证书（CA）在网上获取电子招标文件及其他资料；未办理企业数字证书（CA）的企业需要按照云南省公共资源交易电子认证的要求，办理企业数字证书（CA），并在云南省公共资源交易信息网（网址：https：//ggzy.yn.gov.cn/homePage #/homePage，点击切换至"普洱市"）完成注册通过后，通过（CA）便可获取招标文件，此为获取招标文件的唯一途径。

售　　价：0元

四、提交投标文件截止时间、开标时间和地点

2024年7月17日8：30（北京时间）

地　　点：开标厅一（澜沧）

五、公告期限

自本公告发布之日起5个工作日。

六、其他补充事宜

开标方式：网上开标

是否需要缴纳投标保证金：否

其　　他：无

七、对本次招标提出询问，请按以下方式联系

1. 采购人信息。

名　　称：澜沧拉祜族自治县农业技术推广中心

地　　址：澜沧县勐朗镇温泉路139号

联系方式：0879－7222896

2. 采购代理机构信息。

名　　称：云南淳胜招标代理有限公司

地　　址：澜沧县勐朗镇伴山观澜小区旁县交通局正对面

联系方式：0879－7228978

3. 项目联系方式。

项目联系人：闵斌

电　　话：18082790098

2. 询价招标采购公告

询价是指询价小组向符合资格条件的供应商发出采购货物询价通知书，

要求供应商一次报出不得更改的价格，采购人从询价小组提出的成交候选人中确定成交供应商的采购方式，参见图 3 – 18。

图 3 – 18　询价招标采购公告示例

专栏 3 – 3

询价招标采购公告实例

凤庆迎春河入河排污口排查设备采购（数据采集设备）

2024 年 6 月 28 日 0：42　来源：中国政府采购网

项目概况

　　凤庆迎春河入河排污口排查设备采购（数据采集设备）采购项目的潜在供应商应在凤庆县城华屹小区 22 栋 1 单元 101 室获取采购文件，并于 2024 年 7 月 2 日 15：00（北京时间）前提交响应文件。

一、项目基本情况

项目编号：云蹊招字 2024－027 号

项目名称：凤庆迎春河入河排污口排查设备采购（数据采集设备）

采购方式：询价

预算金额（万元）：22.352

最高限价（万元）：22.352

采购需求：详见询价文件

合同履行期限：5 个日历天内（包含设备的运输、安装、调试并交付使用）

本项目（否）接受联合体投标。

二、申请人的资格要求

1. 满足《中华人民共和国政府采购法》第二十二条规定；

2. 落实政府采购政策需满足的资格要求：本项目专门面向中小微企业采购；

3. 本项目的特定资格要求：详见询价公告要求。

三、获取采购文件

时　　间：2024 年 6 月 25 日 18：00 至 2024 年 6 月 28 日 17：00，每天 9：00 至 11：30，14：30 至 17：00（北京时间，法定节假日除外）

地　　点：凤庆县城华屹小区 22 栋 1 单元 101 室

方　　式：详见采购公告

售　　价：600 元

四、响应文件提交

截止时间：2024 年 7 月 2 日 15：00（北京时间）

地　　点：凤庆县城华屹小区 22 栋 1 单元 101 室

五、开启

时　　间：2024 年 7 月 2 日 15：00（北京时间）

地　　点：凤庆县城华屹小区 22 栋 1 单元 101 室

六、公告期限

自本公告发布之日起 3 个工作日。

七、其他补充事宜

开标方式：现场开标

是否需要缴纳投标保证金：是

（云蹊招字 2024－027 号）凤庆迎春河入河排污口排查设备采购（数据采集设备）：

保证金金额：2000.00（元）

保证金缴纳方式：支票、汇票、本票、保函、现金或转账

保证金缴纳截止时间：2024 年 6 月 28 日 18：00

其　　他：无

八、凡对本次采购提出询问，请按以下方式联系

1. 采购人信息。

名　　称：临沧市生态环境局凤庆分局

地　　址：凤庆县城凤平路

联系方式：18088330630

2. 采购代理机构信息。

名　　称：云南成蹊招标咨询有限公司

地　　址：凤庆县城华屹小区 22 栋 1 单元 101 室

联系方式：15987252137

3. 项目联系方式。

项目联系人：辉建美

电　　话：18088330630

3. 竞争性谈判招标公告

竞争性谈判是指谈判小组与符合资格条件的供应商就采购货物、工程和服务事宜进行谈判，供应商按照谈判文件的要求提交响应文件和最后报价，采购人从谈判小组提出的成交候选人中确定成交供应商的采购方式，参见图 3－19。

图 3 – 19　竞争性谈判招标公告示例

📢 **专栏 3 – 4**

竞争性谈判招标公告示例

宁都县城南幼儿园玩具教具设备项目

2024 年 6 月 29 日 1：19　来源：中国政府采购网

宁都县城南幼儿园玩具教具设备项目

项目概况

　　宁都县城南幼儿园玩具教具设备项目招标项目的潜在投标人应在江西省公共资源交易网（网址：http：//gzggzy.jiangxi.gov.cn）获取招标文件，并于 2024 年 7 月 4 日 9：00（北京时间）前递交投标文件。

一、项目基本情况

项目编号：NDCG2024186

项目名称：宁都县城南幼儿园玩具教具设备项目

采购方式：竞争性谈判

预算金额：1200000.00 元

最高限价：1050000.00 元

采购需求：具体信息参见表 3-3

表 3-3　　　　　　　　　　　　具体采购需求

采购条目编号	采购条目名称	数量	单位	采购预算（人民币）	技术需求或服务要求
宁财购2024F001147246	宁都县城南幼儿园玩教具设备	1	批	1200000.00 元	详见公告附件

合同履行期限：发出中标通知书后 20 日内与采购单位签订政府采购合同本项目不接受联合体。

本项目不接受联合体投标。

二、申请人的资格要求

1. 满足《中华人民共和国政府采购法》第二十二条规定：（1）具有独立承担民事责任的能力；（2）具有良好的商业信誉和健全的财务会计制度；（3）具有履行合同所必需的设备和专业技术能力；（4）有依法缴纳税收和社会保障资金的良好记录；（5）参加政府采购活动前三年内，在经营活动中没有重大违法记录；（6）法律、行政法规规定的其他条件。2. 落实政府采购政策需满足的资格要求：专门面向中小微企业（含监狱和戒毒企业、残疾人福利性单位），支持贫困地区；节能，环保。3. 本项目的特定资格要求：无。

三、获取采购文件

时　　间：2024 年 6 月 30 日至 2024 年 7 月 3 日，每天 0：00 至 12：00，13：00 至 23：30（北京时间，法定节假日除外）

地　　点：江西省公共资源交易网（网址：http：//gzggzy.jiangxi.gov.cn）

方　　式：登录江西省公共资源交易网站使用 CA 锁下载。

售　　价：0 元

四、响应文件提交

2024 年 7 月 4 日 9：00（北京时间）（从磋商文件开始发出之日起至供应商提交首次响应文件截止之日止不得少于 10 日；从谈判文件开始发出之日起至供应商提交首次响应文件截止之日止不得少于 3 个工作日；从询价通

知书开始发出之日起至供应商提交响应文件截止之日止不得少于 3 个工作日)

地　　点：赣州市公共资源交易中心宁都县分中心开标大厅

五、开启

2024 年 7 月 4 日 9：00（北京时间）

地　　点：赣州市公共资源交易中心宁都县分中心开标大厅

六、公告期限

自本公告发布之日起 3 个工作日。

七、其他补充事宜

无

八、凡对本次采购提出询问，请按以下方式联系

1. 采购人信息。

名　　称：宁都县教育科技体育局

地　　址：宁都县

联系方式：18970776961

2. 采购代理机构信息。

名　　称：赣州市公共资源交易中心宁都县分中心

地　　址：

联系方式：0797-6938150

3. 项目联系方式。

项目联系人：李女士

电　　话：18970776961

4. 单一来源采购公告

单一来源采购公告是指在特定情况下，当采购人只能从某一特定供应商处采购货物、工程或服务时对外发布的公告。根据《政府采购非招标采购方式管理办法》（财政部令第 74 号），单一来源采购是指采购人从某一特定供应商处采购货物、工程和服务的采购方式。这种采购方式通常在以下情况下使用。

（1）因使用不可替代的专利、专有技术，或者公共服务项目具有特殊

要求，导致只能从某一特定供应商处采购；

（2）之前已经进行过公开招标，但没有供应商投标或者没有合格标的或重新招标未能成立；

（3）技术复杂或者性质特殊，不能确定详细规格或者具体要求的；

（4）因不可预见的原因或者非采购人拖延造成采用招标所需时间不能满足用户紧急需要的，参见图 3－20。

图 3－20　单一来源采购公告示例

✒️ 专栏 3－5

单一来源采购公告示例

广州中医药大学建校100周年校庆传播推广项目（GZSW24156FD2239）单一来源采购公告

2024 年 6 月 29 日 13：29　来源：中国政府采购网

广州顺为招标采购有限公司受广州中医药大学委托，根据《中华人民共和国政府采购法》等有关规定，现对广州中医药大学建校 100 周年校庆传播推广项目进行其他招标，欢迎合格的供应商前来投标。

项目名称：广州中医药大学建校 100 周年校庆传播推广项目

项目编号：GZSW24156FD2239

项目联系方式：

项目联系人：吴先生

项目联系电话：020 - 83592216 - 835

采购单位联系方式：

采购单位：广州中医药大学

采购单位地址：广州市番禺区广州大学城外环东路 232 号

采购单位联系方式：

代理机构联系方式：

代理机构：广州顺为招标采购有限公司

代理机构联系人：吴先生

代理机构地址：020 - 83592216 - 835

一、采购项目内容

> 项目概况
>
> 　　广州中医药大学建校 100 周年校庆传播推广项目的潜在供应商应在广州市环市中路 205 号恒生大厦 B 座 501 室广州顺为招标采购有限公司获取单一来源采购文件，并于 2024 年 7 月 2 日 14：30（北京时间）前递交响应文件。

（一）基本情况

项目编号：GZSW24156FD2239

项目名称：广州中医药大学建校 100 周年校庆传播推广

预算金额：人民币 750000.00 元

最高限价（如有）：人民币 750000.00 元

采购需求：

1. 简要技术要求：见用户需求书。

2. 本项目属于服务类项目，中小企业划分标准所属行业为：租赁和商务服务业。

3. 合同履行期限：自合同签订之日起至 2024 年 12 月 30 日止。

（二）采用单一来源采购方式的原因及相关说明

该项目属于下列第（1）种情形

（1）只能从唯一供应商处采购的；

（2）发生了不可预见的紧急情况不能从其他供应商处采购的；

（3）必须保证原有采购项目一致性或者服务配套的要求，需要继续从原供应商处添购，且添购资金总额不超过原合同采购金额百分之十的；

（4）法律法规规定的其他情形。

（三）拟定的唯一供应商名称、地址

拟定供应商名称：中国新闻发展有限责任公司广东分公司

拟定供应商地址：广州市越秀区连新路 158 号

（四）供应商资格要求

1. 供应商应具备《中华人民共和国政府采购法》第二十二条规定的条件，提供下列材料：

（1）具有独立承担民事责任的能力：提供在中华人民共和国境内注册的法人或其他组织的营业执照或事业单位法人证书或社会团体法人登记证书复印件，如供应商为自然人的提供自然人身份证明复印件；如国家另有规定的，则从其规定。［分公司响应的，须取得具有法人资格的总公司（总所）出具给分公司的授权书，并提供总公司（总所）和分公司的营业执照（执业许可证）复印件。已由总公司（总所）授权的，总公司（总所）取得的相关资质证书对分公司有效，法律法规或者行业另有规定的除外。］

（2）具有良好的商业信誉和健全的财务会计制度：提供按照单一来源采购文件的格式签署盖章的《资格声明函》。

（3）具有履行合同所必需的设备和专业技术能力：提供按照单一来源采购文件的格式签署盖章的《资格声明函》。

（4）有依法缴纳税收和社会保障资金的良好记录：提供按照单一来源采购文件的格式签署盖章的《资格声明函》。

（5）参加采购活动前三年内，在经营活动中没有重大违法记录：提供按照单一来源采购文件的格式签署盖章的《资格声明函》。重大违法记录，是指供应商因违法经营受到刑事处罚或者责令停产停业、吊销许可证或者执照、较大数额罚款等行政处罚。（根据财库〔2022〕3 号文，较大数额罚款认定为 200 万元以上的罚款，法律、行政法规以及国务院有关部门明确规定相关领域"较大数额罚款"标准高于 200 万元的，从其规定。）

2. 信用记录。

供应商未被列入"信用中国"网站（www. creditchina. gov. cn）"记录失信被执行人或重大税收违法失信主体或政府采购严重违法失信行为"记录名单；不处于中国政府采购网（www. ccgp. gov. cn）"政府采购严重违法失信行为信息记录"中的禁止参加政府采购活动期间。以采购代理机构于提交响应文件截止之日在"信用中国"网站（www. creditchina. gov. cn）及中国政府采购网（www. ccgp. gov. cn）查询结果为准，如相关失信记录已失效，供应商需提供相关证明资料。

3. 落实政府采购政策需满足的资格要求：无。

4. 本项目特定的资格要求。

（1）供应商必须是本协商邀请函中拟定的唯一供应商。

（2）本项目（不接受）联合体响应。

（五）获取单一来源采购文件

时　　间：2024 年 7 月 1 日，9：00 至 12：00，14：00 至 17：30。（北京时间，法定节假日除外）

地　　点：广州市环市中路 205 号恒生大厦 B 座 501 室

方式 1：现场购买，供应商凭法定代表人证明书或其授权委托书自行前往上述地点购买。

方式 2：线上购买，供应商登陆广州顺为招标采购有限公司网站（http：//www.gzswbc.com）下载并填写报名登记表并支付标书款后获取单一来源采购文件。具体操作详见报名登记表，如有疑问请咨询020－83592216李小姐。

售　　价：310元，售后不退。

（六）提交响应文件截止时间、协商时间和地点

提交响应文件截止时间：2024年7月2日14：30（北京时间）

协商时间：2024年7月2日14：30（北京时间）

地　　点：广州市环市中路205号恒生大厦B座501室

请供应商授权代表带齐身份证明按上述时间和地点参加协商。

二、开标时间：2024年7月2日14：30

三、其他补充事宜

发布公告的媒介：中国政府采购网（www.ccgp.gov.cn）；中国采购与招标网（www.chinabidding.com.cn）；广州顺为招标采购有限公司网（www.gzswbc.com）。

四、预算金额：

预算金额：75万元（人民币）

5. 邀请招标采购公告

邀请招标是指采购人依法从符合相应资格条件的供应商中随机抽取三家以上供应商，并以投标邀请书的方式邀请其参加投标的采购方式。需要注意的是，邀请招标采购人采用书面推荐方式产生符合资格条件的潜在投标人的，还应当将所有被推荐供应商名单和推荐理由随中标结果同时公告，参见图3－21。

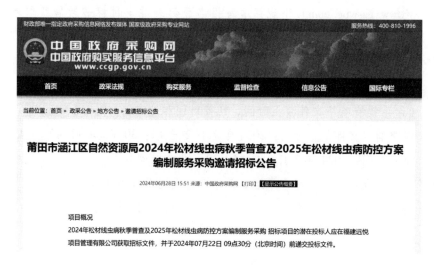

图 3 – 21　邀请招标采购公告示例

专栏 3 – 6

邀请招标采购公告示例

莆田市涵江区自然资源局 2024 年松材线虫病秋季普查
及 2025 年松材线虫病防控方案编制服务采购邀请招标公告

2024 年 6 月 28 日 15：51　来源：中国政府采购网

项目概况

　　2024 年松材线虫病秋季普查及 2025 年松材线虫病防控服务采购招标项目的潜在投标人应在福建远悦项目管理有限公司获取招标文件，并于 2024 年 7 月 22 日 9：30（北京时间）前递交投标文件。

　　一、项目基本情况

　　项目编号：闽远悦采招〔2024〕06026 号

　　项目名称：2024 年松材线虫病秋季普查及 2025 年松材线虫病防控方案编制服务采购

预算金额：13.5 万元（人民币）

采购需求：采购项目信息参见表 3－4

金额单位：人民币元

表 3－4　　　　　　　　　采购项目信息

合同包	品目号	项目名称	数量	最高限总价（含税）
一	1	2024 年松材线虫病秋季普查及 2025 年松材线虫病防控方案编制服务采购	1 批	135000

合同履行期限：按招标文件要求执行

本项目（不接受）联合体投标。

二、申请人的资格要求

1. 满足《中华人民共和国政府采购法》第二十二条规定。

2. 落实政府采购政策需满足的资格要求：

进口产品，不适用于本项目。节能产品，不适用于本项目，按照最新一期节能清单执行。环境标志产品，不适用于本项目，按照最新一期环境标志清单执行。信息安全产品，不适用于本项目。小型、微型企业符合财政部、工信部文件（财库〔2020〕46 号），适用于本项目。监狱企业，适用于本项目。促进残疾人就业，适用本项目。信用记录，适用于（本项目），按照下列规定执行：（1）投标人应在（投标截止时间）前分别通过"信用中国"网站（www.creditchina.gov.cn）、中国政府采购网（www.ccgp.gov.cn）查询并打印相应的信用记录（以下简称"投标人提供的查询结果"），投标人提供的查询结果应为其通过上述网站获取的信用信息查询结果原始页面的打印件（或截图）。（2）查询结果的审查：①由资格审查小组通过上述网站查询并打印投标人信用记录（以下简称"资格审查小组的查询结果"）。②投标人提供的查询结果与资格审查小组的查询结果不一致的，以资格审查小组的查询结果为准。③因上述网站原因导致资格审查小组无法查询投标人信用记录的（资格审查小组应将通过上述网站查询投标人信用记录时的原始页面打印后随采购文件一并存档），以投标人提供的查询结果为准。④查询结果存在投标人应被拒绝参与政府采购活动相关信息的，其资格审查不合格。

3. 本项目的特定资格要求：具体详见招标文件。

三、获取招标文件

时　　间：2024 年 6 月 29 日至 2024 年 7 月 5 日，每天 8：00 至 12：00，15：00 至 18：00。（北京时间，法定节假日除外）

地　　点：福建远悦项目管理有限公司

方　　式：上门报名：即供应商直接到福建远悦项目管理有限公司购买招标文件

售　　价：0 元，本公告包含的招标文件售价总和

四、提交投标文件截止时间、开标时间和地点

提交投标文件截止时间：2024 年 7 月 22 日 9：30（北京时间）

开标时间：2024 年 7 月 22 日 9：30（北京时间）

地　　点：莆田市利兴公共资源交易平台评标室（莆田市涵江区振园路 58 号 2 楼）

五、公告期限

自本公告发布之日起 5 个工作日。

六、其他补充事宜

邀请公司名单：福建省林业勘察设计院 、福建宏泰工程管理有限公司、厦门市绿源林业与环境科学研究所

七、对本次招标提出询问，请按以下方式联系

1. 采购人信息。

名　　称：莆田市涵江区自然资源局

地　　址：莆田市涵江区公园路

联系方式：小严，15980364205

2. 采购代理机构信息。

名　　称：福建远悦项目管理有限公司

地　　址：莆田市涵江区新涵街 1828 号

联系方式：小林，18206037888

3. 项目联系方式。

项目联系人：小林

电　　话：18206037888

6. 竞争性磋商采购公告

竞争性磋商采购方式，是指采购人、政府采购代理机构通过组建竞争性磋商小组（以下简称"磋商小组"）与符合条件的供应商就采购货物、工程和服务事宜进行磋商，供应商按照磋商文件的要求提交响应文件和报价，采购人从磋商小组评审后提出的候选供应商名单中确定成交供应商的采购方式参见图 3 - 22。

符合下列情形的项目，可以采用竞争性磋商方式开展采购。

（1）政府购买服务项目；

（2）技术复杂或者性质特殊，不能确定详细规格或者具体要求的；

（3）因艺术品采购、专利、专有技术或者服务的时间、数量事先不能确定等原因不能事先计算出价格总额的；

（4）市场竞争不充分的科研项目，以及需要扶持的科技成果转化项目；

（5）按照《招标投标法》及其实施条例必须进行招标的工程建设项目以外的工程建设项目参见图 3 - 22。

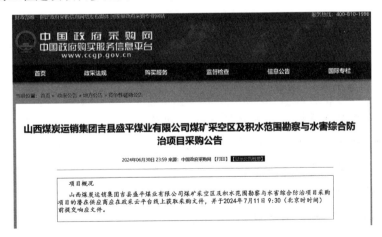

图 3 - 22　竞争性磋商采购公告示例

专栏 3-7

竞争性磋商采购公告示例

山西煤炭运销集团吉县盛平煤业有限公司
煤矿采空区及积水范围勘察与水害综合防治项目采购公告

2024 年 6 月 30 日 23：59　来源：中国政府采购网

> 项目概况
>
> 　　山西煤炭运销集团吉县盛平煤业有限公司煤矿采空区及积水范围勘察与水害综合防治项目采购项目的潜在供应商应在政采云平台线上获取采购文件，并于 2024 年 7 月 11 日 9：30（北京时间）前提交响应文件。

一、项目基本情况

项目编号：1410282024CCS00059

项目名称：山西煤炭运销集团吉县盛平煤业有限公司煤矿采空区及积水范围勘察与水害综合防治项目

采购方式：竞争性磋商

预算金额：82 万元

采购需求：通过开展采空区调查勘察，查清煤矿采空区积水分布情况，分析评价水害类型和危害程度，建设煤矿采空区综合勘探信息管理系统，实现矿井地质三维可视化；编制吉县煤矿防治水五年规划，提出综合防治方案。构建科学严谨、系统高效的防治水体系，实现各类水害可防可控，推动矿井本质安全水平有效提升，全县煤矿防治水工作迈上新台阶。具体报价范围、采购范围及所应达到的具体要求，以本磋商文件中商务、技术和服务的相应规定为准。

合同履约期限：2025 年 10 月底前完成

本项目不接受联合体。

二、申请人的资格要求

1. 满足《中华人民共和国政府采购法》第二十二条规定。

2. 落实政府采购政策需满足的资格要求：本项目专门面向中小微企业采购（残疾人福利性单位、监狱企业视同小型企业）。

3. 本项目的特定资格要求：供应商须同时具有甲级测绘资质证书和地质灾害防治单位资质证书，具备有效的安全生产许可证。拟派项目负责人须具备相关专业高级及以上职称资格。

三、获取采购文件

1. 时间：2024 年 7 月 1 日 0：00 至 2024 年 7 月 5 日 23：59（北京时间）；

2. 地点：政采云平台线上获取；

3. 方式：只允许在线获取。

四、响应文件提交

1. 响应文件递交截止时间：2024 年 7 月 11 日 9：30（北京时间）。

2. 响应文件递交地点：请登录政采云投标客户端投标。

五、响应文件开启

1. 时间：2024 年 7 月 11 日 9：30（北京时间）

2. 地点：临汾市国贸大厦 A 座 702 室

六、公告期限

自本公告发布之日起 5 个工作日。

七、其他补充事宜

1. 针对本项目的质疑需一次性提出，多次提出将不予受理。未按本项目公告规定获取采购文件的潜在供应商不得对采购文件提出质疑。

2. 其他事项。

（1）公告发布媒介：山西政府采购网（http：//www. ccgp-shanxi. gov. cn/home. html）。

（2）在线投标响应（电子投标）说明。

①本项目采用电子化交易：电子化交易流程操作指南："山西省政府采

购网 > 办事指南 > 下载专区"获取；

②供应商应在提交响应文件前完成 CA 数字证书办理。（办理事项详见"山西省政府采购网 > 办事指南 > 下载专区"）；

③供应商应安装"山西政府采购平台电子投标客户端"，请供应商自行前往"山西省政府采购网 > 办事指南 > 下载专区"获取并安装；

④如有疑问，可致电技术支持热线：400 - 881 - 7190。

（3）开标时间起 30 分钟内供应商可登录"山西政府采购平台"，在"项目采购 > 开评标"模块对响应文件进行在线解密。若在规定时间内响应文件无法解密或解密失败，则投标无效。

（4）成交供应商应在合同签订前完成山西省政府采购网全部注册步骤并成为正式供应商。

代理费支付方式：供应商支付

代理费收费标准：代理服务费以成交价为计取基数，参照国家计委计价格〔2002〕1980 号、发改价格〔2011〕534 号文件规定标准计取。

代理费收费金额（元）：根据中标金额计算

八、凡对本次招标提出询问，请按以下方式联系

1. 采购人信息。

名　　称：吉县应急管理局

地　　址：吉县新城办公大楼东 3 楼

联系方式：0357 - 7926290

2. 采购代理机构信息。

名　　称：山西合智诚招标代理有限公司

地　　址：临汾市国贸大厦 A 座 702 室

联系方式：15135397000

3. 项目联系方式。

项目联系人：李女士

电　　话：15135397000

（三）资格预审公告

资格预审公告是在采购过程中，采购人为了提前评估潜在投标者的资质，评估其是否符合项目的要求和标准，从而筛选出合格的供应商而发布公告，参见图 3 – 23。

图 3 – 23　资格预审公告示例

专栏 3 – 8

资格预审公告示例

清华大学南区 16、17 号楼加固修缮项目施工资格预审公告

2024 年 6 月 28 日 17：47　来源：中国政府采购网

项目概况

　　清华大学南区 16、17 号楼加固修缮项目施工招标项目的潜在资格预审申请人应在通过远程或者到招标投标交易场所使用企业 CA 电子锁登录电子化平台（网址：www.bcactc.com）下载资格预审文件。领取资格预审文件，并于 2024 年 7 月 8 日 17：00（北京时间）前提交申请文件。

一、项目基本情况

项目编号：TC240R9J6/1

项目名称：清华大学南区16、17号楼加固修缮项目施工

采购方式：公开招标

预算金额：4470.280000万元（人民币）

采购需求：

1. 本工程的建设地点：北京海淀区清华大学校园内。

2. 本工程的建设规模：总建筑面积6228.4平方米、合同估算价4470.28万元。

3. 本工程工期要求：279日历天。

4. 本工程的招标范围：包括主体结构加固、建筑装饰装修、屋面工程、建筑给水排水及采暖、建筑电气、智能建筑、通风、电梯、建筑节能以及室外工程等图纸范围内的全部工程施工内容。

合同履行期限：279日历天

本项目（不接受）联合体投标。

二、申请人的资格要求

1. 满足《中华人民共和国政府采购法》第二十二条规定。

2. 落实政府采购政策需满足的资格要求：无。

3. 本项目的特定资格要求：本工程资格预审要求申请人具备建筑工程施工总承包三级［新］及以上资质，（近年类似工程描述）业绩，并在人员、设备、资金等方面具备相应的施工能力，其中，申请人拟派项目经理须具备建筑工程专业注册建造师二级及以上二级（含以上级）注册建造师执业资格和有效的安全生产考核合格证书（B本），且在确定中标人时不得担任其他在施建设工程的项目经理。

三、领取资格预审文件

时　　间：2024年6月28日至2024年7月3日，每天8：00至12：00，12：00至17：00。（北京时间，法定节假日除外）

地　　点：通过远程或者到招标投标交易场所使用企业CA电子锁登录

电子化平台（网址：www.bcactc.com）下载资格预审文件。

获取资格预审文件的方式：通过远程或者到招标投标交易场所使用企业CA电子锁登录电子化平台（网址：www.bcactc.com）下载资格预审文件。

四、资格预审申请文件的组成及格式

一、资格预审申请函；二、法定代表人身份证明；三、授权委托书；四、联合体协议书；五、申请人基本情况表；六、近年财务状况；七、近年完成的类似工程情况；八、拟投入生产资源情况（一）拟投入项目管理人员情况表附件1.项目经理简历表附件2.技术负责人简历表附件3.其他项目管理人员简历表（二）拟投入主要施工机械设备情况表（三）其他拟投入生产资源情况；九、申请人信誉情况（一）诉讼和仲裁情况（二）不良行为记录情况（三）其他信誉情况；十、与申请人存在关联关系的单位情况说明；十一、其他材料；十二、承诺书。

五、资格预审的审查标准及方法

综合评分法

六、拟邀请参加投标的供应商数量

邀请全部通过资格预审供应商参加投标。

七、申请文件提交

应在2024年7月8日17：00（北京时间）前，将申请文件提交至通过远程或者到招标投标交易场所使用企业CA电子锁登录电子化平台（网址：www.bcactc.com）上传资格预审申请文件，上传成功后平台自动生成的回执时间即为递交成功时间。

八、资格预审日期

资格预审日期为申请文件提交截止时间至2024年7月8日前。

九、公告期限

自本公告发布之日起5个工作日。

十、其他补充事宜

资格预审方法：有限数量制，当通过详细审查的申请人多于7家时，通过资格预审的申请人限定为7家。

本工程资格预审公告已在北京市公共资源交易服务平台（全国公共资源交易平台〔北京市〕，网址：https：//ggzyfw.beijing.gov.cn）上发布，同时在中国政府采购网上发布。如有不一致，以北京市公共资源交易服务平台发布信息为准。

十一、凡对本次资格预审提出询问，请按以下方式联系

1. 采购人信息。

名　　称：清华大学

地　　址：010 - 62794920

联系方式：唐老师

2. 采购代理机构信息。

名　　称：中招国际招标有限公司

地　　址：010 - 62108194、62108177、61954147

联系方式：李喆、宋永平、卢飒、艾克拜尔·亚生、王可欣

3. 项目联系方式。

项目联系人：唐老师

电　　话：010 - 62794920

（四）单一来源采购公示

达到公开招标数额标准，符合《政府采购法》第三十一条第一项规定情形，只能从唯一供应商处采购的，采购人、采购代理机构应当在省级以上财政部门指定媒体上进行公示。公示内容应当包括采购人、采购项目名称；拟采购的货物或者服务的说明、拟采购的货物或者服务的预算金额；采用单一来源方式的原因及相关说明；拟定的唯一供应商名称、地址；专业人员对相关供应商因专利、专有技术等原因具有唯一性的具体论证意见，以及专业人员的姓名、工作单位和职称；公示期限；采购人、采购代理机构、财政部门的联系地址、联系人和联系电话。公示期限不得少于5个工作日，参见图3 - 24。

潍坊市公安局交通警察支队峡山大队租赁办公场所项目单一来源采购公示

2024年06月28日 18:58 来源：中国政府采购网 【打印】【显示公告框数】

一、项目信息

采购人：潍坊市公安局交通警察支队

项目名称：潍坊市公安局交通警察支队峡山大队租赁办公场所项目

拟采购服务的说明：峡山大队租赁办公场所

拟采购服务的预算金额：164.78万元/年

图3-24 单一来源采购公示示例

📌 **专栏3-9**

单一来源采购公示示例

潍坊市公安局交通警察支队
峡山大队租赁办公场所项目单一来源采购公示

2024年6月28日 18：58 来源：中国政府采购网

一、项目信息

采购人：潍坊市公安局交通警察支队

项目名称：潍坊市公安局交通警察支队峡山大队租赁办公场所项目

拟采购服务的说明：峡山大队租赁办公场所

拟采购服务的预算金额：164.78万元/年

采用单一来源采购方式的原因及说明：交警支队峡山大队原租赁潍坊

市昌威物业管理有限公司位于峡山区太保庄街办怡峡路 1 号的办公场所用于日常办公，该场所符合《公安机关业务技术用房建设标准》"结合公安办案的业务特点及专业技术"的相关要求，且已接入公安内部网络，房屋布局包含公安机关办理车驾管业务、事故处理服务、非现场处理、执法办案中心等公安业务场所。为确保服务配套一致性，节约服务成本，根据《山东省政府购买服务管理实施办法》第二十九条第二项"原有服务项目完成后，需要继续购买，若更换承接主体，将无法保证与原有项目的一致性或者服务配套要求，导致服务成本大幅增加或原有投资损失"的规定，本项目拟与潍坊市昌威物业管理有限公司进行单一来源谈判，现将本次政府采购项目予以公示。

二、拟定供应商信息

名　　　称：潍坊市昌威物业管理有限公司

地　　　址：山东省潍坊高新区新城街道河北社区健康东街与潍县中路交叉路口向南 200 米路西车管所院内西第二栋楼一楼

三、公示期限

2024 年 6 月 28 日至 2024 年 7 月 4 日

四、其他补充事宜

1. 本采购项目实行电子招标投标，实行无直播网上不见面开标。请潜在供应商在开标后自行在系统内解密。具体操作方法请参阅《不见面开标系统签到解密操作手册（供应商手册)》及采购文件中关于不见面开标的其他约定。2. 制作电子投标（响应）文件或报价前下载并升级新点驱动（山东省版），具体作过程详见《潍坊市公共资源交易中心山东省 CA 驱动操作手册》。3. 为提升全流程电子化交易水平，降低制度性交易成本，保障供应商多次报价的安全保密，本项目采用潍坊市公共资源电子交易系统—政府采购单一来源项目网上"在线会话""在线报价"功能，按照《网上"在线报价"功能操作说明》等对采购文件相关内容进行谈判、二次报价等；各供应商应熟悉网上"在线报价""在线会话"操作流程，确保网上"在线报价"顺利进行。

五、联系方式

1. 采购人：潍坊市公安局交通警察支队。

联系人：李世川

联系地址：潍坊市胜利东街 1979 号

联系电话：0536 - 8533127

2. 财政部门：潍坊市财政局。

联系人：张　磊

联系地址：潍坊市高新区阳光大厦 22 楼

联系电话：0536 - 8096537

3. 采购代理机构：潍坊华成项目管理咨询有限公司。

联系人：徐　静

联系地址：潍坊市高新区富潍大厦 B 座 6 楼

联系电话：0536 - 2258068

潍坊华成项目管理咨询有限公司

2024 年 6 月 27 日

（五）采购文件预公示

采购文件预公示并非法定，但已有地方对其进行了规定。公开及邀请招标文件预公示应当包括招标公告、投标人须知及前附表、项目需求和说明、评标方法和评标标准以及采购人认为需要预公示的其他内容。（公开招标及邀请招标资格预审文件预公示无异议后，除出现违反有关规定或采纳潜在投标人或专家提出的修改意见或建议情形外，原则上正式出售招标文件内容不得再更改）。另外，公示期不得少于 3 天，参见图 3 - 25。具体按照《关于进一步做好政府采购信息公开有关工作的通知》要求。

图 3 - 25　采购文件预公告示例

🖋 **专栏 3 - 10**

采购文件预公告示例

中华人民共和国漳州出入境边防检查站
漳州边检站食堂厨师团队服务项目采购文件预公告

2024 年 6 月 28 日 23：27　来源：中国政府采购网

福建诚信招标咨询集团有限公司受中华人民共和国漳州出入境边防检查站委托，根据《中华人民共和国政府采购法》等有关规定，现对漳州边检站食堂厨师团队服务项目进行其他招标，欢迎合格的供应商前来投标。

　　项目名称：漳州边检站食堂厨师团队服务项目

　　项目编号：CXZZ（ZX）2024 - 023

项目联系方式：

项目联系人：小许

项目联系电话：0596 - 2180011

采购单位联系方式：

采购单位：中华人民共和国漳州出入境边防检查站

采购单位地址：福建省漳州市芗城区

采购单位联系方式：洪女士，0596 - 7091516

代理机构联系方式：

代理机构：福建诚信招标咨询集团有限公司

代理机构联系人：小许，0596 - 2180011

代理机构地址：漳州市芗城区厦门路 21 号江滨花园沿江 2 幢四单元 07 - 08，407 号

一、采购项目内容

1. 项目编号：CXZZ（ZX）2024 - 023。

2. 采购项目内容：漳州边检站食堂厨师团队服务项目。

3. 建议截止时间：2024 年 7 月 3 日 17：30（北京时间）。

致各潜在供应商、专家：

我公司受中华人民共和国漳州出入境边防检查站委托，对漳州边检站食堂厨师团队服务项目进行竞争性磋商，现发布磋商文件预公告。各潜在供应商、专家如对磋商文件有建议或意见请在预公告截止时间（2024 年 7 月 3 日 17：30）之前提出，并同时将书面原件材料送至我公司。

地　　址：漳州市芗城区厦门路 21 号江滨花园沿江 2 幢四单元 07 - 08，407 号

电　　话：0596 – 2180011

联系人：小许

特此公告！

二、开标时间

三、其他补充事宜

本公告为采购文件预公告。"福建诚信招标咨询集团有限公司受中华人民共和国漳州出入境边防检查站委托，根据《中华人民共和国政府采购法》等有关规定，现对中华人民共和国漳州出入境边防检查站漳州边检站食堂厨师团队服务项目进行其他招标，欢迎合格的供应商前来投标。"为网站固定生成内容。

四、预算金额

预算金额：46.8 万元（人民币）

（六）中标（成交）结果公告

中标（成交）结果公告是在采购活动结束后，采购人或采购代理机构对外公布的结果信息，用以告知所有参与方及公众中标（成交）供应商的有关信息。值得注意的是，中标（成交）结果公告与成交结果公告不同，前者对应的是公开招标等招标采购方式，而后者则对应着竞争性磋商等非招标采购方式，参见图 3 – 26。更多方面对比如表 3 – 5 所示。

当前位置：首页 » 政采公告 » 地方公告 » 中标公告

浙江省成套招标代理有限公司关于中国计量大学暑期学生公寓修缮工程中标(成交)结果公告

2024年06月30日 10:41 来源：中国政府采购网【打印】【显示公告概要】

一、项目编号：CTZB-2024060121

二、项目名称：中国计量大学暑期学生公寓修缮工程

三、中标（成交）信息

图 3 - 26　中标（成交）结果公告示例

表 3 - 5　　　　　　　　　　中标公告与成交公告的对比

差别	中标公告	成交公告（磋商、谈判、询价）
采购方及中介信息公开	采购人及其委托的采购代理机构的名称、地址、联系方式	采购人和采购代理机构的名称、地址、联系方式
供应商信息公开	中标人名称、地址	成交供应商名称、地址
金额公开	中标金额	成交金额
标的公开	主要中标标的的名称、规格型号、数量、单价、服务要求、标的的基本概况	主要成交标的的名称、规格型号、数量、单价、服务要求、标的的基本概况
公告期限	中标公告期限	—
其他	注： 1. 邀请招标采购人采用书面推荐方式产生符合资格条件的潜在投标人的，还应当将所有被推荐供应商名单和推荐理由随中标结果同时公告 2. 协议供货、定点采购项目还应当公告入围价格、价格调整规则和优惠条件 3. 中标结果公告期限为 1 个工作日	注： 采用书面推荐供应商参加采购活动的，还应当公告采购人和评审专家的推荐意见

专栏 3-11

中标（成交）结果公告示例

浙江省成套招标代理有限公司关于
中国计量大学暑期学生公寓修缮工程中标（成交）结果公告

2024 年 6 月 30 日 10：41　来源：中国政府采购网

一、项目编号：CTZB-2024060121

二、项目名称：中国计量大学暑期学生公寓修缮工程

三、中标（成交）信息

中标结果参见表 3-6

表 3-6　　　　　　　　　　中标结果

序号	中标（成立）金额（元）	中标供应商名称	中标供应商地址
1	报价：1150000（元）	杭州泰城建设有限公司	杭州市拱墅区湖州街 333 号 1 幢三层 351 室

四、主要标的信息

工程类主要标的信息参见表 3-7

表 3-7　　　　　　　　工程类主要标的信息

序号	标项名称	标的名称	施工范围	施工工期	项目经理	执业证书信息
1	中国计量大学暑期学生公寓修缮工程	中国计量大学暑期学生公寓修缮工程	按清单及采购文件要求	45 日历天	吴新龙	—

五、评标专家抽取

评审专家抽取规则

六、评审专家（单一来源采购人员）名单

李俊雄，陈倩倩（第 1 标项采购人代表），屠涪琦

七、开标情况

标项 1

八、资格审查情况

标项1

九、符合性审查情况

标项1

十、技术评分明细表

技术评分明细参见表3-8

表3-8　　　　　　　　　技术评分明细

标项	供应商名称	专家1	专家2	专家3	商务技术得分	报价得分	总分
1	杭州泰城建设有限公司	63.7	61.5	67.5	64.23	30.0	94.23
1	浙江声学建设有限公司	61.3	61.5	66.5	63.1	25.65	88.75
1	三石建工集团有限公司	61.0	60.0	64.5	61.83	24.3	86.13
1	浙江中冠建设集团有限公司	60.8	60.0	65.5	62.1	23.79	85.89
1	杭州匡迪建筑工程有限公司	58.6	57.5	62.5	59.53	24.21	83.74
1	浙江众行建设工程有限公司	56.0	56.0	62.5	58.17	24.22	82.39
1	浙江杭磊建筑加固工程有限公司	51.5	56.5	61.5	56.5	24.64	81.14
1	杭州城美建筑工程有限公司	56.7	57.0	61.5	58.4	21.8	80.2
1	杭州硕茂建设有限公司	56.6	54.5	61.5	57.53	22.36	79.89
1	杭州浙百建设有限公司	55.9	55.5	61.5	57.63	22.12	79.75
1	杭州合宇建设有限公司	50.7	54.0	58.5	54.4	23.79	78.19
1	浙江鸿顺达建设集团有限公司	52.3	55.0	61.5	56.27	21.17	77.44
1	杭州恒协装饰工程有限公司	50.1	54.5	62.5	55.7	21.56	77.26
1	中顺鼎泰建设（杭州）有限公司	50.4	53.0	59.5	54.3	22.7	77.0
1	浙江同源装饰工程有限公司	49.8	52.0	57.5	53.1	22.95	76.05
1	杭州日晟建设工程有限公司	50.6	52.0	58.5	53.7	21.27	74.97
1	永喆建设有限公司	51.4	53.5	55.5	53.47	21.27	74.74
1	浙江奇豪建设有限公司	49.4	53.0	53.5	51.97	21.27	73.24

标项1

十一、中标（成交）候选人推荐情况

标项1

十二、代理服务收费标准及金额

1. 代理服务收费标准：采购代理服务费按《招标代理服务收费管理暂

行办法》的通知（计价格〔2002〕1980号）文件标准收费的70%计取，不足3500元的，按3500元计；造价咨询服务费根据《浙江省物价局关于进一步完善工程造价咨询服务收费的通知》（浙价服〔2009〕84号）规定的收费标准的70%计取，不足2000元的，按2000元计。

2. 代理服务收费金额（元）：10601。

十三、公告期限

自本公告发布之日起1个工作日。

十四、其他补充事宜

1. 各参加政府采购活动的供应商认为该中标/成交结果和采购过程等使自己的权益受到损害的，可以自本公告期限届满之日（本公告发布之日后第2个工作日）起7个工作日内，以书面形式向采购人或受其委托的采购代理机构提出质疑。质疑供应商对采购人、采购代理机构的答复不满意或者采购人、采购代理机构未在规定的时间内作出答复的，可以在答复期满后十五个工作日内向同级政府采购监督管理部门投诉。质疑函范本、投诉书范本请到浙江政府采购网下载专区下载。

2. 其他事项：无。

十五、对本次公告内容提出询问、质疑、投诉，请按以下方式联系

1. 采购人信息。

名　　称：中国计量大学

地　　址：杭州市钱塘区学源街258号中国计量大学

传　　真：

项目联系人（询问）：张老师

项目联系方式（询问）：0571-86836073

质疑联系人：顾老师

质疑联系方式：0571-86836056

2. 采购代理机构信息。

名　　称：浙江省成套招标代理有限公司

地　　址：文晖路现代置业大厦西楼1803

传　　真：

项目联系人（询问）：王朝晖

项目联系方式（询问）：0571 – 87631381、13735882513

质疑联系人：冯东东

质疑联系方式：0571 – 85331293

3. 同级政府采购监督管理部门。

名　　称：浙江省财政厅政府采购监管处、浙江省政府采购行政裁决服务中心（杭州）

地　　址：杭州市上城区四季青街道新业路市民之家 G03 办公室（快递仅限 ems 或顺丰）

传　　真：

联系人：朱女士、王女士

监督投诉电话：0571 – 85252453

（七）政府采购合同公告

政府采购合同公告是在政府采购活动中，采购人与中标供应商签订合同后，对外公开发布的正式通知。通过此公告能够提升政府采购过程的透明度和公开性，让公众了解合同的主要内容和执行情况，参见图 3 – 27。

图 3 – 27　政府采购合同公告示例

💡 **专栏 3 – 12**

政府采购合同公告示例

区委办公室—领导决策信息咨询服务
（第二包）政府采购合同公告

2024 年 6 月 26 日 16：58　来源：中国政府采购网

北京数圣工程造价咨询有限公司受中国共产党北京市通州区委员会办公室委托，根据《中华人民共和国政府采购法》等有关规定，现对区委办公室–领导决策信息咨询服务进行其他招标，欢迎合格的供应商前来投标。

项目名称：区委办公室—领导决策信息咨询服务
项目编号：11011224210200011599 – XM001
项目联系方式：
项目联系人：李佳明
项目联系电话：010 – 89477580

采购单位联系方式：
采购单位：中国共产党北京市通州区委员会办公室
采购单位地址：北京市通州区胡各庄大街 9 号院
采购单位联系方式：010 – 69542108

代理机构联系方式：
代理机构：北京数圣工程造价咨询有限公司
代理机构联系人：李佳明 010 – 89477580
代理机构地址：北京市顺义区北环路 90 号院

一、采购项目内容

着重于城市副中心加快发展新质生产力，扎实推进高质量发展的战略路径研究。主要包括加强科技创新和发展未来产业，以培育新质生产力为主线，调研新质生产力最新政策和主要特征、跟进国内外发展新质生产力产业动态和典型场景、研究城市副中心六大重点产业和三大未来产业的发展新质生产力路径，突出数字化、信息化、低碳化。提出城市副中心发展新质生产力具体举措等。要求交付物为合同时间内 12 篇专题研究报告。

二、开标时间：2024 年 6 月 6 日 9：30

三、其他补充事宜

（一）合同编号：11011224210200011599 - XM001 - 001

（二）合同名称：区委办公室—领导决策信息咨询服务（第二包）政府采购合同

（三）项目编号：11011224210200011599 - XM001

（四）项目名称：区委办公室—领导决策信息咨询服务（第二包）

（五）合同主体

采购人（甲方）：中国共产党北京市通州区委员会办公室（本级）

地址：北京市通州区胡各庄大街 9 号院

联系方式：69542108

供应商（乙方）：中国工业互联网研究院

地　　　址：

联系方式：

（六）合同主要信息

主要标的名称：区委办公室—领导决策信息咨询服务（第二包）

规格型号（或服务要求）：

主要标的数量：

主要标的单价：

合同金额：27 万元

履约期限、地点等简要信息：

采购方式：公开招标

（七）合同签订日期

2024 年 6 月 24 日

（八）合同公告日期

2024 年 6 月 26 日

（九）其他补充事宜

本合同对应的中标成交公告：

区委办公室—领导决策信息咨询服务（第二包）中标公告

免责声明：本页面提供的政府采购合同是按照《中华人民共和国政府采购法实施条例》的要求由采购人发布的，北京市政府采购网对其内容概不负责，亦不承担任何法律责任。

下载：领导决策信息咨询服务合同（略）

四、预算金额

预算金额：27.5 万元（人民币）

（八）合同变更公告

合同变更公告应包括原合同编号、名称和文本，原合同变更的条款号，变更后作为原合同组成部分的补充合同文本，合同变更时间，变更公告日期等。需要注意的是，政府采购合同的双方当事人不得擅自变更合同，依照《政府采购法》确需变更合同内容的，采购人应自合同变更之日起 2 个工作日内在省级以上财政部门指定的媒体上发布合同变更公告，但涉及国家秘密、商业秘密的信息和其他依法不得公开的信息除外，参见图 3 - 28。

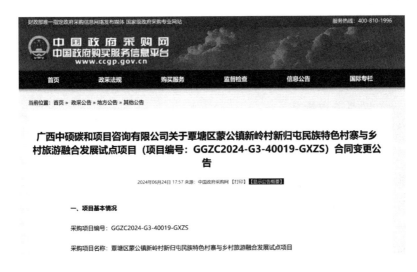

图 3 – 28　合同变更公告示例

合同变更公告示例

广西中硕碳和项目咨询有限公司关于覃塘区蒙公镇新岭村新归屯民族特色村寨与乡村旅游融合发展试点项目（项目编号：GGZC2024 – G3 – 40019 – GXZS）合同变更公告

2024 年 6 月 24 日 17：57　来源：中国政府采购网

一、项目基本情况

采购项目编号：GGZC2024 – G3 – 40019 – GXZS

采购项目名称：覃塘区蒙公镇新岭村新归屯民族特色村寨与乡村旅游融合发展试点项目

二、项目废标/流标的原因

无

三、其他补充事宜

广西中硕碳和项目咨询有限公司关于覃塘区蒙公镇新岭村新归屯民族特色村寨与乡村旅游融合发展试点项目（项目编号：GGZC2024－G3－40019－GXZS）合同变更公告。

（一）项目基本情况

原公告的采购项目编号：GGZC2024－G3－40019－GXZS

原公告的采购项目名称：覃塘区蒙公镇新岭村新归屯民族特色村寨与乡村旅游融合发展试点项目

首次公告日期：2024 年 5 月 31 日

（二）更正信息

更正信息参见表 3－9

表 3－9　　　　　　　　　更正事项和更正内容

序号	更正项	更正前内容	更正后内容
1	合同变更	付款方式及产品清单	详见更正公告

更正日期：2024 年 6 月 24 日

（三）其他补充事宜

四、对本次公告提出询问，请按以下方式联系

1. 采购人信息。

名　　称：中国共产党贵港市覃塘区委员会统一战线工作部

地　　址：贵港市覃塘区行政中心

联系方式：0775－48611157

2. 采购代理机构信息。

名　　称：广西中硕碳和项目咨询有限公司

地　　址：广西壮族自治区贵港市港北区金港大道（财富中心）1 幢 1122 号

联系方式：0775－4260313

3. 项目联系方式。

项目联系人：尹培智

电 话：0775 - 4260313

五、凡对本次公告内容提出询问，请按以下方式联系

1. 采购人信息。

名 称：中国共产党贵港市覃塘区委员会统一战线工作部

地 址：贵港市覃塘区中山大道 1 号中共覃塘区委统战部 323 办公室

联系方式：李万夫，0775 - 4861157

2. 采购代理机构信息。

名 称：广西中硕碳和项目咨询有限公司

地 址：贵港市港北区金港大道（财富中心）1 幢 1122 号

联系方式：尹培智，0775 - 4260313

3. 项目联系方式。

项目联系人：李万夫

电 话：0775 - 486115

（九）成交公告

成交结果公告的内容应当包括采购人和采购代理机构名称、地址、联系方式；项目名称和项目编号；成交供应商名称、地址和成交金额；主要成交标的的名称、规格型号、数量、单价、服务要求或者标的的基本概况；评审专家名单。协议供货、定点采购项目还应当公告入围价格、价格调整规则和优惠条件。采用书面推荐供应商参加采购活动的，还应当公告采购人和评审专家的推荐意见。成交结果应当自中标、成交供应商确定之日起 2 个工作日内公告，公告期限为 1 个工作日。值得注意的是，成交公告与中标公告存在部分差别，不能将二者混淆，详见前述"（）中标（成交）公告"，参见图 3 - 29。

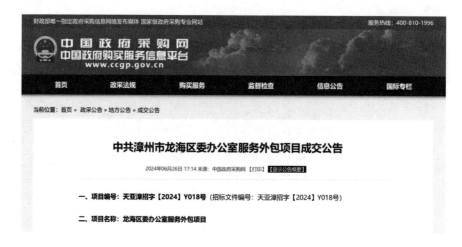

图 3 – 29 成交公告示例

专栏 3 – 14

成交公告示例

中共漳州市龙海区委办公室
服务外包项目成交公告

2024 年 6 月 26 日 17：14   来源：中国政府采购网

一、项目编号：天亚漳招字〔2024〕Y018 号（招标文件编号：天亚漳招字〔2024〕Y018 号）

二、项目名称：龙海区委办公室服务外包项目

三、中标（成交）信息

供应商名称：漳州市龙海区华侨大酒店有限公司

供应商地址：福建省漳州市龙海区石码镇人民路 82 号

中标（成交）金额：48.3（万元）

四、主要标的信息

项目信息参见表 3 – 10

表 3-10　　　　　　　采购项目信息

序号	供应商名称	服务名称	服务范围	服务要求	服务时间	服务标准
1	漳州市龙海区华侨大酒店有限公司	龙海区委办公室服务外包项目	详见文件	详见文件	详见文件	详见文件

五、评审专家（单一来源采购人员）名单

龚丽卿、黄秀菊、周秀云

六、代理服务收费标准及金额

本项目代理费收费标准：采购代理服务费采用差额定率累进法计算，合同金额小于 100 万元人民币的，按合同金额的 1.5% 收取

本项目代理费总金额：0.6 万元（人民币）

七、公告期限

自本公告发布之日起 1 个工作日。

八、其他补充事宜

各响应人资格性及符合性审查均合格。

九、凡对本次公告内容提出询问，请按以下方式联系

1. 采购人信息。

名　　　称：中共漳州市龙海区委办公室

地　　　址：福建省漳州市龙海区石码街道大埕路 28 号

联系方式：曾先生，0596-6523711

2. 采购代理机构信息。

名　　　称：厦门天亚工程项目管理有限公司

地　　　址：漳州市龙文区下洲花园 3 栋 2 单元 16 层

联系方式：小沈、小林，0596-2165516

3. 项目联系方式。

项目联系人：曾先生

电　　　话：0596-6523711

（十）终止公告

依法需要终止招标、竞争性谈判、竞争性磋商、询价、单一来源采购

活动的，采购人或者采购代理机构应当发布项目终止公告并说明原因，参见图3-30。

图3-30　终止公告示例

专栏3-15

终止公告示例

区委办公室—领导决策信息咨询服务 （第一包）废标公告

2024 年 6 月 7 日 16：53　来源：中国政府采购网

一、项目基本情况

采购项目编号：11011224210200011599－XM001

采购项目名称：区委办公室—领导决策信息咨询服务

二、项目终止的原因

通过符合性审查投标人不足三家，本包予以废标。

三、其他补充事宜

无

四、凡对本次公告内容提出询问，请按以下方式联系

1. 采购人信息。

名　　　称：中国共产党北京市通州区委员会办公室

地　　　址：北京市通州区胡各庄大街9号院

联系方式：郭凌阳，69542108

2. 采购代理机构信息。

名　　　称：北京数圣工程造价咨询有限公司

地　　　址：北京市顺义区北环路90号院

联系方式：李佳明，010-89477580

3. 项目联系方式。

项目联系人：李佳明

电　　　话：010-89477580

（十一）其他公告

其他公告是指除公开招标公告、询价公告、竞争性谈判公告、竞争性磋商公告、成交公告、终止公告、单一来源公告、资格预审公告、邀请公告、中标公告、更正公告等之外的公告，参见图3-31。

当前位置：首页 » 政采公告 » 地方公告 » 其他公告

洛江区马甲镇溪林村YZ04养护专项工程招标公告

2024年06月30日 23:46 来源：中国政府采购网【打印】【显示公告概要】

福建环闽工程造价咨询有限公司受泉州市洛江区马甲镇溪林村村民委员会 委托，根据《中华人民共和国政府采购法》等有关规定，现对洛江区马甲镇溪林村YZ04养护专项工程进行其他招标，欢迎合格的供应商前来投标。

图3-31　其他公告示例

专栏 3－16

其他公告示例

洛江区马甲镇溪林村 YZ04 养护专项工程招标公告

2024 年 6 月 30 日 23：46　来源：中国政府采购网

福建环闽工程造价咨询有限公司受泉州市洛江区马甲镇溪林村村民委员会委托，根据《中华人民共和国政府采购法》等有关规定，现对洛江区马甲镇溪林村 YZ04 养护专项工程进行其他招标，欢迎合格的供应商前来投标。

项目名称：洛江区马甲镇溪林村 YZ04 养护专项工程
项目编号：环闽泉招〔2024〕032 号
项目联系方式：
项目联系人：林先生
项目联系电话：13506921837

采购单位联系方式：
采购单位：泉州市洛江区马甲镇溪林村村民委员会
采购单位地址：福建省泉州市洛江区马甲镇溪林村
采购单位联系方式：林先生，13506921837

代理机构联系方式：
代理机构：福建环闽工程造价咨询有限公司
代理机构联系人：小陈，13505063262
代理机构地址：泉州市丰泽区华园南路 99 号海归 E 谷 E5B 号楼 3 层

一、采购项目内容

招标公告

1. 招标条件。

本招标项目洛江区马甲镇溪林村 YZ04 养护专项工程（项目名称）已批准建设。项目业主为泉州市洛江区马甲镇溪林村村民委员会，建设资金来自上级补助及自筹，招标人为泉州市洛江区马甲镇溪林村村民委员会。项目已具备招标条件，现对该项目的施工进行公开招标，本次招标采用资格后审。

2. 项目概况和招标范围。

（1）项目的建设地点：洛江区马甲镇。

（2）项目的规模：本项目招标控制价为 1083148 元。施工范围包含道路工程，现状水泥路面加铺沥青 $4584.34m^2$，现状水泥混凝土路面破除 $1333.36m^2$，水泥混凝土路面恢复：$923.43m^2$，现状路侧彩砖破除按原装恢复：$40.5m^2$。新建 $50 \times 50cm$ 钢筋混凝土盖板边沟 415m，各类检查井计雨水篦抬升 37 座，新建 DN800 HDPE 双壁波纹 36m。交通工程新建标线 $168.69m^2$。橡胶减速垄 21m，新建反光柱 14 根。具体详见招标人提供的施工图纸和工程量清单。

（3）项目的计划工期：工程施工计划工期为 50 日历天，缺陷责任期 24 个月。

（4）招标范围及标段划分：

本项目工程施工共分为 1 个标段；本次共招标 1 个标段。

3. 投标人资格要求及审查办法。

（1）本次 1 标段（组）招标要求投标人须具备以下条件：

本次招标要求投标人须具有国内独立法人资格，交通部门核发的公路养护工程从业资质二类乙级，或交通部门核发的公路路基路面养护乙级且具有公路交通安全设施养护资质，或建设行政主管部门颁发的公路工程施工总承包三级及以上（参照强制性资格条件填写），具备有效的企业安全生产许可证。

投标人业绩条件（参照强制性资格条件简要填写）：不要求。

人员、设备、资金等方面具备相应的施工能力。

（2）本招标项目不接受联合体投标。

（3）每个投标人最多可对1个标段组投标。

（4）单位负责人为同一人或存在控股、管理关系的不同单位，不得参加同一标段投标，否则，相关投标均无效。

（5）与招标人或发布本公告的交易系统开发单位存在利害关系可能影响招标公正性的法人、其他组织或者个人，不得参加投标。

（6）中标候选人不得与同一标段已中标的监理单位为同一法人、相互隶属或隶属同一法人，否则，招标人有权取消其中标候选人资格（如本次招标同时含有施工、监理标，则定标顺序依次为施工、监理标）。

（7）在"信用中国"网站（http：//www.creditchina.gov.cn/）中被列入失信被执行人名单的投标人，不得参加投标。

（8）在"国家企业信用信息公示系统"网站（www.gsxt.gov.cn）中被列入严重违法失信企业名单的投标人，不得参加投标。

（9）投标人及其法定代表人、拟委任的项目经理、拟委任的项目总工在近三年内有行贿犯罪行为的，不得参加投标。

4. 招标文件的获取。

凡有意参加投标者，请于2024年7月1日8：30至2024年7月10日18：00（含法定公休日、法定节假日）通过随行易交易公共资源交易平台（https：//www.enjoy5191.com）搜索本项目名称进行报名并获取招标资料。招标资料每套售价300元。对平台操作有任何疑问，请联系福建随行软件有限公司，联系电话：400-870-5191。

5. 投标文件的递交及相关事宜。

（1）本次招标不组织踏勘现场。

（2）本次招标不召开投标预备会。

（3）投标文件递交的截止时间（开标时间）：2024年7月11日15：30，投标人应在截止时间前通过随行易交易公共资源交易平台（https：//

www. enjoy5191.com）递交电子投标文件。

（4）逾期递交的电子投标文件的，电子招标投标交易平台将予以拒收。

（5）本工程采用网上无纸化招投标，投标人须于投标截止时间前通过电子招标投标交易平台在线递交投标文件，投标人可对已投递的电子投标文件撤回、编辑再投递，交易系统以投标截止时间前最后一份投递成功的电子投标文件信息为准。投标人必须严格按照电子招标投标交易平台的操作规程编制电子投标文件并对其进行加密和上传，有关投标的操作规程详见电子招标投标交易平台的相关使用说明或电话咨询客服（联系电话：4008705191）。

（6）电子投标文件解密：投标人应在开始解密时间起 30 分钟内在线进行电子投标文件的解密操作，因投标人原因未在规定时间内解密，其投标视为无效。

（7）评标结束后，中标候选人所提交的投标报价、业绩（若有）及项目经理、项目总工的姓名、个人业绩（若有）和相关证书编号，以及被否决投标的投标人名称、否决依据和原因等将在中国政府采购网（https：//www. ccgp. gov. cn/）、随行易交易公共资源交易平台（https：//www. enjoy5191. com）上进行公示。

6. 评标办法。

本招标项目采用的评标办法：简易评标法。

7. 投标保证金的提交。

（1）投标保证金提交的时间

（2）投标保证金提交的金额

（3）投标保证金提交的方式：据泉发改规〔2023〕3 号文规定，本项目免收投标保证金。采用免缴投标保证金形式的，提交加盖投标人单位电子印章的《免缴投标保证金承诺函》，作为资格文件的组成部分，否则资格审查不合格。

8. 发布公告的媒介。

本次招标公告同时在中国政府采购网（https：//www. CCGP. gov. cn/）、

随行易交易公共资源交易平台（https：//www.enjoy5191.com）上发布。

9. 联系方式。

具体联系方式参见表 3 – 11

表 3 – 11 联系方式

招标人：泉州市洛江区马甲镇溪林村村民委员会	招标代理机构：福建环闽工程造价咨询有限公司
法定代表人（或委托代理人）	法定代表人（或委托代理人）
地址：福建省泉州市洛江区马甲镇溪林村	地址：泉州市丰泽区华园南路 99 号 E5B 号楼 3 层
邮编：362013	邮编：362000
查询电话：13506921837	查询电话：13505063262
E – mail	E – mail：514583783@qq.com
传真	传真
联系人：林先生	联系人：小陈

2024 年 6 月 30 日

二、开标时间：2024 年 7 月 11 日 15：30

三、其他补充事宜

四、预算金额

预算金额：108.3148 万元（人民币）

三、如何筛选相关信息

中国政府采购网信息类型丰富，内容众多，在庞大信息量中高效精准地锁定目标信息，需要遵循一定的方法。本书以教育类信息服务供应商查找商机为例，对如何筛选供应商相关信息进行举例。

第一步，搜索"中国政府采购网"或"https：//www.ccgp.gov.cn/"，

打开主网首页，参见图3－32。

图3－32　中国政府采购网首页

第二步，点击"信息公告"后，选择"高级检索"，参见图3－33。

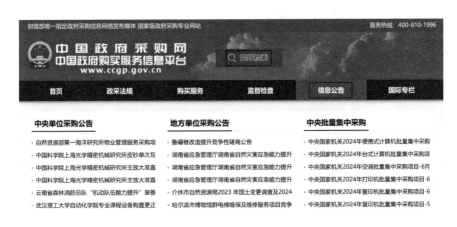

图3－33　信息公告与高级检索

第三步，进入高级检索界面后，在界面右上方搜索引擎中输入相关关键词，如教育类信息服务供应商可输入"教育"和"信息"等关键词，点击引擎右侧按钮"搜全文"，即可展示全文内容中提及相关信息的所有公告，参见图3－34。

图 3 - 34　搜索引擎直接检索

第四步，在前三步操作的基础上，为了减少干扰因素，提高发现商机的效率，可通过下方"类型""类别""品目"和"时间"等进行精准检索。例如，在"类型"中选择相应的公告类型；选择"品目"将公告类型仅限于"服务类"；"时间"选择"近1月"，将检索范围扩大至1个月内。若想通过更为细致的信息锁定某一类或一则公告，可进一步输入"采购人""项目编号""地区"和"代理机构"进行限制。

例如，选择"公开招标"类型，将中标公告、成交公告等排除在外；在"品目"选项中将公告类型仅限于"服务类"；修改"时间"为"近1月"；采购人所在"地区"限定为"北京"。完成上述操作后，即可出现符合上述条件的公告，参见图3-35。

四、政府采购信息分析

（一）信息分析的主要方法

目前，常用的信息分析方法有对比分析法、趋势分析法、聚类分析法和大数据分析法等，以下对这些方法进行详细介绍。

图 3－35　搜索结果展示

1. 对比分析法

对比分析法也称为比较分析法，是把客观事物加以对比，以达到认识事物的本质和规律并作出正确的评价。具体来说，通常把两个相互联系的指标数据进行比较，从数量上展示和说明研究对象规模的大小、水平的高低、速度的快慢，以及各种关系是否展协调。在对比分析中，选择合适的对比标准是关键步骤，选择合适才能够作出客观评价，选择不合适则可能会导致错误的结论。

2. 趋势分析法

趋势分析法是通过对有关指标的各期对基期的变化趋势的分析，从中发现问题，为追索和检查当前信息提供线索的一种分析方法。趋势分析法总体上可进一步分为四大类：（1）纵向分析法；（2）横向分析法；（3）标准分析法；（4）综合分析法。此外，还可运用回归进行趋势的定量分析。

3. 聚类分析法

聚类分析法是一种多变量统计技术，主要有分层聚类法和迭代聚类法。

聚类分析也称群分析、点群分析，是研究分类的一种多元统计方法。具体方法是，我们所研究的样品（网点）或指标（变量）之间存在程度不同的相似性（亲疏关系——以样品间距离衡量），于是根据一批样品的多个观测指标，具体找出一些能够度量样品或指标之间相似程度的统计量，以这些统计量为划分类型的依据。把一些相似程度较大的样品（或指标）聚合为一类，把另一些彼此之间相似程度较大的样品（或指标）又聚合为另一类，直到把所有的样品（或指标）聚合完毕。

4. 大数据分析法

大数据分析是指对规模巨大的数据进行分析。大数据分析的优势可以概括为 5 个 V，数据量大（Volume）、速度快（Velocity）、类型多（Variety）、价值（Value）、真实性（Veracity）。进行具体分析时，可以分为六个基本方面：可视化分析、数据挖掘算法、预测性分析能力、语义引擎、数据质量和数据管理、数据存储和数据仓库。

（二）政府采购需求分析

1. 采购需求

采购需求，是指采购人为实现项目目标，拟采购的标的及其需要满足的技术、商务要求。

（1）采购标的实际上是采购对象的细化，通常要说明采购对象的名称、数量、预算单价和总价等；

（2）技术要求是指对采购标的的功能和质量要求，包括性能、材料、结构、外观、安全，或者服务内容和标准等；

（3）商务要求是指取得采购标的的时间、地点、财务和服务要求，包括交付（实施）的时间（期限）和地点（范围），付款条件（进度和方式），包装和运输，售后服务，保险等。

2. 采购需求分析示例

（1）以"四川省成都生态环境监测中心站 2023 年省级生态环境监测机构快速响应能力提升项目（第三批）（二次）公开招标采购公告"为例，公布于中国政府采购网的采购需求公示及其附件具体内容如图 3－36 所示。

当前位置：首页 » 政采公告 » 地方公告 » 公开招标公告

四川省成都生态环境监测中心站2023年省级生态环境监测机构快速响应能力提升项目（第三批）（二次）公开招标采购公告

2024年06月24日 10:19 来源：中国政府采购网 【打印】【显示公告概要】

项目概况
2023年省级生态环境监测机构快速响应能力提升项目（第三批）（二次）的潜在投标人应在四川省政府采购一体化平台项目电子化交易系统（以下简称"项目电子化交易系统"）获取招标文件，并于 2024年07月16日 09时30分（北京时间）前递交投标文件。

一、项目基本情况

项目编号：N5101012024000608

项目名称：2023年省级生态环境监测机构快速响应能力提升项目（第三批）（二次）

采购方式：公开招标

预算金额：1,000,000.00元

采购需求：详见采购需求附件

图 3－36　采购需求标识

（2）需求附件内容。

首先是技术要求，参见表 3－12。

采购包 1：

表 3－12　　　　　　　　　　技术参数与性能指标

序号	符号标识	技术参数与性能指标			
1		（一）6 座及以上纯电动小型客车			
		序号	参数性质	技术参数	参数值
		1	★	能源类型	纯电动
		2	★	级别	中型 SUV
		3	★	环保标准	国 VI
		4	★	长/宽/高	长 ≥ 4900mm，宽 ≥ 1950mm，高 ≥1720mm
		5	★	轴距	≥2800mm
		6	★	整备质量	≥2400kg

序号	符号标识	技术参数与性能指标			
1		序号	参数性质	技术参数	参数值
		7	★	电机类型	永磁同步电机
		8	★	最大电机功率	≥180kw
		9	★	最大扭矩	≥350Nm
		10	★	电池类型	磷酸铁锂电池或三元锂电池
		11	★	电池容量	≥100kWh
		12	★	续驶里程	≥700km
		13	▲	驻车制动类型	电子驻车
		14	▲	主/副驾驶座安全气囊	有
		15	▲	安全带未系提醒	有
		16	▲	胎压监测功能	有
		17	▲	制动力分配	有
		18		刹车辅助	有
		19		车身稳定控制	有
		20		自动驻车	有
		21		上坡辅助	有
		22		巡航系统	有
		23	▲	主动刹车	有
		24	▲	疲劳驾驶提醒	有
		25	▲	天窗类型	有
		26	▲	自动变道辅助	有
		27	▲	并线辅助	有
		28	★	座位数	≥6座
2		(二) 7座纯电动小型客车			
		序号	参数性质	技术参数	参数值
		1	★	能源类型	纯电动
		2	★	级别	中大型MPV
		3	★	环保标准	国VI
		4	★	长/宽/高	长 ≥ 5000mm，宽 ≥ 1900mm，高 ≥1725mm

续表

序号	符号标识	技术参数与性能指标		

序号	参数性质	技术参数	参数值
5	★	轴距	≥3000mm
6	★	整备质量	≥2200kg
7	★	电机类型	永磁同步电机
8	★	最大电机功率	≥180kw
9	★	最大扭矩	≥350Nm
10	★	电池类型	磷酸铁锂电池或三元锂电池
11	★	电池容量	≥90kWh
12	★	续驶里程	≥570km
13	▲	驻车制动类型	电子驻车
14	▲	主/副驾驶座安全气囊	有
15	▲	安全带未系提醒	有
16	▲	胎压监测功能	有
17	▲	制动力分配	有
18		刹车辅助	有
19		车身稳定控制	有
20		自动驻车	有
21		上坡辅助	有
22		巡航系统	有
23	★	驾驶辅助影像	有
24	★	座位数	7座

（序号为2）

标的名称：6座及以上纯电动小型客车、7座纯电动小型客车

其次是服务要求。

①服务内容要求，参见表3-13。

采购包1：

表3-13　　　　　　　　　　**服务要求**

序号	符号标识	要求名称	要求内容
无			

②商务要求，参见表3-14。

采购包1：

表3-14   商务要求

序号	符号标识	商务要求名称	商务要求内容
1		交货时间	自合同签订之日起30日
2		交货地点	标的物交付至采购人指定地点（成都市锦江区海桐街69号环境监测大楼）
3		支付方式	分期付款
4		支付约定	一是合同签订后，采购人自收到投标人提出的书面付款申请、真实有效、合法等额的发票及相关支付凭证材料，达到付款条件起10日内，占支付合同总金额的40% 二是验收通过后，采购人自收到投标人提出的书面付款申请、真实有效、合法等额的发票及相关支付凭证材料，达到付款条件起10日内，占支付合同总金额的60%
5		验收、交付标准和方法	根据技术参数与性能指标及投标人投标文件中对应响应文件逐一进行验收
6	★	质量保修范围和保修期	1. 三电系统终身保修，整车保修期6年或15万公里。（说明：投标人在投标文件中响应） 2. 售后服务响应时间：一般故障到达现场时间不超过48小时。紧急故障到达现场时间不超过24小时（说明：投标人在投标文件中响应） 3. 投标人应安排专人负责与采购人联系售后服务事宜。（说明：投标人在投标文件中响应）
7	★	违约责任与解决争议的方法	一、违约责任 1. 双方必须遵守本合同并执行合同中的各项规定，保证本合同的正常履行。合同双方当事人中的任何一方因未履行合同约定或违反国家法律、法规及有关政策规定，因此，受到的罚款或给对方造成的经济损失由责任方负责赔偿 2. 投标人未按照本合同约定交付或存在质量问题的，每出现一次违约，投标人须向采购人支付本合同总价5%的违约金，并按照采购人、监理单位（如有）要求限期整改。违约3次（含本数）以上的，采购人有权无条件解除本合同，并要求投标人退还已支付的合同款项及赔偿相应损失

序号	符号标识	商务要求名称	商务要求内容
7	★	违约责任与解决争议的方法	3. 投标人违反保密义务的，采购人有权解除本合同并要求投标人赔偿本合同总价10%的违约金，且有权根据合同履行情况要求投标人退还采购人已支付的相应款项及利息，投标人及涉事人员还需承担相关的法律责任 4. 在合同签订后，若投标人存在违法违规行为的，采购人有权无条件解除本合同并根据合同履行情况要求投标人退还相应费用及利息 5. 投标人不得分包、转包，否则采购人有权立即终止合同，并要求投标人向采购人支付合同总价10%的违约金 6. 未经双方协商一致，投标人不得单方面变更、中止、解除或终止本合同，否则，投标人应承担合同总价10%的违约金，并赔偿由此给采购人造成的全部损失 7. 投标人违反本合同约定的，应当按照本合同约定支付违约金，并赔偿由此给采购人造成的全部损失，包括采购人因诉讼产生的律师费、诉讼费用、保全保险费、差旅费等费用 8. 以上所称"利息"按照中国人民银行授权全国银行间同业拆借中心公布的同期贷款市场报价利率（LPR）为标准，从采购人支付之日起计算 9. 采购人无正当理由不按约定向投标人支付合同款项，投标人有权要求采购人支付延期付款额部分的利息，由此造成的损失由采购人承担 10. 因一方违反本合同约定而产生纠纷的，违约方自愿承担守约方对外已支付或可能支付的赔偿金、违约金、罚款等一切费用，且包括因守约方向违约方及相关方主张权利或守约方对外解决纠纷而产生的交通费、误工费、律师费、诉讼费、保全担保费、保险费、差旅费、公告费、执行费等。守约方因此遭受的其他直接和间接损失，违约方也应当进行赔偿。（说明：投标人在投标文件中响应） 二、解决争议的方式 1. 本合同在履行过程中发生的争议，双方应当尽可能协商解决，经协商能够达成一致意见的，应达成书面协议。若协商仍未能达成一致意见的，双方应依法向采购人所在地有管辖权的人民法院提起诉讼，所有诉讼费用由败诉方承担

序号	符号标识	商务要求名称	商务要求内容
7	★	违约责任与解决争议的方法	2. 在法院审理期间，除有争议部分外，本合同其他可以履行的部分仍应按合同条款继续履行。（说明：投标人在投标文件中响应）
8	★	包装方式及运输	涉及的商品包装和快递包装，均应符合《商品包装政府采购需求标准（试行）》《快递包装政府采购需求标准（试行）》的要求，包装应适应于远距离运输、防潮、防震、防锈和防野蛮装卸，以确保货物安全无损运抵指定地点。（说明：投标人在投标文件中响应）

最后是其他要求。

★采购内容中的所有标的（详见报价要求），投标人必须在报价表中载明响应报价、产地、品牌、规格型号、制造商、单价。投标人投标产品的单价不得超过单价的最高限价。

★投标人为本项目提供的所有产品、辅材中属于《国家强制性产品认证目录》范围内产品的，均通过国家强制性产品认证并取得认证证书。（说明：投标人在投标文件中响应）

★投标人为本项目提供的所有产品、辅材符合现行的强制性国家相关标准、行业标准。（说明：投标人在投标文件中响应）

★涉及车辆上牌的由投标人协助采购人完成办理，并提供上牌所需要的全部资料。（说明：投标人在投标文件中响应）

★车辆所需车垫、车窗膜、充电线及插头由投标人提供，上述费用包含在投标报价中。（说明：投标人在投标文件中响应）

★投标人所投产品在工信部产品名称为"纯电动多用途乘用车"，所投产品车型须与工信部公告型号一致。（说明：投标人在投标文件中响应）

★本项目不接受投标人以联合体方式参加投标。（说明：投标人在投标文件中响应）

★投标人为本项目提供的所有投标产品均为非进口产品。（说明：投标人在投标文件中响应）

★投标人针对本项目制定售后服务方案，方案内容至少包含：①质量保证措施；②现场服务支持能力；③维修服务的零配件供应、技术支持。

投标人针对本项目制定应急方案，方案内容至少包含：①应急服务流程；②救援服务措施；③汽车救援步骤和方法；④应急救援网点及救援车辆分布情况。

投标人针对本项目制定车辆使用培训方案，方案内容至少包含：①培训计划及课程；②培训方式。

★投标人在 2021 年 1 月 1 日（含 1 日）以后应具有新能源车辆销售业绩。

（三）供应商竞标的优劣势分析

1. 优劣势分析的一般方法

供应商在对照采购需求进行自身竞标的优劣势分析时，可以遵循以下步骤。

（1）详细阅读采购文件。仔细阅读采购需求文档，理解所有技术规格、性能指标、交付时间表、预算限制和合同条款。

（2）进行自我评估。诚实地评估自身在满足采购需求方面的能力，包括技术能力、生产能力、项目管理、供应链管理等。

（3）识别自身优势和劣势。确定自身在哪些方面能够超越采购需求，例如，技术领先、成本效益、快速交付、高质量标准等。强调任何独特的卖点或差异化因素，比如，专利技术、定制服务、优秀的客户评价等。识别可能影响竞标成功的潜在弱点，比如，成本较高、技术不足、交付时间较长等。考虑如何通过合作伙伴关系、技术升级或流程改进来弥补这些劣势。

（4）进行市场调研。了解竞争对手的优势和劣势，分析市场趋势和客户需求，确定自身在市场中的定位。

（5）全面评估风险。识别参与竞标可能面临的风险，包括财务风险、操作风险、市场风险等，并制定相应的风险缓解策略。

（6）进行成本分析。进行详细的成本分析，确保报价具有竞争力，同时保证利润空间。

（7）执行合规性检查。确保自身完全符合采购需求中的所有合规性要求，包括资质认证、行业标准和法规遵循。

2. *优劣势分析的常用模型——SWOT分析方法*

SWOT是一种常用的战略分析工具，用于评估一个组织、项目或个人的优势、劣势、机会和威胁，从而制订准确清晰的战略计划，以期实现一定的目的。SWOT分别代表四个维度：Strengths（优势）、Weaknesses（劣势）、Opportunities（机会）、Threats（威胁）。

（1）Strengths（优势）：组织或个人内部具有的有利条件和优势因素。这些优势可以是技能、资源、技术、品牌声誉等，有助于组织或个人在竞争中脱颖而出。在政府采购中，评估供应商在技术、经验、产品质量、服务、成本控制、交货能力，考虑供应商的品牌声誉、客户关系、市场地位等方面相对于竞争对手的优势。

（2）Weaknesses（劣势）：组织或个人内部存在的不利条件和劣势因素。这些劣势可能包括缺乏某种技能、资源不足、低效的流程等，可能影响组织或个人的竞争力。在政府采购中，识别可能影响供应商在政府采购中竞争力的内部因素，比如，成本结构、技术限制、资源不足、管理缺陷等不足之处。

（3）Opportunities（机会）：外部环境中有利于组织或个人发展的因素。这些机会可能来自市场、技术、政策变化等，可以被利用来推动组织或个人的增长和成功。在政府采购中，可以通过研究市场和政策环境，识别可能的增长机会，比如，新的政府采购项目、政策变化、市场需求增长等，充分考虑行业趋势、技术进步或合作伙伴关系可能带来的新机遇。

（4）Threats（威胁）：外部环境中对组织或个人可能造成负面影响的因素。这些威胁可能包括竞争对手的进入、市场变化、经济不稳定等，可能会对组织或个人的发展构成风险。评估外部环境中可能对供应商构成威胁的因素，比如，竞争对手的策略、市场需求减少、政策变动、经济波动等，同时，需要关注可能影响政府采购成功的外部风险，比如，法规变化或预算削减。

📢 **专栏 3－17**

案例　政府采购项目信息获取与分析

——武汉市某公司在高校计算机采购项目中的决策

一、供应商简介

湖北省武汉市某公司（以下简称该公司）成立于 2000 年，总部位于武汉市。该公司经营范围广泛涵盖计算机硬件与软件销售、网络技术开发、安防监控系统集成等多个领域，是一家中小型科技企业，拥有多项专利成果，作为 A 级纳税人，该公司财务稳健，公司运营状况良好。曾在 2024 年上半年多次在政府采购竞争中标。

现以该公司为案例，讨论政府采购信息的获取与分析问题。

二、通过国家战略看商机

该公司通过人民网、中国政府网、湖北省政府官网，整合了党的二十大会议精神、国务院和湖北省政府的 2024 年政府工作报告，并着重关注科教兴国战略、高质量发展和科技创新的重要内容，以及对教育、科技、人才培养的系统部署和要求，以下为该公司了解的背景内容。

党的二十大会议精神强调实施科教兴国战略，加强现代化建设的人才支撑。教育、科技、人才是社会主义现代化的基础和战略支撑。科技作为第一生产力，人才作为第一资源，创新作为第一动力，深入实施科教兴国战略、人才强国战略和创新驱动发展战略，开辟新的发展领域和竞争优势。教育优先发展、科技自立自强、人才引领驱动，加快建设教育强国、科技强国、人才强国，全面提升人才培养质量，聚焦培养拔尖创新人才，汇聚全球英才为我所用。

国务院在 2024 年政府工作报告中进一步强调，要深入实施科教兴国战略，作为高质量发展的基础支撑。教育强国、科技强国、人才强国建设要统筹推进，形成创新、产业、资金和人才的一体化发展格局。加强高质量教育体系建设，全面贯彻党的教育方针，推进思想政治教育一体化，优化教育资源配置，促进教育公平和学前教育普惠。在科技创新方面，要加强自主创新能力，集成创新资源，推动关键技术攻关和产业化应用，完善科技评价和资金管理机制。在人才培养上，要建设世界级人才中心，培养更多高水平科技领军人才和创新团队，优化人才评价体系，推动人才国际交流合作。

湖北省政府在2024年两会上也明确了深入实施科教兴国战略，强化科技创新支撑的决心。作为全国重要的科技创新中心，特别是在武汉，要建设综合性国家科学中心，集聚全球创新资源，推动核心技术突破和产业化转化。加强基础研究和高端技术攻关，优化科创生态环境，深化政产学研金服用协同机制，推动科技成果应用，促进经济高质量发展。

根据科教兴国的战略背景，该公司发现武汉市的教育单位对于高科技货物和服务的需求旺盛，结合此商机，该公司认为参与此类政府采购竞争投标，不仅可以响应国家政策，还可以充分发挥自身科技优势，带来一定经济利益，于是该公司考虑参与武汉工程大学和武汉纺织大学的政府采购项目。

三、通过部门、单位预算看收益

该公司准备参与竞标武汉工程大学和武汉纺织大学的政府采购项目。该公司首先从预算入手，在湖北省财政部官网、武汉市财政局官网、武汉工程大学和武汉纺织大学财务处官网，下载其2024年的部门预算和单位预算。该公司发现，无论是财政部门还是高校单位，在教育和科技领域的支出都是预算极为重要的部分。

湖北省财政部2024年部门预算重点支出政策和支出安排着重于推动教育科技人才事业，力求打造全国科技创新高地。首先，计划投入148亿元加强教育保障，优化资源配置，提升基础教育运转和薄弱环节改善能力；另外，15亿元将用于扩容提质职业教育和推进高职"双高"建设，34亿元支持省属高校"双一流"建设。其次，拨款46亿元用于科技自立自强，包括加强创新平台建设和核心技术攻关，重点支持武汉建设全国科技创新中心，以及鼓励企业增加研发投入。最后，实施人才强省战略，涵盖人才培养经费统筹使用、博士后计划经费扩增至 2 亿元，以及 1.8 亿元资助"三支一扶"计划，旨在引导高校毕业生服务基层。这些政策和安排旨在深化财政科技经费分配改革，加速科技成果转化，激发全省创新发展活力。

武汉工程大学 2024 年预算支出为 128946 万元，比上年增加 13.8%。其中，教育支出 116209.98 万元，比上年增加 15.5%。武汉纺织大学 2024 年预算支出为 107823 万元，比上年增加 12295 万元，增幅为 12.9%。其中，教育支出为 95102 万元，比上年增加 12190 万元，增幅为 14.7%。

财政部门和高校在扩大教育规模与提升教育质量方面的努力意味着教育及科技相关的政府采购项目具有较大发展前景，以及更多的教育资源和需求，可能会增加对技术支持和服务的需求。如果该公司中标此类政府采购项目，有利于促进其科技成果转化，从而获得相应的收益。

四、通过采购项目信息看细节

2024 年 4 月中旬，该公司在政府采购网的"政府采购意向公开查询"板块，查询武汉工程大学相关意向公开，发现一则"武汉工程大学计算机科学及物联网工程学科平台建设设备采购意向公开"。

其中，预计采购时间为 2024 年 5 月。预算金额为 54.72 万元（人民币）。采购内容及数量为台式计算机、深度学习台式计算机、深度学习服务器、高性能计算机、移动工作站、深度学习服务器（核心产品）、桌面式 NAS 网络存储服务器、笔记本、打印机、移动工作站各若干。主要功能或目标为建设高性能计算与深度学习平台，提升教学和科研能力，支持复杂科研项目，加速科研成果产出，优化实验室资源配置，满足教学、科研和实验室需求，采购设备需满足高性能计算和深度学习的要求，包括但不限于：台式计算机需满足日常办公、教学、实验室基础数据处理等需求；深度学习台式计算机需配置高性能 GPU，支持深度学习模型的开发与训练；深度学习服务器需具备高性能并行计算和大规模数据处理能力，支持多个用户同时访问和使用；高性能计算机需用于复杂计算任务和大数据分析；移动工作站需适用于移动办公或外出调研；桌面式 NAS 网络存储服务器需提供可靠的数据存储和管理解决方案。详细需求以采购文件为准。

该公司对此意向公开公告进行分析，认为其与自身业务较为符合。为了进一步了解该单位采购的以往经验，该公司在政府采购网上搜索武汉工程大学曾经类似的相关采购项目，发现 2024 年 4 月 24 日有一则"武汉工程大学电气信息学院学科建设及实验室建设设备采购项目（二次）成交结果公告"。其采购需求类似，也是电化学工作站、高性能计算机、电脑台式机、台式计算机、笔记本电脑等较为高端的电子科技产品，预算金额类似，为 43.2677 万元（人民币），选取的方式是询价采购。

该公司发现，该项采购的中标者为中仪睿晟（武汉）科技有限公司，这个公司的经营范围与自己类似，大概包括：软件开发、技术服务、技术咨询、批发兼零售；实验室仪器设备、环保设备、教学设备研发、设计、技术服务、批发兼零售；机电产品研发、批发兼零售；自动化系统集成；网络工程设计；通信设备、计算机配件、实验室耗材、化工产品（不含危化品）、办公用品、家具的批发兼零售；数据处理；信息系统集成；货物进出口、技术进出口、代理进出口。其报价为 42.418 万元。这让该公司明白，询价采购未必要报价极低，要权衡单位预算和自身成本作出报价。有了此先例，该公司对 2024 年 5 月参与投标充满了信心。

2024 年 5 月 20 日，该公司在政府采购网上搜索到"武汉工程大学计算机科学及物联网工程学科平台建设设备采购询价公告"。首先，该公司去了解了一些关于询价采购的专业知识。询价采购是非招标采购方式的一种，指的是询价小组向符合资格条件的供应商发出采购货物询价通知书，要求供应商一次性报出不得更改的价格，采购人从询价小组提出的成交候选人中确定成交供应商的采购方式。询价采购的特点有三个：一是邀请报价的数量至少三个；二是只允许供应商提供一个报价；三是评审结果为最低报价的供应商。询价采购的流程分为成立询价小组、确定被询价的供应商名单、询价、确定成交供应商。其中，该公司是通过武汉工程大学发布询价公告的方式来参与竞争的，会有 2 家以上的供应商与自己竞争，该公司只能一次性报出价格，不得更改，武汉工程大学会根据询价小组的评审报告来决定该公司是否能够最终成交。

其次，该公司了解到该项目名称为"武汉工程大学计算机科学及物联网工程学科平台建设设备采购"，采购需求是若干台式计算机、深度学习台式计算机、深度学习服务器、高性能计算机、移动工作站、台式计算机、深度学习服务器、桌面式 nas 网络存储服务器、笔记本、打印机、高性能计算机、移动工作站，该项目的关键需求包括高性能计算设备、网络设备、安全监控系统等，以支持学科实验和研究。采购方式是询价采购，预算金额是 54.72 万元，同时设定最高限价为 54.72 万元，注意要在网络获取采购文件，并于 2024 年 5 月 29 日 14：30（北京时间）前提交响应文件，要求签订合同后 30 天内完成设备交付及安装，且不接受联合体投标。

专栏 3-18

武汉工程大学计算机科学及物联网工程学科
平台建设设备采购询价公告

2024 年 5 月 20 日 16：16　来源：中国政府采购网

项目概况：武汉工程大学计算机科学及物联网工程学科平台建设设备采购采购项目的潜在供应商应在网络获取采购文件，并于 2024 年 5 月 29 日 14：30（北京时间）前提交响应文件。

一、项目基本情况

项目编号：FLZX-HW20240514-01

项目名称：武汉工程大学计算机科学及物联网工程学科平台建设设备采购

采购方式：询价

预算金额：54.72 万元（人民币）

最高限价（如有）：54.72 万元（人民币）

采购需求：具体采购内容详见询价文件及参见表 3-15

表 3 – 15　　　　　　　　　　设备明细

序号	名称	数量	单位	是否接受进口产品	单价最高限价（万元）	预算金额/最高限价（万元）
1	台式计算机	4	台	否	0.6	2.4
2	深度学习台式计算机	6	台	否	0.6	3.6
3	深度学习服务器	1	台	否	6.5	6.5
4	高性能计算机	1	台	否	11.0	11.0
5	移动工作站	1	台	否	3.1	3.1
6	台式计算机	4	台	否	0.6	2.4
7	深度学习服务器（核心产品）	1	台	否	12.0	12.0
8	桌面式 nas 网络存储服务器	1	台	否	0.72	0.72
9	笔记本	1	台	否	1.2	1.2
10	打印机	1	台	否	0.1	0.1
11	高性能计算机	1	台	否	8.0	8.0
12	移动工作站	1	台	否	3.7	3.7

备注：供应商报价超过的单价最高限价/预算金额/最高限价均为无效报价

二、合同履行期限

要求签订合同后 30 天内完成设备交付（到采购人指定地点）及安装。

本项目（不接受）联合体投标。

三、申请人的资格要求

1. 满足《中华人民共和国政府采购法》第二十二条规定。

2. 落实政府采购政策需满足的资格要求。

3. 本项目的特定资格要求：如国家法律法规对市场准入有要求的还应符合相关规定。

四、获取采购文件

时　　间：2024 年 5 月 21 日至 2024 年 5 月 23 日，每天 9：00 至 12：00，14：00 至 17：00。（北京时间，法定节假日除外）

地　　点：网络

方　　　式：网络获取，符合条件的供应商请在采购文件获取时间内请将如下证明材料（加盖公章的扫描件）发送至邮箱 hbflzx@sina.cn，经联系人（027-87261518）审核通过后方可获取询价文件电子版，逾期不予受理。（1）法人或其他组织的营业执照或自然人身份证明；（2）法定代表人身份证明书（法定代表人报名时提供）、法定代表人授权委托书及被授权人身份证明文件（授权代表报名时提供）；（3）文件获取登记表。

售　　　价：300 元（人民币）

五、响应文件提交

截止时间：2024 年 5 月 29 日 14：30（北京时间）

地　　　点：武汉市武昌区民主路 782 号（洪广大酒店）A 座 22 楼 2211 室湖北飞浪咨询服务有限公司开标室

六、开启

时　　　间：2024 年 5 月 29 日 14：30（北京时间）

地　　　点：武汉市武昌区民主路 782 号（洪广大酒店）A 座 22 楼 2211 室湖北飞浪咨询服务有限公司开标室

七、公告期限

自本公告发布之日起 3 个工作日。

八、其他补充事宜

1. 本项目需落实的节能环保、中小微型企业扶持（含支持监狱企业发展、促进残疾人就业）等相关政策详见询价文件。

2. 公示媒体：本项目将在"中国政府采购网（http://www.ccgp.gov.cn/）""武汉工程大学招标采购处官网（http://zbcg.wit.edu.cn/）"上发布所有信息，请参加本项目供应商密切关注。

3. 银行账户信息。

（1）支付宝转账：13100716500（支付宝账号）

（2）对公转账：

开户名称：湖北飞浪咨询服务有限公司

开户行：汉口银行虎泉支行

账　　号：005031000091686

九、凡对本次采购提出询问，请按以下方式联系

1. 采购人信息。

名　　称：武汉工程大学

地　　址：武汉市东湖新技术开发区光谷一路 206 号

联系方式：王老师/027 – 81624665

2. 采购代理机构信息。

名　　称：湖北飞浪咨询服务有限公司

地　　址：武汉市武昌区民主路 782 号 （洪广大酒店） A 座 22 层 2211 室

联系方式：陈淬、谭艳、郭伟，027 – 87261518 （转分机号 806）/hb-flzx@ sina. cn

3. 项目联系方式。

项目联系人：郭伟

电　　话：027 – 87261518 （转分机号 806）

五、分析信息——优劣势分析法

该公司经过自我分析与对比分析，认为在此次竞标中，自身有以下优势。

首先，由于公司拥有多项专利技术，能够为该采购项目提供创新性解决方案，加之该公司在高校计算机软硬件及网络技术领域具有丰富的开发和实施经验，能够提供符合项目需求的高性能设备。而且公司具备完善的售后服务体系和技术支持能力，能够确保设备在日后教学使用中的稳定性和持续性。

其次，该公司的财务状况稳健，具备充足的资金支持项目执行。作为 A 级纳税人，该公司在经营管理上表现出色，具备良好的信誉和政府关系。

最后，公司位于武汉市，与武汉工程大学地理位置接近，方便项目实

施和后续维护。且该公司与当地高校和科研机构有多次合作经验，具备良好的沟通和协作能力。

同时，自身存在以下劣势。

第一，企业规模较小。作为中小型企业，该公司在资源调配和大规模项目管理上可能存在一定的局限性。意味着面对大型科技企业的竞争，该公司在品牌影响力和市场份额上相对较弱。

第二，项目对设备的技术性能和服务质量要求较高，该公司需要确保能够满足这些高标准需求。此项目涉及多种高精尖设备的集成和应用，对该公司项目管理和技术团队的要求较高，实施难度较大。

"武汉纺织大学工频 UPS 系统"项目分析方法类似。

六、最终决策

该公司结合自身经营范围、成本利润、提供期限、技术水平、政府信誉，认为此项目值得竞标，于是联系采购代理机构，购买了采购文件，根据采购文件中具体的技术和商务条件，在规定时间之内撰写并按时提交了响应文件。经过询价小组评审，认为该公司符合此项目的资格条件，且 54.235 万元为全场最低价，所以，经武汉工程大学和采购代理机构同意，确定该公司为最终成交者，并签订了采购合同。

"武汉纺织大学工频 UPS 系统"决策结果类似，采购项目最终以 7.5 万元的价格成交，武汉纺织大学与该公司也签订了采购合同。

第四章　供应商中标筹划与实施计划

第一节　供应商中标筹划

一、中标筹划的组织形式

中标筹划的组织形式，是指供应商在谋取中标实施过程中，为了有效管理和协调，设立组织结构，安排组成人员，设定人员职责的表现形式。供应商进行中标筹划，应当对单位经营、竞标组织运行、合同履行各环节采取适当的组织形式。本部分主要介绍前两者的组织形式。

（一）纵横式组织形式

按照供应商组织内部人员关系管理方式的不同，可以分为纵横两个维度：直线式结构和职能式结构；两者结合，又可以衍生出直线职能式结构和矩阵式结构等组织形式。

1. 直线式结构组织形式

在直线式结构中，权力和责任沿着明确的垂直链条，从高层管理者到基层员工逐级传递。每个员工只接受来自上级或者唯一上级的指令，每级管理者接收来自下级的信息反馈，整个组织的指挥系统呈现出简单、直接的纵向关系。

直线式结构的特点是权力较为集中、单一链条指挥，实施垂直管理，职责划分简单明确，管理难度小。其优点非常突出：（1）信息传递速度快、决策迅速；（2）即便出现责任，归责也较为明确，不易推诿扯皮。但其缺点也较为明显：（1）由于实行单一链条指挥制，直线式结构的灵活性较差；（2）除决策者外，其他人员的自主权小；（3）而管理层级越高，需要处理的信息越多，导致管理负担过重；（4）直线式两端的人员，存在较为严重的信息不对称，沟通效果往往不佳。

直线式结构往往适用于小微供应商，或者竞标组织这样人数较少的临时性机构。小微供应商或者竞标组织业务相对简单，管理者需且仅需直接控制所有人员，沟通和决策的效率是关键因素。对于大中型供应商，或者小微供应商上升势头较快、力图提前规范管理的，可以根据实际情况，选择其他组织形式。

2. 职能式结构组织形式

职能式结构要求按照供应商的生产、投标（市场）、售后以及辅助等主要职能进行划分，各职能设立部门或者专门人员负责管理。由于职能式结构根据业务进行平行分类，形成了多个职能部门，从高层管理者到基层员工的传递不再是单一路线。

职能式结构的优点是：（1）通过清晰的职责划分，使得各个部门及相应人员都有清晰的专业职责；（2）专业化程度高，相关部门和人员的资源优化配置合理，利于实现精细化管理；（3）效率高、专业性强。其缺点则是：（1）跨部门协调困难，不及直线式结构中单一上下级命令式便利；（2）由于平行部门的存在，导致部门间可能存在冲突，决策效率较低；（3）出现责任后，难以快速准确界定责任，导致问责机制较为复杂。

对于业务较为复杂的中小型供应商，职能式结构有助于实施专业化管理。但对于规模较大的组织，单一使用直线式结构或者职能式结构，均难以符合实际要求，可以考虑更为复杂的组织形式。

3. 直线职能式结构组织形式

直线职能式结构综合了直线式结构和职能式结构的优点，既有明确的纵向垂直指挥链，又通过横向设立专门的职能部门为直线管理者提供咨询与管理支撑。

直线职能式结构引入了双重结构，因而既能保持直线式结构中清晰的上下级关系，又能发挥职能部门的专业性作用。其优点主要是：（1）职能部门之间分工明确，避免了直线中间环节综合管理上的混乱；（2）职能部门专业化强，能够提供专业建议和技术支持，保证领导者对复杂的技术或专业问题决策的科学性和合理性；（3）保留了领导者决策效率高的优点，提高了组织运作的速度和效率。该组织形式也存在一定的缺点：（1）直线与职能交织在一起，将给纵向的直线管理者与横向的职能部门之间造成沟通成本；（2）在跨部门协作时有可能造成权利冲突，导致协调难度增加，进而影响执行的协调性和效率。

直线职能式结构通常适用于需要平衡管理效率和专业分工的大中型供应商。

4. 矩阵式结构组织形式

矩阵式结构与直线职能式结构有相似之处，但并非将直线、职能两种组织形式简单组合，而是将项目式结构与职能式结构相融合。矩阵制结构的特点是多重指挥链而非直线职能式结构中的单一指挥链，工作人员不仅要向项目或产品经理报告，还需要向部门的管理者汇报，每位人员都处在矩阵的一个节点上。项目式结构的相关内容详见下文。

矩阵式结构的优点有：（1）资源优化。通过矩阵制，企业可以灵活、高效地分配资源，避免人员和设备的重复配置，提升利用率。（2）保证专业分工。项目团队可以借助职能部门的专业支持，确保在执行项目时得到技术和技能支持。（3）能够适应复杂环境。矩阵结构能够快速响应市场变化，适合多任务、多项目并行的复杂工作环境。其主要缺点有：（1）相较于直线职能式结构，矩阵式结构的指挥链更为复杂，可能出现指令冲突，导致无法执行。（2）职能部门和项目组织之间由于平级或者虽为上下级但相对独立，导致资源分配冲突，影响项目进展。（3）多重指挥链进一步增加了沟通的难度和成本，需要良好的协作和沟通机制来确保信息传递的效率。

矩阵式结构适合需要同时处理多个项目的大型、超大型供应商，例如，同一时期跨越不同行业、地区参加多个政府采购活动的供应商。

（二）面向核心业务的组织形式

供应商的核心业务围绕着合同的订立和合同的履行，管理组织形式也可以在前述组织形式的基础上，采取项目型组织形式或者事业部制组织形式。

1. 项目式结构组织形式

项目式结构组织形式以项目为核心，设置相应组织机构进行管理和运营。供应商围绕特定的项目或任务组建竞标团队，各类人员配备较为齐全，不存在部门隔离。技术、经济、管理、法务等人员根据项目需求灵活调配，项目经理为负责人，在项目全生命周期内对项目全面负责。

项目式结构的主要优点有：（1）高度专注性。项目式组织如竞标组织能够专注于具体的投标任务和目标，保证项目完成的效率和质量。（2）灵活快速响应性。项目式结构人少而精，可以根据采购人需求快速组建、调整团队并执行项目。（3）组织权责明确。例如，竞标组织内部人员向项目经理负责，项目经理对整个项目负责，权力集中，决策迅速。

项目式结构的主要缺点有：（1）资源配置有一定重复。每个竞标团队均需要配备独立的人员、资源等，资源利用效率差、成本高。（2）项目具有临时性，竞标组织往往生命周期短，即便是政府投资工程中的施工单位项目经理部，也仅有数月或者数年不等，施工期间或有人员频繁流动，竣工交付后即告解散，影响长期发展和稳定性，使得项目团队经验和默契配合难以传承。（3）协作难度大。在供应商单位资源有限，但多个项目组织并行的情况下，资源的分配与协调较为困难。

项目式机构组织形式适合以项目为中心的供应商，尤其是以短期、任务、一次性任务的供应商。

2. 事业部式结构组织形式

大型供应商往往在多个项目部之上，根据不同的产品线、市场或地域设置若干事业部，每个事业部负责自己权限内的全面筹划和运营。此类事业部的规模已经类似中小供应商，突出特点是财务在内部独立核算，但仍是内设机构，不具有独立法人资格。

事业部式结构的主要优点有：（1）紧紧以市场为导向。事业部可以更好地关注特定市场、产品或客户群体，提高市场响应能力。（2）权利义务责任高度明确。半独立的财务核算，使得事业部经理享有较大事权，并依据权力清晰匹配相应义务、责任。（3）事业部转型快。不像供应商单位那样受到诸多限制，每个事业部可以根据所在市场或产品线的特点，制定和执行相应的策略，快速适应市场变化。（4）有效分散风险。由于事业部之间相对独立，某个事业部出现问题时，对其他事业部或者供应商不至于造成重大影响。

事业部式结构的主要缺点有：（1）事业部权力较大，供应商对其整体控制力弱化。（2）资源配置重复。每个事业部相当于一个中小型供应商，都配备了职能部门或者人员，导致各项资源难免重复建设。（3）各事业部的独立性使得单位内部信息出现不对称，同时跟踪项目、恶意竞争的情形并不鲜见。（4）事业部之间的利益矛盾冲突加剧，协调将更为困难。

事业部式结构组织形式主要适用于业务多元化、规模超大的供应商，尤其是拥有多个产品线、市场领域或者区域的供应商。

（三）其他组织形式

随着网络信息技术的发展，传统的组织形式也呈现出网络化等特点。网络式结构组织形式以网络信息技术为基础，通过建立内部部门、团队之间的网络关系来管理和运营。

网络式结构组织形式的优点非常突出，适应信息化发展的要求：（1）去中心化。在该组织形式中，组织围绕信息流构建，不分专业技术还是管理人员，不分高级别领导还是具体承办人员，均直接面向信息，不再过分强调传统的等级结构，每个成员在网络中承担不同任务和职责。（2）工作时间和办公场所高度灵活，无论是否在本地还是外地，无论是在单位还是路上，无论是上班期间还是下班期间，均能够迅速应对采购人的需求。（3）网络资源尤其是可以共享的信息资源，通过网络技术实现信息的快速共享、沟通和较低成本迭代，避免重复建设或者配置。（4）信息加密和存档技术的安全性和便捷性。通过信息技术（如互联网、云计算等）事实上比线下存档备份更为安全、便捷。

网络式结构组织形式也存在一些缺点：（1）新型信息化工具层出不穷，对年龄较大的员工不太友好。（2）占用各级技术、管理人员时间空间过多，导致管理进一步复杂性。（3）网络资源过多时，信息的真实性、及时性和有效性将会受到损害。

网络式结构组织形式适用于复杂多变行业领域的供应商，以及跨地域运行的供应商，例如，科技通信类运营商。

此外，依托信息技术，通过网络和电子通信手段，整合外部资源、团队和合作伙伴进行筹划，还可能采取虚拟型结构组织形式。这类形式不以独立法人为依托，通常用于短期合作或不需要实际组织实体的项目，例如，采取联合体投标方式的供应商之间的临时性团队。

二、中标筹划的资源分析

供应商进行中标筹划时，需要对投标或者响应过程中所需资源进行全面评估和合理配置，以确保在竞争中取得优势并成功中标。资源分析通常包括人力资源、财务资源、技术资源和信息资源等方面。

（一）人力、财务资源分析

通过深入的人力、财务资源分析，可以帮助供应商了解其能够取得竞争优势并中标的人员专业能力和财务支持可能性。

1. 人力资源分析

供应商人力资源分析，是对供应商人员配备、专业技能、管理能力等方面进行全面评估的过程。

（1）人员配备。评估供应商的员工总数、各个部门的人力资源乃至竞标组织的配置，确保其有足够的人力来支持项目需求。识别项目所需的关键岗位（如项目经理、技术专家、质量控制人员等），并评估供应商在这些岗位上的人员配置和职责设定。

（2）技能、资格与认证。分析供应商员工的专业技能水平，确保其具备完成项目所需的技术能力。以竞标组织为例，检查组织人员是否持有与履行政府采购合同相关的行业资格与认证，以及参加政府采购活动所需具备的体现采购从业能力的相关证书。

（3）管理能力。评估供应商的管理层背景与经验，包括企业管理能力、项目管理能力，决策能力和执行能力，组织、控制与协调能力等。分析供应商以及竞标组织等的组织结构是否合理，是否能够确保其管理流程高效，是否能够支持参加政府采购活动和履行政府采购合同的顺利执行。特别是竞标组织的团队分工合作情况，包括价值观、团队氛围、沟通风格等。

2. 财务资源分析

供应商应当对本单位的财务状况、资金管理能力、财务管理流程等进行全面评估，以确保符合招标或者采购文件的实质要求，以及中标后有能力履行合同。

（1）财务健康状况。供应商应当审查资产负债表、利润表和现金流量表等主要财务文件，了解投标基准日以及合同履行期限内的自身财务状况。重点是单位的资金流动性和负债水平，结合政府采购合同的付款安排，是否足以支撑中标后的合同顺利履行。

（2）资金融通能力。供应商对本单位的银行贷款等债权融资、股东或者其他出资人股权融资等情况安排的评估。供应商在近期和可能中标的政府采购合同履行期内，对有较大到期债务等情形有无合理安排。

（3）财务管理制度是否具有系统性风险。供应商的预算管理、成本控制和财务风险管理等财务管理制度、流程应当合法，避免给财务管理造成重大影响或者隐患。

（二）技术、信息资源分析

对于供应商技术资源分析，供应商进行中标策划时，应当已通过其近期、中长期中标能力建设对自身技术能力、设备状况、研发能力和售后保障等方面进行了建设或者提出了要求。供应商应当根据具体政府采购项目的特点和实际需要，将自身技术资源等的优势结合具体招标或者采购文件予以发挥，对于不足之处，尽力避免或者采取改进措施。

（1）技术能力评估。供应商可以列出本单位拥有的核心技术及其应用领域，评估这些技术在市场和政府采购项目中的竞争力；分析团队成员的技术水平和专业技能对参加政府采购项目适应性，确保其可以作为亮点与市场需求和政府采购项目的要求相匹配。

（2）设备与设施状况。供应商应当对中标后履行合同所需的设备设施编制清单，评估其生产和运行能力。分析设备的维护记录和使用效率，确保设备设施处于良好工作状态，能够满足生产或者服务需求。

（3）研发能力。政府采购项目对研发能力有需求的，供应商应当评估研发团队的规模、专业背景和经验，确保其能够进行有效的技术开发和创新。总结过去的研发项目和成果，确保公司在创新能力和成功经验方面具有传承性。对于合作创新采购等项目，供应商还应当分析其在研发方面的资金和资源投入。

（4）售后保障。供应商应当评估现有技术支持团队的人员构成和专业技能，确保能够对合同履行环节采购人提出的技术问题进行及时有效的反馈。在服务方面，分析现有售后服务流程，评估其响应速度和客户满意度，以改进采购人的用户体验。

（三）资源分析的方法步骤

供应商中标筹划的资源分析，应当采取适当的方法。该类方法旨在通过系统的资源分析，充分了解并利用内部优势，避免劣势，抓住中标机遇。常见的方法为SWOT分析，具体内容详见第三章第二节。

SWOT分析用于供应商资源分析的主要步骤有：（1）识别供应商自身的技术优势和市场竞争力；（2）找出供应商存在的技术不足和资源短缺；（3）分析采购人需求，识别潜在的技术发展方向；（4）评估外部环境的变化及其对技术资源的影响；（5）根据分析结果，制订本单位技术改进和提升计划，包括技术能力、技术研发方向等；（6）定期对技术资源进行自我评估和调整，确保适应市场变化和采购人需求。

三、中标筹划方案的编制

中标筹划方案的编制是其实施的前提。供应商可以在前述资源分析的基础上就中标筹划编制方案，中标筹划方案制定目标、策略，进行前期准备，突出已挖掘的本单位亮点、优势并最终体现在投标或者响应文件中，在投标后全程跟踪，及时调整方案、应对各种突发情况。

（一）中标筹划目标、前期准备与策略制定要求

1. 中标筹划目标与策略的制定

中标筹划的目标虽然直接表现为中标，但不能简单理解为仅仅是当期的"中标"目标，还应当理解为其中蕴含着在中标的前提下实现盈利或者保持经营的原则，兼顾提升品牌与市场地位、展示技术与能力、维护客户关系等长期目标的丰富内涵。

2. 中标筹划的前期准备

（1）招标信息分析。①供应商应当深入分析招标文件中的要求、评标标准、合同条款及技术参数，确保理解采购人的需求。②了解项目的背景、规模、实施地点以及可能的技术和管理挑战。

（2）内部资源评估。主要涉及人力、财务、技术等资源，具体内容详见第二章第一节。

3. 中标策略制定

（1）报价策略。供应商可以根据项目的性质、规模、预算和市场状况，在竞争力优劣势和本单位合理利润之间寻找平衡点。报价策略要统筹考虑成本与利润，最常见的定价方式为成本收益法，必要时也可以增加其他变化，例如，根据合同履行中可能发生的合同履行数量变更的可能性而采取不平衡报价等方法。例如，对于条件较好、竞争对手众多的招标项目，供应商可以报低价；对于难度很高、竞争对手较少的招标项目，供应商可以采取高价策略。

（2）技术方案策略。供应商不应泛泛地编制甚至抄袭技术规范等做法，

而应针对每一次投标或者响应针对性地编制技术方案。技术方案不能脱离招标项目的特点和采购人的具体需求。即便未能中标，一份好的技术方案也能展示供应商在该领域的技术能力，提升企业品牌形象，有助于供应商的中长期能力建设。

（3）竞争对手分析策略。供应商制定报价策略、技术方案策略也应当对竞争对手进行分析。供应商可以通过合法渠道尽量缩小竞争对手范围，并根据市场调查和历史数据等资料，分析主要竞争对手的技术实力、报价策略和过往的中标情况，找出其习惯，并采取针对性措施。供应商可以通过差异化优势（如技术、服务、交付能力或成功案例），将自己与竞争对手区分开来，并与报价统筹考虑，形成有利的竞争局面。

（4）客户关系策略。具体内容详见第二章第三节。

（5）资源整合与优化策略。具体内容详见本节第二部分。

（6）外部合作伙伴策略。常见的外部合作形式有横向的联合体投标或者纵向的总分包模式等。需要采取联合体或者总分包模式的，往往是强强联合或者弥补短板，因此，供应商应当选择实力较强、彼此信任的合作伙伴。

（7）风险管理策略。供应商应当尽可能收集招标项目信息，专项识别该项目特有的技术、财务、法律和运营等主要风险类型，通过专家法等科学方法确定各类主要风险的权重、概率。在准确评估其风险后，制定具体的风险应对措施，降低直至避免项目实施中发生损害的不确定性。

（二）亮点、优势确定与文件编制要求

1. 亮点、优势确定

供应商应当很好地利用本单位的亮点、优势，尽力体现在投标或者响应文件中，并与招标或者采购文件相契合。供应商本单位亮点、优势挖掘，可以围绕三大控制目标、内控和供应链管理能力以及社会责任与外部评价等展开，详见第二章第一节有关内容。

2. 投标或者采购文件编制管理要求

（1）投标或者响应文件结构完整性要求。以中标筹划方案中对投标文件的要求为例，应当要求的内容是：①包括商务文件、技术方案、投标报价以及招标文件要求的其他组成部分；②确保所有文件均符合招标要求，没有遗漏或错误，包括格式、语言和内容的正确性；③文件应当包含所有必要的法律、技术和财务材料，避免因不符合要求而失分。

（2）投标前评估与优化要求。①中标筹划方案应当要求在提交投标或者响应文件前，组织审核部门对投标或者响应文件进行审查，确保无误并符合招标要求。②要求对于有条件的重要招标项目，供应商可以按照评标标准，进行沙盘模拟评标，找出本单位可能的不足并加以改进；③根据审核和评估结果，采取针对性措施和优化调整，以提高投标或者响应文件的竞争力。

（三）投标或者响应后的跟踪要求

中标筹划方案应当对投标或者响应文件提交后的跟踪作出安排。

1. 投标或者响应文件的提交要求

中标筹划方案应当要求竞标组织在投标文件规定的截止时间前提交，避免因延误导致投标文件被拒收；要求根据招标或者采购文件的要求准备并提交纸质版或者电子版的相关文件，确保格式和内容与要求一致。

2. 后续跟踪要求

中标筹划方案应当要求在投标或者响应文件提交后，竞标组织对开标等环节进行跟踪。例如，在提交投标或者响应文件后，需要补充、修改或者撤回的，应当及时处理。电子开标时出现解锁问题的，应当及时与采购人或者采购代理机构沟通。根据评审委员会的要求，对投标或者响应文件进行必要的澄清、说明等。

3. 总结与改进要求

中标筹划方案应当要求就中标或者失败后安排总结与改进工作。若中标，竞标组织的成功经验是什么，是否仍然存在隐患。若未中标，失利的主要原因是什么，如何改进？有时，未中标的教训比中标经验对供应商的可持续发展意义更为重大，前述工作均应按照持续改进的管理要求展开。

第二节　供应商中标实施计划

中标筹划方案需要以具体的事实计划确保方案得以准确执行。制订较为详细的中标实施计划，可为精细化管理工作奠定基础。

一、中标实施计划的编制准备

（一）深入掌握政府采购项目概况与背景

与第三章获取政府采购项目信息不同，供应商在编制中标实施计划时，需要掌握的资料信息更为深入。以政府采购项目概况与背景为例，因其是决定供应商是否以及如何投标或者响应的关键内容，供应商应当尽可能做好信息收集，并对政府采购项目概况与背景作出准确描述。

供应商需要深入掌握的政府采购项目概况与背景主要内容包括：（1）政府采购项目概况。（2）政府采购项目具体特征。以政府投资工程为例，常见的具体特征有工程性质与用途、结构类型、建设规模、投资规模、建设周期、建设标准、财政预算情况等。（3）政府采购项目的采购人、采购代理机构情况分析。使用人与采购人不同的，例如，不同级次的预算单位，采取代建模式的政府投资项目等，还应当全面掌握使用人的相关信息和需求。（4）政府采购项目履行地点的人工、材料、机械设备等市场要素信息。

（二）组织方式、团队组建与工作协调管理模式

1. 组织方式与团队组建

供应商中标实施计划的组织方式与团队组建具体内容参见第六章第二节。

2. 确定投标工作协调管理方式

投标工作周期较短，与之匹配的常见协调管理方式主要包括：（1）组织协调方式，即以上级组织的命令、各相关组织的职责为依据，采取组织

间沟通的方法，解决分工与职责问题；（2）会议协调方式，即通过信息交流会、反馈会、培训会等多种会议形式组织各方、各级人员共同交流解决问题；（3）现场协调方式，即组织相关人员共同到现场，确定问题，分析原因，给出解决问题的方法措施。

（三）编制实施计划涉及的其他事项

政府采购项目有多个标包或者标段的，供应商应当充分考虑招标或者采购文件中的规则以及采购项目的实际情况，作出适当取舍。

以存在多个标包、标段的政府投资工程为例，供应商编制中标实施计划，重点考虑的内容包括：（1）拟投标或者响应的多个工程、货物或服务的数量、技术规格、参数和要求对供应商的吸引力和匹配性；（2）拟投标或者响应的工程、货物或服务在整个项目实施过程中的哪一阶段投入使用，彼此的顺序和关联如何；（3）招标或者采购文件中是否限制各标包、标段为兼投不兼中；（4）若获得多个政府采购合同授予的，供应商对各个政府采购合同履约中如何实施协调管理。

应当注意的是，若供应商能够获得采购人的项目管理组织计划，并将本单位的多标包、标段中标实施计划同步于采购人的前述计划，实施效果更佳。

二、中标实施计划的初步框架与资源确定

做好中标实施计划的编制准备工作后，应当确定实施计划的初步框架，并确定实施计划所需的各项资源。

（一）中标实施计划的初步框架

1. 制订中标实施计划的里程碑计划

里程碑计划，是对重要事件标注进度的简明而重要的方法。里程碑计划可用于表示从投标前期准备到项目中标全过程的预演大事记，每个里程碑都标志着一个重要任务。通过制订简单明了的里程碑计划，可以有效地管理投标或者响应的各个阶段，并为制订详细的中标实施计划提供带有时

间节点的关键步骤。

中标实施计划的里程碑计划例示如下。

（1）里程碑 1：招标信息获取（招标公告发布当天）；

（2）里程碑 2：招标文件初步分析与战略确定（里程碑 1 后 1—2 天）（具体任务……）；

（3）里程碑 3：投标团队确定与职责分配（里程碑 2 后 1 天）（具体任务……）；

（4）里程碑 4：技术方案初稿完成（招标文件获取后 7 天内）（具体任务……）；

（5）里程碑 5：项目执行计划与时间表制定（技术方案初稿完成后 3 天）（具体任务……）；

（6）里程碑 6：成本估算与报价方案初步完成（招标文件获取后 10 天内）（具体任务……）；

……

（X）里程碑 X：中标通知与合同签订（中标、成交通知书发出之日起 30 日内）（具体任务……）。

为了更加形象地表达，里程碑计划也可以用图表等形式编制。

2. 中标实施计划的工作分解

工作分解结构（work breakdown structure，WBS）是一种项目管理常见工具，用于将复杂项目分解，直至可以清晰识别并分配给具体人员或团队执行的具体任务。WBS 往往作为进度计划编制的前置工作。

某供应商参与投标项目时，可以将其进行工作分解，简示如下。

（1）先根据政府采购项目的特点和实际需要，将中标实施计划粗略分为项目启动、方案编制、成本估算与报价、投标文件编制与提交、投标后跟踪等阶段。

（2）继续对每一阶段实施工作分解。例如，将项目启动分解至第二级工作：①招标文件获取与分析；②竞标组织的组建与资源分配；③竞争对手与市场分析。

（3）继续对第二级工作实施工作分解。例如，将竞争对手与市场分析分解至第三级工作：①收集竞争对手信息；②分析竞争对手优劣势；③市场与行业总体趋势分析。

（4）重复以上工作，直至分解至按照通常认知或者供应商习惯的可落实到具体人员或者团队执行的具体任务。

3. 中标实施计划的责任分配矩阵

责任分配矩阵（RACI）是项目管理中一种常见工具，用于明确各个项目任务中团队成员的职责分配。R（Responsible）代表执行者，A（Accountable）代表负责人，C（Consulted）代表顾问，I（Informed）代表知情者。

以某供应商参与政府采购活动为例，RACI 矩阵示例参见表 4－1。

表 4－1　　　　　　　　　政府采购供应商 RACI 矩阵

任务	项目经理	技术专家	财务负责人	法务顾问	授权代理人	投标团队	高层管理
1. 招标文件获取与分析	A	C	I	I	R	I	I
2. 投标团队组建与职责分配	A	I	I	I	R	R	C
3. 技术方案制定	C	R	I	I	C	A	I
4. 项目实施计划制订	A	R	C	I	C	C	I
5. 成本估算与报价制定	A	C	R	I	C	I	I
6. 投标文件编制	A	R	C	C	C	I	I
7. 投标文件审核	R	I	I	C	I	A	I
8. 投标文件提交	A	I	I	I	R	I	I
9. 后续澄清与答疑	R	C	I	C	A	I	I
10. 评标结果跟进	R	I	I	I	A	I	C
11. 中标后的项目启动	A	R	I	C	C	C	I

（二）中标实施计划的资源确定

1. 竞标组织的人力资源计划

中标实施计划主要依靠竞标组织执行，由其他相关部门或者人员配合。

竞标组织的人力资源计划取决于其组织方式、工作协调管理模式，并与责任分配矩阵等密切相关。竞标组织的资源配备与调整的具体内容参见第六章第二节。

2. 投标或者响应工作费用估计与依据

（1）投标或者响应工作费用的估计。该费用估计是指预估完成投标或者响应工作所需资源（人力、时间、资金等）相当的费用。供应商应当重视投标或者响应费用的估计与安排，该费用是否充足，往往决定了投标或者响应工作的质量和效果。因该笔费用将通过中标价转移给采购人，故其对投标报价的确定进而对报价竞争力有一定影响，供应商应当严控费用支出。

（2）投标或者响应工作费用估计的主要依据包括：①单位管理模式；②工作分解结构（WBS）；③资源需求计划；④工作的难度和持续时间；⑤历史经验数据，包括以往投标或者响应费用的信息库等。

三、进度计划与保障措施

（一）实施工作关系的逻辑

工作的空间等实体内容的变化构成进度，工作之间的关系构成计划。确定工作之间的关系在供应商进度计划中至关重要，合理设定实施任务关系可以确保中标实施计划有序推进，并节约人力、时间、成本或者其他资源。根据项目管理基本理论和方法，进度计划中两项工作之间除完全没有关系外，通常可以视其依赖关系划分为三种形式。

1. 完成—开始关系（Finish-to-Start，FS）

在具有该依赖关系的两项任务中，只有一项任务完成后，另一项任务才能开始。一般可以理解为先后工作关系。例如，获得招标文件（任务 A）后，才能开始分析招标文件（任务 B）。

2. 开始—开始关系（Start-to-Start，SS）

在具有该依赖关系的两项任务中，只有一项任务开始时，另一项任务才能开始，两者可以同时进行。例如，竞标组织开始组建（任务 C）与职责分配（任务 D）中，任务 D 以任务 C 的开始为前提，但因竞标组织人员可以动态调整，因此，任务 D 可以与任务 C 同时开始。注意，该两项任务以依赖关系为前提，这与完全没有关系的、可以同时进行的两项工作的情形不同。

3. 完成—完成关系（Finish-to-Finish，FF）

在具有该依赖关系的两项任务中，只有一项任务完成后，另一项任务才能完成。例如，供应商与采购人就政府采购合同谈判（任务 E）与签订政府采购合同（任务 F），任务 F 须在任务 E 完成后完成。

（二）进度计划的编制

在 WBS 的基础上，对实施工作之间的关系予以确定，并对实施工作进行时间等资源估计后，供应商可以着手编制进度计划。WBS 分解的细致程度往往取决于供应商的管理风格，并直接影响进度计划的复杂程度。在实践中，出于效率考虑，可以仅简单选取中标实施计划中的常见工作进行绘制。

常见的进度计划编制方法有里程碑计划（Milestone Chart）、甘特图（Gantt Chart）、关键路径法（Critical Path Method，CPM）、计划评审技术（Program Evaluation and Review Technique，PERT）、前导图法（Precedence Diagramming Method，PDM）、线性责任图法（Linear Responsibility Chart，LRC）、动态进度计划（Rolling Wave Planning）等。

不同的进度计划编制方法适用于不同类型的项目。对于供应商中标实施计划这类简单项目或阶段性成果明确的项目，可以使用甘特图或里程碑计划等方法。里程碑计划在本节已有介绍，甘特图的具体绘制方法，详见本章专栏 4 - 1。

（三）保障措施

为了确保进度计划能够顺利执行，供应商应当采取一系列保障措施来减少延误和风险。常见的保障措施及相关要求参见表 4 - 2。

表 4 - 2　　　　　　　　　　　　中标实施计划保障措施

保障措施	具体行动	负责方	目标任务
定期进度跟踪	每天召开进度会议，更新任务状态，及时处理问题	项目经理	确保项目按计划执行
资源优化	根据任务优先级调整资源分配，确保关键任务资源优先	资源调度人员	避免资源瓶颈
关键路径监控	重点监控关键路径上的任务，确保无延误	竞标组织	保护项目总体进度
质量检查与反馈	每个任务完成后进行质量检查，反馈改进意见	质量控制人员	确保任务质量与进度同步
风险管理与应急预案	识别潜在风险，制订应急计划，如资源不足时快速调度备用资源	风险管理人员	减少项目风险
激励机制	对按时或提前完成任务的团队成员给予表彰或者奖励	人力资源部门	提升团队士气与效率

第三节　与相关活动的联动

一、企业战略规划

（一）中标筹划纳入供应商战略规划

合同履行的好坏主要涉及供应商发展问题，中标与否往往决定企业存亡问题。将中标筹划纳入供应商的战略规划是提升竞争力和市场响应能力的重要策略。

1. 中标筹划与战略规划的关系

供应商的中标筹划是针对供应商如何中标而进行的计划安排，应当纳入战略规划范畴。战略规划的含义显然更广。从涵盖内容看，除商事交易等内容外，战略规划还包括社会责任等内容。从交易对象看，除面向政府采购活动外，战略规划还包括与企业交易的内容。从交易方式看，除面向政府采购招标或者非招标采购方式外，战略规划还包括其他非法定或者法律不干预的交易方式。从交易阶段看，除合同订立阶段外，战略规划还包括前期阶段和合同履行阶段。

2. 中标筹划纳入战略规划的优势

（1）供应商在战略规划中预先考虑市场变化和客户需求，能够更快速地调整投标策略，提升市场适应能力。

（2）中标筹划纳入战略规划，使其与企业战略相结合，供应商能够获得更多支持把握市场机会，提高中标的可能性。

（3）将中标筹划纳入战略规划，在更高的层面上促进不同部门（如技术、管理、财务等部门）之间的协作，提升整体投标效率。

（4）有效的中标筹划能够帮助供应商合理配置资源，避免不必要的浪费，从而降低投标成本，提高利润空间，实现供应商战略规划。

（5）系统化的中标筹划可以帮助供应商识别和评估潜在风险，提前制定应对措施，降低投标和项目执行过程中的不确定性，有利于战略规划目标的实现。

3. 将中标筹划纳入战略规划的步骤

（1）预先考虑战略目标中关于中标筹划的可能子目标，例如，提高中标率、拓展新市场、提升品牌知名度等。

（2）外部环境分析与内部资源评估。在战略规划初期，进行全面的市场分析，包括行业趋势、政策变化、竞争对手动向等，为中标筹划提供背景支持。评估供应商在投标过程中的优势和劣势，了解自身的技术能力、经验、团队素质等，为制定中标筹划提供基础数据。

（3）确定中标筹划。根据战略规划的目标，制定具体的中标策略，包括目标市场选择、投标方案编制、定价策略和与采购人沟通策略等。

（4）行动计划与时间表。制订详细的中标筹划方案与中标实施计划，明确各项任务的责任人、时间节点和资源需求，确保中标筹划的实施可行。

（5）监控与反馈机制。建立中标筹划的监控与评估机制，定期检查中标进度和效果，收集反馈信息，分析成败原因，实施调整优化，进而视情况决定是否调整战略规划。

（二）中标筹划与战略规划冲突解决原则

中标筹划直接面向政府采购项目，属于解决供应商生存问题的近期利益。在实践中，中标筹划可能与代表着供应商中长期利益的战略规划相矛盾。相应的冲突解决原则主要包括以下内容。

1. 优先考虑战略目标原则

供应商的战略规划通常代表着其中长期方向、愿景和利益，因此，在面对中标筹划与战略规划的冲突时，应当遵循近期利益服从中长期利益的原则，优先考虑战略目标。若中标带来的利益只是一时的，即便利益较大，也与供应商的长期战略不符，很可能得不偿失。

但也要辩证看待两者的利益处理。在优先考虑长期战略的同时，也要平衡短期的实际需求和收益。例如，行业发展趋缓、经济下行周期，短期利益优先级增高。在通常情形下，在资源允许的情况下，供应商可以试图寻求替代折中方案，实现中标筹划与战略目标之间的平衡。

2. 战略适应性与弹性原则

如果中标筹划与战略规划两者的冲突在实际上反映了市场环境或者行业格局的重大变化，导致其矛盾不可调和，也即战略规划赖以成立的市场、社会与政治等环境基础已经发生了重大变化，则供应商可以考虑是否需要对战略规划进行适当调整。

在面对外部环境的不确定性时，供应商应当始终保持战略的弹性，而不是一味强调中标筹划的服从性。供应商可以考虑将战略规划进一步区分为核心战略和一般战略。在不改变核心战略的前提下，对一般战略进行灵活调整，确保中标筹划的顺利编制和实施。

在事实上，冲突并不是一成不变的。供应商可建立动态反馈机制，及时根据市场环境和内部条件的变化，寻找、分析调整中标筹划或者战略规划的机会。

3. 有利于资源优化配置原则

无论是中标筹划，还是战略规划，其宗旨之一都是实现有限资源的高效利用。在既有资源允许兼顾的情况下，供应商可合理分配资源，优先支持与战略目标较为一致的政府采购项目。若某政府采购项目中标筹划需要占用大量资源，而这些资源更适合支持其他战略性的长期项目，则供应商应当审慎考虑是否参与该政府采购项目。

在解决冲突时，可以通过设定多层次优先级来进行资源分配。供应商应当优先满足对核心战略目标有直接支持作用的项目，而对次要的中标机会可以通过分阶段调整资源，逐步推进。

二、企业税务筹划

（一）供应商企业基本税务筹划

1. 企业类型选择

不同企业组织形式（如独资企业、合伙企业、有限责任公司等）在税务上有不同的待遇或者优惠政策。例如，供应商组织形式为合伙企业的，合伙人按个人所得税征税，而组织形式采取了有限责任公司的，则按企业所得税征税。

2. 企业设立地点选择

不同行政区域或者相同行政区域的不同功能区，在一定年限内税收政策可能有所不同。供应商可以根据本单位所属行业特点，选择在税收优惠政策适宜的区域设立，以享受减免税优惠。

3. 业务重组与并购筹划

在企业并购、分立、合并等业务重组过程中，供应商可以考虑通过适当安排交易结构、股权架构等，减少税收成本，避免产生不必要的税务负担。

（二）供应商税种筹划

1. 企业所得税筹划

供应商可以通过选择不同的投资方式、企业组织形式、利润分配形式等，减少企业所得税负担。例如，企业可以利用税收优惠政策、研发费用加计扣除等方式来合法减少应纳税所得额。

2. 增值税筹划

增值税筹划主要涉及企业在采购、销售中的进项税额和销项税额的管理。例如，通过合理安排采购时间、使用合法发票抵扣进项税额等，降低增值税负担。

3. 个人所得税筹划

供应商是自然人，或者视为自然人等情形的，应当重视个人所得税筹划，尤其是对高收入供应商而言。在不违反税法有关规定时，采取收入分散、合理安排薪酬结构、利用专项附加扣除等方式，可以合法减少个人所得税负担。

4. 其他税种筹划

其他税种主要有印花税、土地增值税、房产税、消费税等，企业可以根据自身情况选择适当的筹划方式，结合中标筹划，以降低各类税种的负担。

（三）供应商税收优惠政策

1. 行业税收优惠

不同行业有不同的税收优惠政策，例如，供应商从事高新技术、环保、农业等行业，享受相应的税收减免优惠。供应商可以根据本单位特点，积极申报国家和地方各类企业孵化计划，享受行业税收优惠政策。

2. 区域性税收优惠

在某些特定区域，如经济开发区、自贸区或贫困地区，通常有特殊的税收优惠政策。供应商可以考虑将公司迁入这些区域，或者在这些区域设立子公司、分支机构等，享受相应的税收减免政策。

3. 投资与研发优惠

国家鼓励科技创新，对高新技术研发等有特定的税收优惠政策。供应商可以结合中标筹划，通过加大研发投入、购置符合中标筹划且符合政府要求的资产设备等，享受税收优惠，如研发费用加计扣除、固定资产折旧优惠等。

专栏 4 - 1

案例 中标实施计划的编制

一、案例背景

某政府采购招标项目,供应商中标筹划已完成。供应商制订中标实施进度计划时,将所涉部分工作进行了分解,工作具体要求如表 4 - 3 所示。

表 4 - 3 中标实施计划部分工作

工作代码	工作内容	最早开始时间	最迟完成时间	所需时间(天)	所需人员(人)
A	招标文件获取与分析	—	—	4	—
B	投标团队组建与职责分配	招标文件获取与分析结束		2	
C	技术方案制定	投标团队组建与职责分配开始	项目实施计划制订结束前 1 天	5	
D	项目实施计划制订	—	—	4	—
E	成本估算与报价制订	—	技术方案制定结束后 2 天	4	
F	投标文件审核	成本估算与报价制定结束	—	3	
G	投标文件修改、提交	投标文件审核结束	投标截止	6	
H	评标结果跟进	—	—	1	—

二、问题

请根据案例背景信息,绘制横道图,并确定完成全部工作的最短时间(为减少分析的可能性,要求每项工作均应一次连续完成,不得中断)。

三、分析

根据案例背景要求,逐项绘制各项工作,完成全部工作的最短时间为 21 天。横道示意图如图 4 - 1 所示。

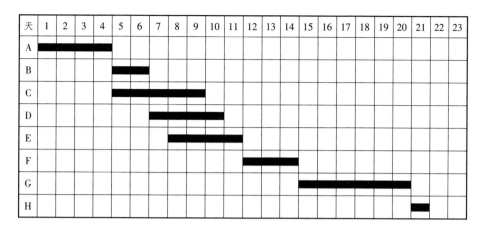

图 4 - 1　中标实施计划

第五章　对政府采购政策的理解与利用

第一节　绿色环保采购政策

一、对环境保护政策的理解与利用

作为政府采购法律明示列举的政策功能，环境保护通过实施环境保护的政府采购活动促进可持续发展。供应商响应环境保护要求，能够享受由此带来的优惠政策；反之，不能享受环境保护优惠政策，甚至不能满足参加政府采购活动的符合性条件。供应商应当充分理解政府采购优先购买环保货物、服务的政策，并利用该政策提高中标概率。

（一）环境保护政策的基本要求

我国颁布了环境保护相关法律和政策，并形成了较为完善的法律和政策体系。此外，我国加入了《联合国气候变化框架公约》京都议定书等国际条约。前述国内、国际文件等旨在保护和改善环境，防治污染和其他公害，保障公众健康，推进生态文明建设，促进经济社会可持续发展，为政府采购的政策功能提供了基础依据。

1. 环境保护基本法律要求

（1）环境保护，坚持保护优先、预防为主、综合治理、公众参与、损害担责的原则。一切单位和个人都有保护环境的义务。地方各级人民政府应当对本行政区域的环境质量负责。企业事业单位和其他生产经营者应当防止、减少环境污染和生态破坏，对所造成的损害依法承担责任。公民应当增强环境保护意识，采取低碳、节俭的生活方式，自觉履行环境保护义务。

（2）海洋环境保护，应当坚持保护优先、预防为主、源头防控、陆海统筹、综合治理、公众参与、损害担责的原则。从事影响海洋环境活动的任何单位和个人，都应当采取有效措施，防止、减轻海洋环境污染、生态破坏。排污者应当依法公开排污信息。

2. 防治污染和其他公害

（1）防治大气污染，应当以改善大气环境质量为目标，坚持源头治理，规划先行，转变经济发展方式，优化产业结构和布局，调整能源结构。防治大气污染，应当加强对燃煤、工业、机动车船、扬尘、农业等大气污染的综合防治，推行区域大气污染联合防治，对颗粒物、二氧化硫、氮氧化物、挥发性有机物、氨等大气污染物和温室气体实施协同控制。我国加入的国际条约，例如，《巴黎协定》（Paris Agreement），其主要目标是将21世纪全球平均气温上升幅度控制在2摄氏度以内，并将全球气温上升控制在前工业化时期水平之上，1.5摄氏度以内。

（2）水污染防治，应当坚持预防为主、防治结合、综合治理的原则，优先保护饮用水水源，严格控制工业污染、城镇生活污染，防治农业面源污染，积极推进生态治理工程建设，预防、控制和减少水环境污染和生态破坏。

（3）土壤污染防治，应当坚持预防为主、保护优先、分类管理、风险管控、污染担责、公众参与的原则。任何组织和个人都有保护土壤、防止土壤污染的义务。土地使用权人从事土地开发利用活动，企业事业单位和其他生产经营者从事生产经营活动，应当采取有效措施，防止、减少土壤污染，对所造成的土壤污染依法承担责任。

（4）固体废物污染环境防治，应当坚持减量化、资源化和无害化原则。任何单位和个人都应当采取措施，减少固体废物的产生量，促进固体废物的综合利用，降低固体废物的危害性。固体废物污染环境防治坚持污染担责的原则。产生、收集、贮存、运输、利用、处置固体废物的单位和个人，应当采取措施，防止或者减少固体废物对环境的污染，对所造成的环境污染依法承担责任。

（5）噪声污染防治，应当坚持统筹规划、源头防控、分类管理、社会共治、损害担责的原则。排放噪声的单位和个人应当采取有效措施，防止、减轻噪声污染。

（6）放射性污染的防治，实行预防为主、防治结合、严格管理、安全第一的方针。核设施营运单位、核技术利用单位、铀（钍）矿和伴生放射性矿开发利用单位，必须采取安全与防护措施，预防发生可能导致放射性污染的各类事故，避免放射性污染危害。

3. 环境保护措施与保障

（1）促进循环经济发展。在生产、流通和消费等过程中进行减量化、再利用、资源化活动。减量化，是指在生产、流通和消费等过程中减少资源消耗和废物产生。再利用，是指将废物直接作为产品或者经修复、翻新、再制造后继续作为产品使用，或者将废物的全部或者部分作为其他产品的部件予以使用。资源化，是指将废物直接作为原料进行利用或者对废物进行再生利用。

（2）引导公众参与和环保意识提升。公民、法人和其他组织依法享有获取环境信息、参与和监督环境保护的权利。对依法应当编制环境影响报告书的建设项目，建设单位应当在编制时向可能受影响的公众说明情况，充分征求意见。公民、法人和其他组织发现任何单位和个人有污染环境和破坏生态行为的，有权向环境保护主管部门或者其他负有环境保护监督管理职责的部门举报。

（3）环境法律责任追究。违反前述环境保护、海洋环境保护规定，违反防治大气、水、土壤、固体废物、噪声、放射性等污染的规定，依法承担罚款、责令停业、关闭等行政责任，构成犯罪的，依法追究刑事责任。

（二）招标或者采购文件对环境保护要求的分析

在政府采购活动中，招标或者采购文件应当执行环境保护政策。供应商获取前述文件后，可以以环境保护政策为依据深入分析其符合性。

1. 环境保护标准要求

在招标或者采购文件中，应当按照国家法律或者政策设定货物、工程、服务自身应当遵守的环境保护标准，以及供应商在货物生产、工程施工以及提供服务过程中所应遵循的环境保护标准和要求。例如，对供应商制造货物的排放指标，生产能耗指标，以及对包装材料等的回收再利用。

2. 对供应商的环境绩效考核

在招标或者采购文件中，可以设定对参与采购的供应商进行环境绩效考核的条款。供应商重点关注前述文件中通过评审因素的设置、评审标准与方法对环境绩效考核的要求，例如，碳排放指标分值设置，引导供应商在货物、工程、服务提供过程中采用环境保护设备、实施环境保护措施。

3. 评审标准与方法应当基于全生命周期考量

由于环境保护的要求，招标或者采购文件对全生命周期的要求更高。在前述文件中是否以及如何设置评审标准与方法，是否以及如何综合考虑货物、工程或者服务的全生命周期环境保护，避免采购活动的一次性成本较低而后续处理成本过大，对供应商的投标策略具有较大影响。

（三）对环境保护政策的投标或者响应

在前述对招标或者采购文件进行环境保护专题分析的基础上，供应商应当以环境保护政策违规为基准原则，并根据招标或者采购文件中执行环境保护政策的相关要求作出实质性响应。

1. 响应绿色采购

供应商应当按照招标或者采购文件的要求，供应符合环境保护法律、政策的货物与服务。在实践中，符合环境保护法律法规政策的通常表现方式有提供强制节能产品、低污染物排放设备设施、可再生能源设备等。

2. 持续实现环保技术创新

对于情况复杂、周期较长的，采购活动，例如，在政府投资工程中，供应商应当在各环节体现环保理念和技术，例如，在前期阶段编制建筑节能与环保循环利用规划方案，在设计阶段使用或者建议设计单位使用建筑节能材料与设施，在实施阶段注重绿色施工相关要求。对于政府与社会资本合作（PPP）项目或者特许经营项目等有运营阶段的，还应当在此阶段采取综合能源技术方案等实施运营期管理。

3. 实现环境保护可持续发展

除单次投标或者响应活动外，供应商还应注意可持续性。供应商应当将响应政府的环境保护政策作为其发展战略，与国家的可持续发展目标相结合，将积极研发并应用环保技术于货物、工程与服务作为常态化实施。供应商在具体投标或者响应采购活动中，以全面适当履行政府采购合同中对环境保护的要求，减少所提供货物、工程、服务对环境的破坏和污染，与采购人共同推动社会整体向绿色经济转型。

二、对可持续发展政策的理解与利用

可持续发展政策是国家为实施可持续发展战略提出的要求，要求确保经济、社会与环境能够满足当代人要求的同时，不损害后代生产和发展。其实施的关键是强调经济发展、社会进步与环境保护的平衡，实现经济等领域发展的可持续性。可持续发展政策的适用，既是采购人的义务，也是采购人的权利。供应商应当充分予以理解并加以利用。

（一）可持续发展政策的基本要求

可持续发展政策内容较广，除前述环境保护可持续发展外，可持续发展政策的基本要求还涵盖了经济可持续性、社会可持续性以及相关政策工具等。

1. 经济可持续性发展

（1）可持续发展政策要求经济发展要向绿色经济转型。鼓励使用清洁能源、可再生能源，发展低碳产业、减少碳排放。

（2）促进循环经济发展。企业事业单位应当建立健全管理制度，采取措施，降低资源消耗，减少废物的产生量和排放量，提高废物的再利用和资源化水平。公民应当增强节约资源和保护环境意识，合理消费，节约资源。国家鼓励和引导公民使用节能、节水、节材和有利于保护环境的产品及再生产品，减少废物的产生量和排放量。

（3）可持续性技术创新。政策鼓励研发和推广可持续技术，推动能耗低、效率高的环保技术等发展。

2. 社会可持续性发展

（1）减少直至消除贫困。减小贫富差距、缩小社会不平等，重点关注贫困人群。通过社会保障机制，实现教育和医疗等基本资源的公平分配。

（2）基础劳动力发展。突出职业技能培训，重视提高基础劳动力的素质。对于农民工等体量大的特殊基础劳动力群体，落实政策法律对于其工资待遇的基本保障。

（3）鼓励社会公众广泛参与。鼓励公众参与社会可持续发展，增强公众的主观能动性，形成公众群体对社会可持续性的发展共识，引导公众与政府、企业事业单位以及相关组织合作。

3. 可持续发展的主要工具

（1）政策、法律和标准。国家制定严格的环境保护等可持续发展法律，或者倡导性的循环经济、节约能源等法律，出台清洁技术、能耗管理方面相关强制性、推荐性标准，辅以灵活快速的可持续性发展政策，确保经济、社会发展与环境等的平衡。

（2）经济激励抑制机制。政府通过税收优惠、补贴、信贷支持、列入目录等经济手段，激励或者抑制单位和个人采取可持续性发展行为。常见的重要工具有碳关税、碳排放税、可再生能源发电补贴、税收减免等政策。

（3）政府采购。政府采购应当符合法律规定的环境保护政策。在招标或者采购文件中明确选择环保货物、工程和服务的优惠优先措施，在评审因素设置、评审标准与方法中应当体现具体的分值等。

（4）国际合作。国家通过加入国际双边或者多边条约，在共同的可持续发展目标愿景下，加强与其他国家或者组织的合作和协调，共同实现全球范围内的可持续发展。

（二）招标或者采购文件对可持续发展的要求

在政府采购中，招标或者采购文件不仅重点关注符合性以及价格竞争，还可以从当事人意思自治的角度纳入经济、社会发展和环境保护等可持续性发展的考虑，实现政策法律不宜强制要求的可持续性发展目标要求。对此类相较于政策法律要求更高的内容，供应商应当重点予以关注。

1. 绿色标准和环保要求

（1）招标或者采购文件可以从要求供应商提供符合环保标准的产品或材料入手。例如，要求供应商获得能源之星（Energy Star）等国家环保认证的货物，供应商应当认真梳理前述文件中的特别要求，并在文件编制中积极响应。

（2）招标或者采购文件可以规定供应商对可再生和可循环材料的使用。例如，在政府投资工程中，招标或者采购文件明确要求供应商使用可回收材料、再生材料的比例，以及相关材料符合可持续性发展的详细资料。

（3）招标或者采购文件可以要求供应商提交其生产过程中碳排放的评估报告，并以合理设定减排目标、要求其使用一定比例的低碳技术或者清洁能源的方式。

2. 绿色解决方案与管理创新

（1）采购人可以通过生产（或者建造）加运营的合同模式，将可持续发展的要求延伸到运营阶段。例如，政府与社会资本合作（PPP）项目或者以建造—运营—移交（BOT）为代表的特许经营项目，招标或者采购文件不仅可以要求供应商在建设期内使用节能材料、进行绿色施工，还要求供应商能够提供包括运营期内对绿色运营在内的一揽子绿色解决方案，以提升项目各阶段的可持续性。

（2）招标或者采购文件可以基于绿色采购的考虑要求供应商应当提出创新的环保技术和解决方案，例如，要求供应商应当采用新型节能设备、智能管理系统、清洁能源技术等；或者以加分等方式实施激励，以提高项目的可持续性和长期经济效益。

（3）招标或者采购文件可以基于供应链进一步考虑，要求供应商就供应链的可持续性发展等管理创新提出方案。例如，要求供应商确保其供应链下游的合作方在产品分供、包装、运输等过程中符合环境保护标准。

3. 全生命周期成本评估

（1）招标或者采购文件可以对货物或者工程所用材料的耐久度等指标提出要求。因采购人对使用周期、质量保证期的要求通常是"不低于"，不同供应商的货物或者工程的实际耐久度也不同，采购人可以要求供应商对前述期限等作出承诺，要求供应商提供的货物或者设计方案能够优化能源使用、减少废物产生、并使用耐用性强的材料，从而在整个生命周期中最大限度地减少对环境的影响。

（2）使用周期、质量保证期体现的主要控制目标是质量，质量与价格存在辩证关系，则不同使用周期、质量保证期的货物或者工程对价格影响较大。在招标或者采购文件中可以规定，评审因素设置及评审标准与方法标准不仅考虑货物或者服务的原始报价，还将综合评价其全生命周期内包括能耗、维护费用、环保成本和最终处置费用等在内的全部成本。供应商可以利用已收集的商业情报，评估竞争对手情况，并综合考虑使用周期、质量保证期的差异，采取合理的报价策略。

（3）在招标或者采购文件中可以考虑社会责任的溢出效应。在特殊情况下，供应商向劳动者提供的劳动条件、职业健康与安全和报酬福利等是否符合法律规定，是否履行了相关社会责任，也会在一定程度上影响供应商全面适当履约。招标或者采购文件对此有加分项要求的，供应商应当予以重视。

（三）对可持续发展政策的投标或者响应

除上文特别事项外，供应商还应当根据可持续发展政策和招标或者采购文件的要求，按照下列程序对可持续发展政策作出全面响应。

1. 理解可持续发展法律政策法规并对照招标或者采购文件的相应要求

（1）符合行政许可与认证标准要求。供应商应当获得招标或者采购文件要求的相应合理行政许可或者认证标准要求。以环境保护为例，供应商可以提供 ISO14000 环境管理体系认证、能源之星认证等。

（2）符合可持续性发展法律法规要求。即使在招标或者采购文件中未明确列明或者特别规定，供应商也应当关注其在履行政府采购合同中遵守的环保相关法律法规等涉及可持续性发展的内容。

（3）在编制投标或者响应文件之前，供应商还应当依据可持续发展法律法规政策，分析在招标或者采购文件中对可持续发展进行了哪些具体要求，这些具体要求体现在哪些具体评审因素及指标中，涉及因素及指标的分值大小，以及本单位相应技术、管理能力是否与之匹配等。

2. 提供可持续性发展解决方案

（1）采取绿色技术与低碳措施的方案。供应商应当在投标或者响应文件的技术部分说明其使用或者采取了哪些绿色技术、清洁能源和低碳生产措施，这些技术或者措施的预期目标和效果，具体通过何种保障措施得以实现。

（2）编制污染控制与资源管理方案。货物、工程对环境存在污染的，供应商应当在投标或者响应文件中说明货物、工程生产过程中的污染类型、范围及其防治措施，例如，对施工过程中现场扬尘、施工噪声和废水排放等的防治措施。

（3）采用考虑了全生命周期的可持续性发展措施。招标或者采购文件考虑了全生命周期的，或者前述文件虽未要求但也可以以备选方案的方式说明时，供应商应当按照前述文件的要求统筹考虑全生命周期措施。此时，供应商不仅应在技术方案中对全生命周期内综合考虑所提供货物、工程或者服务的各项环境影响，也应在报价文件中进行成本评估，匹配相应解决措施，并体现在最终报价中。

以上技术内容可以通过在投标或者响应文件中嵌入或者以专章形式呈现。

3. 持续监控、社会责任与落实承诺

（1）定期报告与监控机制。可持续发展具有动态性，供应商应当根据招标或者采购文件的要求，提供可行的持续监控方案解决动态性问题。监控方案的具体内容根据采购项目的特点和实际需要，可以包括环境监控、能效测评、碳排放报告等。在监控方案中，还应包括确保可以监控招标采购项目的可持续发展目标能够实现的具体保障措施。在必要时，可以考虑引入业界认可的第三方审核与认证，增强供应商执行可持续性发展方案的公信力。

（2）社会责任的履行。除营利性动机外，供应商还应当承担社会责任。尤其是招标或者采购文件对社会责任有特别要求时，供应商应当根据要求编制其履行社会责任的方案。方案内容主要包括为劳动者提供的薪酬待遇、工作条件、落实特定人群就业等。涉及残疾人就业的，详见本章第三节有关内容。

（3）以方案形式落实对国际条约等的承诺。招标或者采购文件对落实国际条约有要求，或者供应商自愿承诺履行有关要求的，供应商应当编制如何落实前述要求或者承诺的方案。

第二节　特定地区或领域的采购政策

一、对促进地区经济发展政策的理解与利用

（一）地区基础设施与产业经济发展

我国经济发展的模式，在很大程度上决定了促进地区经济发展的主要方面是地区基础设施与产业经济发展。

1. 地区基础设施建设（含公用事业项目建设）

地区基础设施建设（含公用事业项目建设）可按规模划分为大型、中小型基础设施和公用事业项目。其中，大型基础设施和公用事业项目纳入依法必须进行招标的范围。大型基础设施和公用事业项目通常可以按照《必须招标的基础设施和公用事业项目范围规定》（发改法规〔2018〕843号）确定，主要包括：（1）煤炭、石油、天然气、电力、新能源等能源基

础设施项目；（2）铁路、公路、管道、水运，以及公共航空和 A1 级通用机场等交通运输基础设施项目；（3）电信枢纽、通信信息网络等通信基础设施项目；（4）防洪、灌溉、排涝、引（供）水等水利基础设施项目；（5）城市轨道交通等城建项目。

2. 产业经济发展

产业经济居于中观层面，介于宏观的国民经济和微观的企业经济之间。产业经济对于地方经济发展具有重要支撑作用。政府采购对产业经济的促进，表现为以下方面。

（1）政府对地方支柱产业予以支持，往往通过财政补贴、技术支持、对口帮扶等措施，扶持当地的优势或者亮点产业发展。

（2）政府采购推动产业集群建设。通过积极的政府采购政策导向，可以鼓励地区相关企业集聚发展，形成本地区或者跨地区产业链，提升具有区域特色的核心竞争力。

（3）政府采购鼓励创新和技术研发。政府采购通过采购科技创新管理与服务、鼓励首台（套）等方式，推动区域内外科研机构与地方企业合作，加速技术成果转化与再创新。

（二）财政、税收与金融支持

1. 财政、税收激励

政府采取财政补贴、政府投资基金、税收减免等方式支持地区经济发展。财政补贴，是指国家财政为了实现特定的政治经济和社会目标，向单位或者个人提供的一种资金支持。政府投资基金，是指政府通过预算安排，以单独出资或与社会资本共同出资设立，采用股权投资等市场化方式，引导社会各类资本投资经济社会发展的重点领域和薄弱环节，支持相关产业和领域发展的资金。税收减免，是指国家对特定纳税人或征税对象，给予减轻或者免除税收负担的一种税收优惠措施，包括税基式减免、税率式减免和税额式减免三类。围绕前述财税政策衍生的政府采购项目，供应商可重点跟踪。

2. 金融支持

政府出台金融支持政策，鼓励金融机构支持地区经济发展。

（1）政府拓宽地区融资渠道，推动国家、地区金融机构为地区企业尤其是中小微企业履行政府采购合同等需求提供低息或者无息贷款，提供股权、信用融资等多元化金融支持。

（2）政府扶持地区资本市场发展，对地区供应商符合条件的，发挥政府采购积极政策功能，创造条件，鼓励其在各级资本市场上市或者进行相关债券发行，提升履行政府采购合同的融资能力。

（3）推动地区金融创新，鼓励地区金融科技类新兴金融服务业供应商的发展，提升地区的金融服务水平。

供应商可以充分利用前述金融支持，提升本单位资金、技术等各方面实力，增强投标或者响应、履约能力。

（三）城乡一体化、区域间经济与国际合作

1. 城市和乡村一体化均衡发展

政府采购对城市和乡村一体化均衡发展的机理在于通过财政资金倾斜、引导等方式，着力促进乡村发展，可以实现进一步缩小城乡差距，提升城镇化水平或者乡村基础设施建设水平，实现乡村与城市的协调发展。此外，政府采购合同订立后，大量资金流入农业领域，对于推动现代农业技术，提升农产品的附加值，发展农业相关的加工、物流和电商，也有直接促进作用。处于相关地区、产业的供应商应当抓住机遇，积极参与相关政府采购活动，积累相关业绩。

2. 区域间经济合作

政府推动相关地区跨地区经济合作，与政府采购相关的常见方式有设立引导基金、实施联合采购、联合金融扶持、互认互助等，增强地区间的资源整合和市场融合。

3. 落实对促进本地经济发展的承诺

招标或者采购文件对促进区域经济发展有要求，或者供应商自愿承诺

的，供应商应当编制如何落实前述要求或者承诺的方案。例如，在政府投资工程中，供应商自愿承诺优先使用本地分包单位或者材料供应商，或者提供就业机会，或者为本地税收作出贡献等。需要注意的是，政府不得强制或者变相要求供应商实施上述行为或者作出上述承诺。

二、对乡村振兴政策的理解与利用

我国是农业大国，农业人口众多。乡村振兴战略是我国为解决农村发展不平衡、不充分问题，促进城乡融合发展，确保农业农村现代化的重要战略。

（一）乡村振兴的主要目标和政策重点

1. 乡村振兴的主要目标

乡村振兴的总目标是农业农村现代化，具体可以从以下方面实施：（1）实现农业现代化；（2）实现农村基础设施建设现代化；（3）农民居住环境极大改善；（4）农民收入大幅提升，实现共同富裕；（5）推动农村文化建设，弘扬社会主义核心价值观。

2. 乡村振兴的政策重点

乡村振兴的政策重点主要包括产业、生态、组织、人才、文化等各方面实现振兴。产业振兴主要指着力构建现代农业产业体系，推动一二三产业融合发展。鼓励发展乡村特色产业和新型农业经营主体。生态振兴强调实施绿色发展战略，强化农村环保措施，保护耕地，发展生态农业，推动绿色低碳发展。组织振兴要求加强农村基层党组织建设，提升农村社会治理能力，促进农村社区治理现代化。人才振兴聚焦于吸引更多人才回乡创业，提供政策支持与培训，提高农民的科技水平和管理能力，确保乡村有"能人"带动发展。文化振兴重点在于保护传统乡村文化遗产，推动农村文化事业繁荣发展，提高农村居民的文明素质与文化认同感。

（二）乡村振兴政府采购的实施与响应

政府采购具有资金支持的直接性，是推动乡村振兴战略的重要手段之一。通过政府采购，政府可以直接支持农村产业发展，改善农村基础设施和公共服务，推动农民增收，实现乡村振兴的目标。

1. 乡村振兴政府采购的实施

（1）明确采购需求，支持农村产业发展。农村农业相关采购人应当优先考虑采购与农村产业相关的产品和服务，如针对特定区域采购或者同等条件下优先采购特定地区的农产品，发展区域农村电商平台，投资农村基础设施建设项目等。

（2）创新采购模式，促进农村产业融合。采购人可以考虑长期合作采购、政府与社会资本合作、特许经营模式等，保障乡村振兴相关基础设施项目的长期性和稳定性。

（3）采取定点采购方式。针对贫困地区、特色产业、特定类型的企业进行定点采购，扶持当地特色产业发展，如特色农产品、手工艺品等，推动地方经济发展。

（4）简化采购流程，结合促进中小微企业发展的政策目标，鼓励其参与乡村振兴政府采购，减少不必要的采购步骤，缩短采购流程时间。

为促进本地（包括乡村）中小企业的参与，招标或者采购文件可以在法律的框架内简化采购流程，将促进中小企业发展等政策目标与乡村振兴政策目标相结合，增强政府采购的实施效果。

2. 乡村振兴政府采购的供应商响应机制

（1）了解乡村振兴政府采购的需求。供应商可以跟踪政府制定的专项政策，了解政府采购与乡村振兴战略目标的对接，了解政府在预算安排、采购项目确定、采购方式选择等方面对乡村振兴有关的项目的考虑。例如，掌握针对贫困县和重点乡村的优惠采购政策，跟踪鼓励供应商参与乡村振兴的相关项目。在针对前述项目编制投标或者响应文件时，供应商应当充分理解国家乡村振兴战略的背景和要求，从项目所在乡村发展的实际需求出发，编制适合该项目的技术方案和服务方案。

（2）了解资质、资格与业绩要求。招标或者采购文件通常规定了供应商需具备与乡村振兴项目相关的资质、资格和业绩要求，特别是在农村基础设施建设、公共服务项目实施以及农业产业支持方面，往往需要具备与项目需求和特点相适应的相关标准或者要求。

（3）符合创新与可持续发展要求。供应商的投标方案中应突出创新与可持续发展元素，具体体现在现代农业、智能化管理、绿色发展等方面。供应商应当认真阅读招标或者采购文件中关于乡村环保、节能、可持续发展的技术和服务措施的量化分值或者实质要求。

（三）供应商的制约因素与保障

1. 政府采购资金保障与监管问题

尽管政府采购使用财政性资金，支付保障性较强，但实践中部分乡村振兴项目仍有一定可能性存在资金不足或资金监管不规范的情形，影响项目实施效果。在此类情况下，供应商获得支付的保障存在一定压力及风险，在参与政府采购活动时需要有充分心理准备。

2. 供应商的制约因素

供应商为乡村（镇）企业的，往往有实力弱、业绩差、技术管理水平低、对政府采购程序不熟悉等劣势。在激烈的政府采购活动中，前述类型的供应商往往不具有足够的竞争力。该类供应商可以参加相关业务培训，接受政府相关部门、行业协会等的指导，提升中标竞争力。供应商为乡村（镇）企业以外的其他类型的，可能存在对乡村振兴政府采购项目不熟悉的情况，该类供应商可以熟悉相关法律政策，了解项目特点，吸收具有相关经验的人员，克服本企业的投标或者响应劣势。

3. 乡村振兴政府采购的响应保障

（1）建立反馈机制，促进项目改进。政府采购合同订立后，供应商应当阶段性总结投标或者响应过程中的经验与教训；政府采购合同履行完毕后，供应商应当及时收集履行中存在的问题，总结提高，并视情况向采购人反馈，便于本单位与有关各方在后续政府采购活动中及时调整招标或者采购文件、投标或者响应文件等。

（2）乡村（镇）企业或者其他类型的供应商参与政府采购活动的情况

改善。供应商因其自身类型存在参加政府采购活动相应劣势的，可以通过各种合法渠道向采购人及政府采购监管部门反映困难。采购人及政府采购监管部门应当重视与供应商沟通，了解实际困难及需求，结合其实际情况在合法范围内及时采取相应措施，提升乡村（镇）企业参与政府采购的效果。

三、对创新驱动发展战略政策的理解与利用

创新驱动发展战略对一国的经济社会发展具有重要意义。我国的创新驱动发展战略已经将科技创新作为提高社会生产力和综合国力的战略支撑，摆在国家发展全局的核心位置。

（一）创新驱动发展战略的主要内容和主要实现路径

1. 创新驱动发展战略的主要内容

（1）科技自立自强，进入创新型国家。创新驱动发展战略旨在推动自主创新能力的提升，减少对外部关键技术的依赖，确保国家经济安全。

（2）培育新兴产业。国家通过科技创新推动新兴产业的发展，如近年来较为热门的信息技术、人工智能、生物技术等领域，力图形成经济增长的新动能，提升参与国际化竞争能力。

（3）提升创新效能。创新不是目的，而是手段。以成果为导向的创新驱动战略要求加快创新成果向产业化转化，增强创新在经济发展中的贡献率。

2. 创新驱动发展战略的主要实现路径

（1）加大科研投入。国家可以通过持续或者不断提高对科研机构和企业的直接资金注入支持，从基础研究—应用研究—关键技术层面进行研发投入。

（2）鼓励企业创新。国家可以通过出台税收优惠、补贴和金融支持等方式，激励企业自筹加大研发投入，提升企业自主创新能力。

（3）加强知识产权保护。创新往往伴随着专利等知识产权的取得。利

用知识产权法律制度，保障创新者的合法权益，有利于推动创新技术成果的应用与推广。

（4）建设创新平台。国家通过设立国家级和地方级的创新中心、实验室和科技园区等组织形式，为创新驱动提供必要的基础设施、管理支撑和政策支持。

（二）创新驱动发展政府采购的实施与响应

供应商实施创新驱动发展战略的，在迎来巨大发展机遇的同时，也将面临巨大的风险。该风险往往难以为中小企业供应商所承担。这类对国家发展战略极为重要的领域，适宜采取政府采购等方式作为其重要推动力。通过政府采购的引导，可以解决供应商的后顾之忧，促进供应商进入自主创新能力提升的良性循环，加快国家亟待发展的新兴技术和产品的应用推广。

1. 政府采购在创新驱动中的着力点

（1）推动创新产品的应用。不同于对一般产品的公平要求，政府采购允许通过优先采购创新产品和服务的方式，为新技术、新产品、新模式进入政府采购领域提供交易机会，促进其逐步实现规模化应用，借助政府采购示范效应加速创新产品的商业化和产业化。

（2）激励企业技术创新。通过首台（套）等特殊机制，政府采购能够弱化或者扫清创新型供应商高投入、高风险的顾虑，激发供应商加大研发投入，尤其是投入周期长、风险高的国家、行业亟须拥有自主知识产权的尖端设备。

（3）引导供应链发展。除直接推动创新型供应商外，政府采购还可以带动供应商为中心的上下游企业的技术升级和产业链的协调发展，以政府采购的资金链推动高端制造业和高新技术产业的供应链发展。

2. 政府采购的实施措施

合作创新采购，是指采购人邀请供应商合作研发，共担研发风险，并按研发合同约定的数量或者金额购买研发成功的创新产品的采购方式。合作创新采购是近来为贯彻落实党中央、国务院关于加快实施创新驱动发展战略有关要求，支持应用科技创新，而创设的采购模式。

（1）采购人制订创新采购方案。采购方案包括以下内容：①创新产品的最低研发目标、最高研发费用、应用场景和研发期限；②供应商邀请方式；③谈判小组组成，评审专家选取办法，评审方法以及初步的评审标准；④给予研发成本补偿的成本范围及该项目用于研发成本补偿的费用限额；⑤是否开展研发中期谈判；⑥关于知识产权权属、利益分配、使用方式的初步意见；⑦创新产品的迭代升级服务要求；⑧研发合同应当包括的主要条款；⑨研发风险分析和风险管控措施；⑩需要确定的其他事项。

（2）合作创新采购的阶段。合作创新采购方式分为订购和首购两个阶段。订购是指采购人提出研发目标，与供应商合作研发创新产品并共担研发风险的活动。首购是指采购人对于研发成功的创新产品，按照研发合同约定采购一定数量或者一定金额相应产品的活动。

3. 供应商的响应措施

（1）关注政府采购政策。供应商应当及时了解政府的创新驱动采购政策动向，密切关注创新产品或者创新产品目录的动态变化，并根据政策调整自身产品和服务，以满足政府采购需求。

（2）符合创新采购所需的资质和认证。供应商应当注重积累、提升自身资质和认证，确保其能力符合招标或者采购文件的需求。

（3）加强技术研发。供应商根据本单位战略规划要求，针对创新驱动发展的产品及其方向加大研发投入，提高技术创新能力，以开发符合政府创新产品目录要求的产品。

（三）供应商的制约因素与保障

供应商参与创新驱动发展政府采购活动，受到的制约因素与风险较一般政府采购活动更大。

（1）市场准入门槛高。既然是创新产品，意味着大型供应商尚无先例可循，何况中小型供应商。资质、资格、资金、技术人员储备和经验等的制约，使得中小企业难以参与创新采购，限制了其在创新产品领域快速增长的市场化机会。

（2）创新产品的风险大。不同风险承受水平的供应商在决定参与创新产品时，需要面对技术开发失败等风险，如何平衡风险与收益是供应商中标筹划中的重点、难点。

（3）政策的持续性与透明度保障。与研发等技术风险相比，供应商顾虑的最大风险是政府对创新驱动发展政策的不确定性。政府应当保障对创新产品的持续支持，保持政策的长期性、稳定性和透明度，不因领导更迭而丧失稳定性；近期至少保持在政府采购合同履行周期内诚实信用，中远期保持政策的一贯性。

第三节　特定主体的采购政策

一、对促进中小企业发展政策的理解与利用

中小企业，是指在中华人民共和国境内依法设立的，人员规模、经营规模相对较小的企业，包括中型企业、小型企业和微型企业。促进中小企业健康发展，对于扩大城乡就业，促进国民经济和社会可持续发展具有重要作用。我国出台了《中华人民共和国中小企业促进法》及相关政策，旨在改善中小企业经营环境，保障中小企业公平参与市场竞争，维护中小企业合法权益，支持中小企业创业创新。

（一）财税支持和融资促进

1. 专项资金、发展基金和税收优惠

（1）中央财政应当在本级预算中设立中小企业科目，安排中小企业发展专项资金。县级以上地方各级人民政府应当根据实际情况，在本级财政预算中安排中小企业发展专项资金。小企业发展专项资金通过资助、购买服务、奖励等方式，重点用于支持中小企业公共服务体系和融资服务体系建设。中小企业发展专项资金向小型微型企业倾斜，资金管理使用坚持公

开、透明的原则，实行预算绩效管理。

（2）国家设立中小企业发展基金。国家中小企业发展基金应当遵循政策性导向和市场化运作原则，主要用于引导和带动社会资金支持初创期中小企业，促进创业创新。县级以上地方各级人民政府可以设立中小企业发展基金。中小企业发展基金的设立和使用管理办法由国务院规定。

（3）国家实行有利于小型微型企业发展的税收政策。对符合条件的小型微型企业按照规定实行缓征、减征、免征企业所得税、增值税等措施，简化税收征管程序，减轻小型微型企业税收负担。国家对小型微型企业行政事业性收费实行减免等优惠政策，减轻小型微型企业负担。

2. 融资促进

（1）金融机构应当发挥服务实体经济的功能，高效、公平地服务中小企业。中国人民银行应当综合运用货币政策工具，鼓励和引导金融机构加大对小型微型企业的信贷支持，改善小型微型企业融资环境。国务院银行业监督管理机构对金融机构开展小型微型企业金融服务应当制定差异化监管政策，采取合理提高小型微型企业不良贷款容忍度等措施，引导金融机构增加小型微型企业融资规模和比重，提高金融服务水平。国家鼓励各类金融机构开发和提供适合中小企业特点的金融产品和服务。国家政策性金融机构应当在其业务经营范围内，采取多种形式，为中小企业提供金融服务。

（2）国家推进和支持普惠金融体系建设，推动中小银行、非存款类放贷机构和互联网金融有序健康发展，引导银行业金融机构向县域和乡镇等小型微型企业金融服务薄弱地区延伸网点和业务。国有大型商业银行应当设立普惠金融机构，为小型微型企业提供金融服务。国家推动其他银行业金融机构设立小型微型企业金融服务专营机构。地区性中小银行应当积极为其所在地的小型微型企业提供金融服务，促进实体经济发展。

（3）国家健全多层次资本市场体系，多渠道推动股权融资，发展并规范债券市场，促进中小企业利用多种方式直接融资。《中华人民共和国中小企业促进法》第十九条，国家完善担保融资制度，支持金融机构为中小企业提供以应收账款、知识产权、存货、机器设备等为担保品的担保融资。中小企业以应收账款申请担保融资时，其应收账款的付款方，应当及时确认债权债务关系，支持中小企业融资。国家鼓励中小企业及付款方通过应收账款融资服务平台确认债权债务关系，提高融资效率，降低融资成本。

（4）县级以上人民政府应当建立中小企业政策性信用担保体系，鼓励各类担保机构为中小企业融资提供信用担保。国家推动保险机构开展中小企业贷款保证保险和信用保险业务，开发适应中小企业分散风险、补偿损失需求的保险产品。国家支持征信机构发展针对中小企业融资的征信产品和服务，依法向政府有关部门、公用事业单位和商业机构采集信息。国家鼓励第三方评级机构开展中小企业评级服务。

（二）创业扶持与创新支持

1. 创业扶持

（1）免费提供相关法律政策咨询和公共信息服务。县级以上人民政府及其有关部门应当通过政府网站、宣传资料等形式，为创业人员免费提供工商、财税、金融、环境保护、安全生产、劳动用工、社会保障等方面的法律政策咨询和公共信息服务。

（2）创业税费支持。高等学校毕业生、退役军人和失业人员、残疾人员等创办小型微型企业，按照国家规定享受税收优惠和收费减免。国家采取措施支持社会资金参与投资中小企业。创业投资企业和个人投资者投资初创期科技创新企业的，按照国家规定享受税收优惠。

（3）行政许可手续办理。国家改善企业创业环境，优化审批流程，实现中小企业行政许可便捷，降低中小企业设立成本。国家鼓励建设和创办小型微型企业创业基地、孵化基地，为小型微型企业提供生产经营场地和服务。地方各级人民政府应当根据中小企业发展的需要，在城乡规划中安排必要的用地和设施，为中小企业获得生产经营场所提供便利。国家支持利用闲置的商业用房、工业厂房、企业库房和物流设施等，为创业者提供低成本生产经营场所。国家鼓励互联网平台向中小企业开放技术、开发、营销、推广等资源，加强资源共享与合作，为中小企业创业提供服务。国家简化中小企业注销登记程序，实现中小企业市场退出便利化。

2. 创新支持

（1）鼓励适用创新工具。国家鼓励中小企业按照市场需求，推进技术、产品、管理模式、商业模式等创新。国家支持中小企业在研发设计、生产制造、运营管理等环节应用互联网、云计算、大数据、人工智能等现代技术手段，创新生产方式，提高生产经营效率。

（2）财会制度支持。中小企业的固定资产由于技术进步等原因，确需加速折旧的，可以依法缩短折旧年限或者采取加速折旧方法。国家完善中小企业研究开发费用加计扣除政策，支持中小企业技术创新。

（3）资金与政策支持。国家鼓励中小企业参与产业关键共性技术研究开发和利用财政资金设立的科研项目实施。县级以上人民政府有关部门应当在规划、用地、财政等方面提供支持，推动建立和发展各类创新服务机构。国家推动军民融合深度发展，支持中小企业参与国防科研和生产活动。国家支持中小企业及中小企业的有关行业组织参与标准的制定。

（4）人才引进与培养。县级以上人民政府有关部门应当拓宽渠道，采取补贴、培训等措施，引导高等学校毕业生到中小企业就业，帮助中小企业引进创新人才。国家鼓励科研机构、高等学校支持本单位的科技人员以兼职、挂职、参与项目合作等形式到中小企业从事产学研合作和科技成果转化活动，并按照国家有关规定取得相应报酬。

（5）其他机构协同帮助。国家鼓励各类创新服务机构为中小企业提供技术信息、研发设计与应用、质量标准、实验试验、检验检测、技术转让、技术培训等服务，促进科技成果转化，推动企业技术、产品升级。国家鼓励科研机构、高等学校和大型企业等创造条件向中小企业开放试验设施，开展技术研发与合作，帮助中小企业开发新产品，培养专业人才。

（6）知识产权保护。国家鼓励中小企业研究开发拥有自主知识产权的技术和产品，规范内部知识产权管理，提升保护和运用知识产权的能力；鼓励中小企业投保知识产权保险；减轻中小企业申请和维持知识产权的费用等负担。

（三）市场开拓

保障市场开拓是最能体现政府采购促进中小企业发展的内容，供应商有权行使公平参与市场竞争的基本权利。

1. 市场准入与监管

（1）国家完善市场体系，实行统一的市场准入和市场监管制度，反对垄断和不正当竞争，营造中小企业公平参与竞争的市场环境。

（2）国家支持大型企业与中小企业建立以市场配置资源为基础的、稳定的原材料供应、生产、销售、服务外包、技术开发和技术改造等方面的协作关系，带动和促进中小企业发展。

2. 政府采购支持

（1）国务院有关部门应当制定中小企业政府采购的相关优惠政策，通过制定采购需求标准、预留采购份额、价格评审优惠、优先采购等措施，提高中小企业在政府采购中的份额。向中小企业预留的采购份额应当占本部门年度政府采购项目预算总额的30%以上；其中，预留给小型微型企业的比例不低于60%。中小企业无法提供的商品和服务除外。

（2）政府采购不得在企业股权结构、经营年限、经营规模和财务指标等方面对中小企业实行差别待遇或者歧视待遇。

（3）政府采购部门应当在政府采购监督管理部门指定的媒体上及时向社会公开发布采购信息，为中小企业获得政府采购合同提供指导和服务。

（4）县级以上人民政府有关部门应当在法律咨询、知识产权保护、技术性贸易措施、产品认证等方面为中小企业产品和服务出口提供指导和帮助，推动对外经济技术合作与交流。

（5）国家有关政策性金融机构应当通过开展进出口信贷、出口信用保险等业务，支持中小企业开拓境外市场。县级以上人民政府有关部门应当为中小企业提供用汇、人员出入境等方面的便利，支持中小企业到境外投资，开拓国际市场。

二、对促进残疾人就业政策的理解与利用

国家鼓励社会组织和个人通过多种渠道、多种形式，帮助、支持残疾人就业，鼓励残疾人通过应聘等多种形式就业。供应商应当了解促进残疾人就业的相关政府采购政策。

（一）享受政府采购支持政策的主体和条件

1. 残疾人的定义

享受政府采购支持政策的残疾人，是指在法定劳动年龄内，持有《中华人民共和国残疾人证》或者《中华人民共和国残疾军人证（1至8级）》的自然人，包括具有劳动条件和劳动意愿的精神残疾人。在职职工人数是指与残疾人福利性单位建立劳动关系并依法签订劳动合同或者服务协议的雇员人数。

2. 享受政府采购支持政策的条件

享受政府采购支持政策的残疾人福利性单位应当同时满足以下条件。

（1）安置的残疾人占本单位在职职工人数的比例不低于25%（含25%），并且安置的残疾人人数不少于10人（含10人）。

（2）依法与安置的每位残疾人签订了一年以上（含一年）的劳动合同或服务协议。

（3）为安置的每位残疾人按月足额缴纳了基本养老保险、基本医疗保险、失业保险、工伤保险和生育保险等社会保险费。

（4）通过银行等金融机构向安置的每位残疾人，按月支付了不低于单位所在区县适用的经省级人民政府批准的月最低工资标准的工资。

（5）提供本单位制造的货物、承担的工程或者服务（以下简称产品），或者提供其他残疾人福利性单位制造的货物（不包括使用非残疾人福利性单位注册商标的货物）。

（二）政府采购支持政策及其程序

1. 政府采购支持政策

在政府采购活动中，残疾人福利性单位视同小型、微型企业，享受预

留份额、评审中价格扣除等促进中小企业发展的政府采购政策。向残疾人福利性单位采购的金额，计入面向中小企业采购的统计数据。残疾人福利性单位属于小型、微型企业的，不重复享受政策。促进中小企业发展的预留份额、评审中价格扣除等政府采购政策，详见本节第一部分。

2. 政府采购支持政策的程序

（1）采购人采购公开招标数额标准以上的货物或者服务，因落实促进残疾人就业政策的需要，依法履行有关报批程序后，可以采用公开招标以外的采购方式。

（2）对于满足要求的残疾人福利性单位产品，集中采购机构可直接纳入协议供货或者定点采购范围。各地区建设的政府采购电子卖场、电子商城、网上超市等应当设立残疾人福利性单位产品专栏。鼓励采购人优先选择残疾人福利性单位的产品。

（3）符合条件的残疾人福利性单位在参加政府采购活动时，应当提供本通知规定的《残疾人福利性单位声明函》，并对声明的真实性负责。任何单位或者个人在政府采购活动中均不得要求残疾人福利性单位提供其他证明声明函内容的材料。

（4）中标、成交供应商为残疾人福利性单位的，采购人或者其委托的采购代理机构应当随中标、成交结果同时公告其《残疾人福利性单位声明函》，接受社会监督。

（5）省级财政部门可以结合本地区残疾人生产、经营的实际情况，细化政府采购支持措施。对符合国家有关部门规定条件的残疾人辅助性就业机构，可通过上述措施予以支持。各地制定的有关文件应当报财政部备案。

三、对脱贫攻坚政策的理解与利用

确保到 2020 年农村贫困人口实现脱贫，是全面建成小康社会最艰巨的任务。中共中央、国务院于 2015 年就脱贫攻坚战作出了重大部署，至 2021年 2 月 21 日，我国脱贫攻坚战取得了全面胜利。为进一步巩固拓展脱贫攻坚成果，推动脱贫地区发展已经同乡村振兴有效衔接，相应资金为过渡期中央财政衔接推进乡村振兴补助资金。对乡村振兴政策的理解与利用的有关内容，详见本章第二节。

专栏 5-1

案例：自主知识产权在政府采购政策中的体现

一、案例背景

采购人 A 委托代理机构 Z 就该单位"XX 信息服务云平台"（以下称本项目）进行公开招标。2016 年 3 月 10 日，代理机构 Z 发布招标公告，后组织了开标、评标工作。经过评审，评标委员会推荐 G 公司为中标供应商。2016 年 4 月 1 日，代理机构发布中标公告。2016 年 4 月 1 日，T 公司向代理机构 Z 质疑。2016 年 4 月 8 日，代理机构 Z 答复质疑。

2016 年 5 月 4 日，T 公司向财政部提起投诉，投诉事项之一为：代理机构 Z 确定 G 公司为中标供应商，没有体现招标文件关于"投标软件应优先选择具有自主知识产权的软件"的规定。

G 公司称：招标文件中没有"具有自主知识产权"的字样，投诉没有事实依据；其具有 PPP 运营模式的优势，可整合全国各地本行业的资源，打造面向全国的本行业数字信息服务云平台；营业执照里软件开发的增项无须任何前置或后续的审批手续，不存在超范围经营的问题，且其也具有开发软件的能力和搭建平台的实力。

代理机构 Z 称：G 公司为投标文件中提供了 5 份由中华人民共和国国家版权局颁发的"计算机软件著作权证书"，说明其软件具有自主知识产权。

二、问题

如何理解自主知识产权在我国政府采购政策方面的体现？

三、分析

自主知识产权既是供应商（尤其对于高新技术企业）的生存和发展基石，也是大国间博弈的前沿阵地。

关于自主创新产品的政府采购政策，较早的有财政部 2007 年印发的

《自主创新产品政府采购预算管理办法》《自主创新产品政府采购评审办法》《自主创新产品政府采购合同管理办法》等文件。2007 年底修订的《科学技术进步法》明确提出，对境内公民、法人或者其他组织自主创新的产品、服务或者国家需要重点扶持的产品、服务，在性能、技术等指标能够满足政府采购需求的条件下，政府采购应当购买；首次投放市场的，政府采购应当率先购买。该规定是《政府采购法》关于优先采购国货的延伸。

2011 年，由于国内外各种因素的结果，国务院发布《关于深入开展创新政策与提供政府采购优惠挂钩相关文件清理工作的通知》，以规范性文件清理方式将创新政策和政府采购进行脱钩。但 2021 年底修订的《科学技术进步法》仍保留了前述条款，再次重申了我国创新采购的优先性问题。从近年国际形势看，我国强调自主创新产品，并采取政府采购政策予以支持，是必要的。

第六章 政府采购活动的响应与注意事项

第一节 采购文件的获取与分析

一、采购文件的获取

按照广义概念，采购文件包括采购活动记录、采购预算、谈判文件、询价通知书、响应文件、推荐供应商的意见、评审报告、成交供应商确定文件、单一来源采购协商情况记录、合同文本、验收证明、质疑答复、投诉处理决定以及其他有关文件、资料。本章所称的采购文件，原则上限定于招标文件、投标邀请书、谈判文件、询价通知书、征集文件等核心的要约邀请文件。

（一）招标采购方式中相应采购文件的获取

按照所邀请的投标人是否特定，招标采购可以分为公开招标和邀请招标两种方式。公开招标，是指采购人依法以招标公告的方式邀请非特定的供应商参加投标的采购方式。邀请招标，是指采购人依法从符合相应资格条件的供应商中随机抽取 3 家以上供应商，并以投标邀请书的方式邀请其参加投标的采购方式。

1. 公开招标方式相应采购文件的获取

在不同的招标方式中，文件获取的方式有所不同。根据现行《政府采购法》，公开招标仍作为政府采购的主要采购方式。公开招标作为主要采购方式的这一定位，使得法律关于其相关文件的获取更多地表现为公开性。在采取公开招标的政府采购活动中，供应商获取相关文件的主要关注点在于极具公开性的招标公告。

在招标公告中，与获取文件密切相关的信息有：（1）采购人及其委托的采购代理机构的名称、地址和联系方法；（2）获取招标文件的时间期限、地点、方式及招标文件售价；（3）采购项目联系人姓名和电话。供应商可根据上述时间、地点、联系人及其电话等相关信息及时获取文件。

此外，公开招标进行资格预审的，招标公告和资格预审公告往往合并发布。资格预审公告包括的相应内容有：（1）采购人及其委托的采购代理机构的名称、地址和联系方法；（2）采购项目联系人姓名和电话；（3）获取资格预审文件的时间期限、地点、方式。供应商可按资格预审公告中载明的上述时间、地点、联系人及其电话等相关信息先行获取资格预审文件，待通过资格预审后，再向要求采购人或者采购代理机构提供招标文件等文件。

2. 邀请招标方式相应采购文件的获取

采取邀请招标方式采购的，供应商的范围具有特定性。该特点也使得采购文件的获取有其自身特点。货物或者服务项目采取邀请招标方式采购的，采购人应当从符合相应资格条件的供应商中，通过随机方式选择三家以上的供应商。因仅有三家供应商，《政府采购法》规定由采购人或者采购代理机构向供应商发出投标邀请书。

根据《政府采购法》，对"符合相应资格条件的供应商"的理解，事实上是个判断过程，原则上赋予了采购人或者代理机构较大的自由裁量权，具体如何操作是其自由。但政府采购部门规章进行了限缩或者说更严格的要求。以《政府采购货物和服务招标投标管理办法》为例，该部门规章规定：采用邀请招标方式的，采购人或者采购代理机构应当通过以下方式产生符合资格条件的供应商名单，并从中随机抽取3家以上供应商向其发出投标邀请书：（1）发布资格预审公告征集；（2）从省级以上人民政府财政部门（以下简称财政部门）建立的供应商库中选取；（3）采购人书面推荐。

由此，可以看到资格预审公告也是邀请招标中确定符合资格条件的供应商名单的一种方式。但需要注意的是，资格预审并非仅适用于邀请招标，仍应将其理解为原则上是从公开招标中衍生，用于解决潜在供应商数量众多，可能影响招标组织工作等因素的一种措施。在特定情形下，被用来作为邀请招标中确定特定供应商的方法之一。

3. 相应采购文件提供的时限

供应商也应注意相应采购文件提供的时限是否合法。采购人或者采购代理机构应当按照招标公告、资格预审公告或者投标邀请书规定的时间、地点提供招标文件或者资格预审文件，提供期限自招标公告、资格预审公告发布之日起计算不得少于 5 个工作日。提供期限届满后，获取招标文件或者资格预审文件的潜在投标人不足 3 家的，可以顺延提供期限，并予公告。

（二）非招标采购方式相应采购文件的获取

1. 竞争性谈判采购方式相关采购文件的获取

根据《政府采购法》，在竞争性谈判采购方式中，由谈判小组确定邀请参加谈判的供应商名单。谈判小组从符合相应资格条件的供应商名单中确定不少于三家的供应商参加谈判，并向其提供谈判文件。

与招标采购方式的处理相仿，部门规章也进一步规定了竞争性谈判中供应商名单的确定方法：采购人、采购代理机构应当通过发布公告、从省级以上财政部门建立的供应商库中随机抽取或者采购人和评审专家分别书面推荐的方式邀请不少于 3 家符合相应资格条件的供应商参与竞争性谈判采购活动。符合《政府采购法》第二十二条第一款规定条件的供应商可以在采购活动开始前加入供应商库。财政部门不得对供应商申请入库收取任何费用，不得利用供应商库进行地区和行业封锁。

采取采购人和评审专家书面推荐方式选择供应商的，采购人和评审专家应当各自出具书面推荐意见。采购人推荐供应商的比例不得高于推荐供应商总数的 50%。

对于公开招标的货物、服务采购项目，在招标过程中提交投标文件或者经评审实质性响应招标文件要求的供应商只有两家时，采购人、采购代理机构按照报经本级财政部门批准后与该两家供应商进行竞争性谈判采购的，谈判小组直接向其提供谈判文件。

2. 其他非招标采购方式相关采购文件的获取

在询价采购方式中，询价小组直接向符合资格条件的供应商发出采购货物询价通知书。符合资格条件的供应商的确定方法与竞争性谈判相同：由采购人、采购代理机构通过发布公告、从省级以上财政部门建立的供应商库中随机抽取或者采购人和评审专家分别书面推荐的方式邀请不少于3家符合相应资格条件的供应商参与询价采购活动。

采取单一来源采购方式的，由采购人或者采购代理机构直接向唯一的供应商提供采购文件。

关于协议供货、定点采购乃至竞争性磋商等，因各种原因并非独立、完整或者长期意义上采购方式，获取相应采购文件的方式也与前述采购方式大体相仿，此处不再介绍。

（三）相关采购模式中采购文件的获取

近年来，财政部推出了框架协议采购、合作创新采购等相关办法。尽管财政部将其亦表述为采购方式，但由于这些"采购方式"与《政府采购法》所规定的采购方式在划分标准上并非处于同一维度，交叉重合性较高，故本章将其归入采购模式。

1. 框架协议采购

供应商可以按照框架协议采购征集人发布的征集公告获取采购文件。征集公告与征集文件的获取密切相关的主要内容有：（1）征集人的名称、地址、联系人和联系方式；（2）采取封闭式框架协议时，获取征集文件的时间、地点和方式；（3）采取开放式框架协议时，表现为订立开放式框架协议的邀请。

2. 合作创新采购

采购人应当发布合作创新采购公告邀请供应商。供应商参与创新概念交流后，有权要求采购人向所有的供应商提供研发谈判文件，邀请其参与研发竞争谈判。

受基础设施、行政许可、确需使用不可替代的知识产权或者专有技术等限制，只能从有限范围或者唯一供应商处采购的，采购人可以直接向所有符合条件的供应商发出合作创新采购邀请书。

二、对采购文件分析的主要内容

（一）采购文件实体内容分析

采购文件具有个案特点，供应商应当重点分析采购文件，判断采购文件是否根据该采购项目的具体特点和采购需求进行了编制，并为后续编制响应文件等工作提供基础条件。

1. 资信内容

资信内容主要包括：（1）供应商应当提交的资格、资信证明文件；（2）为落实政府采购政策，采购标的需满足的要求，投标人须提供的证明材料；（3）投标人信用信息查询渠道及截止时点、信用信息查询记录和证据留存的具体方式、信用信息的使用规则等。

2. 质量、技术、权利义务等内容

其主要包括：（1）采购项目的技术规格、数量、质量或者服务标准、验收等要求，包括附件、图纸等。以质量标准为例，采购文件的内容和要求不得违反法律、行政法规或者强制性国家标准等。（2）货物、服务提供的时间、地点、方式；（3）拟签订的合同文本，合同文本对采购人和供应商双方当事人的实体权利义务影响较大。

3. 报价内容

报价内容主要包括：（1）采购项目预算金额；（2）采购人设定最高限价的，是否公开了最高限价；（3）投标报价要求分析、报价计价类型、不平衡报价等报价方法；（4）采购代理机构代理费用的收取标准和方式，该费用应当由供应商充分考虑后，通过报价内容中的方式转移给采购人；（5）采购资金的支付方式、时间、条件，资金存在时间价值，因此，要求报价应当与前述三要素综合考虑，以便实现供应商利益最大化。

（二）采购文件相应程序要求的分析

1. 评标方法、评标标准分析

采取不同的评标方法、评标标准时，即便在供应商各项客观因素均无变化的情况下，供应商的排序也可能不同。供应商应当高度重视评标方法、评标标准。

（1）最低评标价法。

对于采取最低评标价法的政府采购项目，供应商应当重点分析以下内容并采取相应措施：①该政府采购项目是否属于技术、服务等标准统一的货物服务项目。若不符合，需要考虑是否根据实际情况直接或间接向采购人或者采购代理机构质疑。②需要满足的招标文件全部实质性要求有哪些。实质性内容涉及投标有效性问题，应当高度关注，供应商可以一一对照本单位是否存在偏离，偏离程度是否在容忍程度之内，避免出现因实质性要求不符合招标文件要求被否决的情形发生。③重视招标文件载明的投标价格调整规则。除了算术修正和落实政府采购政策需进行的价格扣除外，不能对投标人的投标价格进行任何调整。需要区分的是，投标报价的算术修正是确定投标报价的真实意思，修正后的报价经供应商确认后成为真正的投标报价，一旦中标将作为中标价（即合同价）订立合同。而落实政府采购政策，例如，面向中小企业需进行的价格扣除，属于评标范畴，扣除后的价格仅用于评标，解决排名问题。在订立合同时，仍然以该中标人的原始投标报价为中标价（合同价）。

（2）综合评分法。

对于采取综合评分法的政府采购项目，供应商应当重点分析以下内容并采取相应措施：①该政府采购项目是否属于技术、服务等标准统一的货物服务项目。若属于，则不适用该评标方法，而适用最低评标价法，相应措施可参考上文最低评标价法相应内容。②采取综合评分法，也不意味着招标文件的实质性要求有所降低。不同于国际招标领域中对实质性要求也可以以扣分等方式确认其有效性，我国政府采购领域对实质性要求高度重视，规定投标文件必须满足招标文件全部实质性要求。③招标文件是否按照评审因素的量化指标评审投标人。应当量化而未量化的，将导致评标方法存在重大瑕疵，财政部门以此支持供应商投诉而责令重新开展政府采购活动的案例较多，供应商应当高度重视，避免本单位因此未能中标，或者考虑是否根据实际情况投诉中标供应商。评审因素应当细化和量化，且与相应的商务条件和采购需求对应。商务条件和采购需求指标有区间规定的，评审因素应当量化到相应区间，并设置各区间对应的不同分值。④评审因素的设定是否与投标人所提供货物服务的质量相关，包括投标报价、技术或者服务水平、履约能力、售后服务等。⑤资格条件是否作为评审因素，评审因素应当规定在招标文件中。⑥货物项目的价格分值占总分值的比重是否符合规定。按照政府采购法律，货物项目的价格分值占比不得低于30%；服务项目的价格分值占比不得低于10%。执行国家统一定价标准和采用固定价格采购的项目，其价格不列为评审因素。

2. 投标无效的情形

投标的有效性问题，对供应商至关重要。投标文件先要保证有效，才有中标的可能性。政府采购法律对招标文件也提出了明确要求：（1）招标文件的主要内容包括投标无效情形，通常要求其明示列举，并与评标方法、评标标准在同一部分中。（2）对于不允许偏离的实质性要求和条件，采购人或者采购代理机构应当在招标文件中规定，并以醒目的方式标明。

供应商应当对照法律、招标文件规定，避免发生导致其投标无效情形，考虑重点从以下方面核查。

（1）避免违背公平竞争原则，恶意串通，妨碍其他投标人的竞争行为，损害采购人或者其他投标人的合法权益。也避免因形式违法被认定为"视为投标人串通投标"而导致投标无效。主要情形有：①不同投标人的投标文件由同一单位或者个人编制；②不同投标人委托同一单位或者个人办理投标事宜；③不同投标人的投标文件载明的项目管理成员或者联系人员为同一人；④不同投标人的投标文件异常一致或者投标报价呈规律性差异；

⑤不同投标人的投标文件相互混装；⑥不同投标人的投标保证金从同一单位或者个人的账户转出。

（2）避免违反实体或程序性要求导致投标无效。常见的情形有：①未按照招标文件的规定提交投标保证金的；②投标文件未按招标文件要求签署、盖章的；③不具备招标文件中规定的资格要求的；④报价超过招标文件中规定的预算金额或者最高限价的；⑤投标文件含有采购人不能接受的附加条件的。

此外，供应商还应当注意可能导致投标无效的特殊情形：（1）提供相同品牌的不同投标：采用最低评标价法的采购项目，若提供相同品牌产品的不同投标人参加同一合同项下投标的，以其中通过资格审查、符合性审查且报价最低的参加评标；报价相同的，由采购人或者采购人委托评标委员会按照招标文件规定的方式确定一个参加评标的投标人，招标文件未规定的采取随机抽取方式确定，其他投标无效。值得注意的是，工程招标中的货物采购，对此较为宽松，无效的情形限定于同一制造商同一品牌同一型号的货物投标。（2）评标委员会认为投标人的报价明显低于其他通过符合性审查投标人的报价，有可能影响产品质量或者不能诚信履约的，应当要求其在评标现场合理的时间内提供书面说明，必要时提交相关证明材料；投标人不能证明其报价合理性的，评标委员会应当将其作为无效投标处理。该制度是异常低价处理机制，用于替代操作性差的"低于成本的投标报价将被否决"制度。

3. 妨碍公平竞争的规定和做法

我国出台了《公平竞争审查条例》等公平竞争审查相关行政法规，财政部也颁布过《关于促进政府采购公平竞争优化营商环境的通知》（财库〔2019〕38号）。前者虽然适用于政策制定机关，但其设置的禁止性行为将不可避免地通过各种方式传导演变为对招标人的要求，有助于供应商掌握妨碍公平竞争的常见规定和做法，供应商也应当及时关注。涉及公平竞争及其审查的有关内容，详见第七章第三节。

4. 其他关注事项

（1）投标截止时间、开标时间及地点。

逾期送达的投标文件，将被拒收。被拒收的投标，从根本上失去了参与竞争的机会。也往往导致供应商内部追责机制的启动，若投标文件竞争力不足，投标人的授权代理人尚情有可原，但若因迟到丧失了参与竞争的机会，则无可原谅，虽然及时提交也不见得能够中标。

虽然不同行业领域、地域尤其是进入有形交易市场（包括电子招标投标平台）招标活动中的开标时间和地点的安排共性大于特性，也不排除在实践中特别的管理做法导致投标文件逾期送达。因此，供应商的授权代理人应当尽足够的审慎义务，提前熟悉开标地点及其特别要求。

（2）投标有效期。

投标有效期的法律性质是《民法典》"合同编"中的承诺期限。供应商承诺的投标有效期，从提交投标文件的截止之日起算。投标文件中承诺的投标有效期应当不少于招标文件中载明的投标有效期。供应商应当注意，在投标有效期内投标人撤销投标文件的，属于《民法典》"合同编"不得撤销的情形，采购人或者采购代理机构可以不退还投标保证金。若无特别考量，供应商不应在投标有效期内撤销投标文件，或者进行相反的意思表示。若综合考虑实属必要，供应商可以以丧失投标保证金为代价撤销投标文件，但要充分评估包括但不限于损害商誉、信用方面其他后果。

（3）关于样品要求的分析。

根据政府采购法律规定，采购人、采购代理机构一般不得要求投标人提供样品，只有当仅凭书面方式不能准确描述采购需求或者需要对样品进行主观判断以确认是否满足采购需求等特殊情况下，才可以考虑要求投标人提供样品。

采购人要求投标人提供样品的，供应商可分析在招标文件中是否明确规定了样品制作的标准和要求、是否需要随样品提交相关检测报告、样品的评审方法以及评审标准。需要随样品提交检测报告的，是否规定了检测机构的要求、检测内容等。不符合以上要求的，供应商有权提出询问、质疑，或者拒绝提供样品。

采购活动结束后，供应商未中标的，可以要求采购人对其提供的样品及时退还，或者向采购人表示由其自行处理；供应商中标的，其提供的样品应当按照招标文件的规定进行保管、封存，并作为履约验收的参考。

（三）分析采购文件问题后的处理

经对采购文件进行分析后，发现采购文件存在违反法律、法规、强制性国家标准、政府采购政策，或者违反公开透明、公平竞争、公正和诚实信用原则的，应当进行质疑。需要注意的是，询问往往限于技术性事项，前述涉及违法性问题，属于质疑事项。

有前述规定情形，影响潜在投标人投标或者资格预审结果的，供应商可以要求采购人或者采购代理机构修改招标文件或者资格预审文件后重新招标。没有必要重新招标的，可以通过召开开标前答疑会解决问题，也可以通过对已发出的招标文件、资格预审文件、投标邀请书进行必要的澄清或者修改等方式解决。

召开答疑会的，应当在招标文件中载明，或者在招标文件提供期限截止后以书面形式通知所有获取招标文件的潜在投标人。采取必要的澄清或者修改等方式解决的，不得改变采购标的和资格条件。澄清或者修改应当在原公告发布媒体上发布澄清公告。澄清或者修改的内容为招标文件、资格预审文件、投标邀请书的组成部分。澄清或者修改的内容可能影响投标文件编制的，采购人或者采购代理机构应当在投标截止时间至少15日前，以书面形式通知所有获取招标文件的潜在投标人；不足15日的，采购人或者采购代理机构应当顺延提交投标文件的截止时间。澄清或者修改的内容可能影响资格预审申请文件编制的，采购人或者采购代理机构应当在提交资格预审申请文件截止时间至少3日前，以书面形式通知所有获取资格预审文件的潜在投标人；不足3日的，采购人或者采购代理机构应当顺延提交资格预审申请文件的截止时间。

第二节　竞标组织的建立与管控

竞标组织，是指投标人或者供应商为实施投标活动专门组建的临时性专业团队。在不同的采购方式或者模式中表现为投标小组、响应小组等。

一、竞标组织的建立

（一）设立竞标组织的必要性

1. 竞标活动的专业化要求

对设立竞标组织是竞标活动日趋专业化的必然要求。竞标活动虽然周期较短，但对所需人员所具备的能力要求较高。尤其在竞争激烈的领域，需要设立专门的投标组织，调动投标人的各类资源，以各自的技术、经济、管理、法律等各方面的知识构成与经验，体现在信息跟踪、关系维护、文件编制、竞争对手判断、突发情况应对以及投诉与防御等环节中，最终形成专业化投标优势，或者与其他投标人的专业优势相对抗，提升投标人的核心竞争力。由于需要在多环节体现全方位的能力，投标人或者供应商必须在专业分工的基础上，通过组建团队实施响应工作。

2. 提高投标或者响应质量、效率

投标或者响应工作环节较多，对各环节工作和文件等的质量效率要求较高。设立专门的竞标组织，有利于借助专业化的团队、资源和能力，减少行为和文件瑕疵，确保投标、响应行为及其文件的真实性、完整性、准确性。投标或者响应工作涉及的各专业人员较多，例如，项目经理、技术专家、经济专家、管理专家、法务人员等，设立竞标组织，发挥组织功能有利于实现相关人员乃至其所属部门之间的协同合作和沟通，确保信息传递机制扁平、通畅，提高工作和文件的质量，提升工作效率，实现最大可能的中标机会。

3. 对控制风险的组织要求

投标周期虽然较短，但涉及的风险类型较多。例如，技术风险、经济风险、管理风险、法律风险等。设立对应于前述风险类型的专业化人才，有利于通过系统性的风险预防控制措施，通过组织机制识别、分析和应对风险，减少因风险因素导致的投标或者响应失败。

（二）竞标组织建立的目标

竞标组织是项目管理中的项目团队。在管理学中，项目团队是指为实现某个具体项目目标而建立的、由特定要求的个体成员组成的临时性协同工作组织。竞标组织以完成竞标工作，通常将力争中标或者成交为项目目标，由各专业人员组成，在招标或者其他采购活动结束后即告解散。

设立竞标组织，其首要的工作是目标的确定。以组织目标的高低划分，可以分为战略性目标、一般经营性目标和其他目标。例如，要通过某项投标活动，进入某新的行业、地区市场，实现该行业、地区零的突破时，可认为属于团队战略性目标范畴。对此类投标活动，要充分认识到其重要性和艰巨性，并结合项目的需求和复杂性，选取高水平的相关人员作为竞标组织成员，例如，由公司高管、总工挂帅，鲁班奖、全国优秀项目经理等各类稀缺资源于一身的项目经理作为成员亲自参与投标文件的编制等。而对于中标概率较小且无强烈中标意愿的"海投类""配合类"项目，人员设置要求往往较低。

（三）竞标组织的人员构成

根据竞标组织相关人员在投标或者响应活动中所起的作用不同，可以分为核心成员和支持成员。

1. 核心成员

核心成员主要有中标或者成交后拟任项目经理的人员、专业技术人员、经济人员、管理人员、法务人员，以及相关文件主要执笔人员。

（1）项目经理。

中标或者成交后的拟任项目经理通常也在竞标组织中任项目经理，在竞标组织内发挥主要管理作用。正如其在合同履约阶段的工作内容，主要工作是在投标或者响应即合同订立阶段负责整体竞标工作的组织、控制与协调，确保各阶段工作按质按时完成，以实现既定项目目标。具体岗位职责有：①对项目实施总体控制；②与招标人、招标代理机构等外部单位对接联络；③与本单位各部门及各级领导人汇报协调；④跟踪招标前期活动；⑤组织投标或者响应文件编制；⑥参与开标程序；⑦组织异议、投诉；⑧参与中标后谈判、签约等。

（2）专业技术人员。

专业技术人员应当发挥专业技术优势，着眼于技术方案、技术文件的编制等方面为竞标组织发挥基础作用，尤其是在技术标分值权重较大的投标活动中。包含方案设计、初步设计、施工图设计在内的设计招标项目中，技术标分值权重较大，应当突出专业技术人员的知识结构和专业素养，由其提供和确定高水平的技术方案、专业建议，并始终确保前述工作内容的合规范性。施工招标项目中，专业技术团队人员的具体职责有：①负责研究招标或者采购文件中的技术要求；②负责现场踏勘，参加相应投标预备会；③分析项目所涉及的技术难点、重点问题；④在招标或者采购文件允许的合理的工期和造价控制目标下，编制配备劳务人员、材料供应、机械设备等资源的施工方案或者施工组织设计。

（3）经济人员。

经济人员发挥对投标或者响应报价编制的作用。投标或者响应报价以技术方案和专业建议为基础，因此，经济人员应当对技术方案有较为深刻的理解，以便确保报价文件的精准性。在报价权重较大的投标或者响应活动中，经济人员的作用更大。在设有复合标底等情形下，我国的投标或者响应成功的关键往往在于报价的精准性。经济人员的主要工作是编制报价并确保报价合理且具竞争力，工程招标中主要表现为成本估算、报价预测和已标价的工程量清单填报与调整等。

（4）法务人员。

法务人员发挥对投标或者响应报价编制的保障作用。投标或者响应文件的合法性、合规性（该"规定"也包括招标文件的规定），往往决定了其是否被接收、是否有效。法务人员的主要工作是对资信标等内容的合法性、合规性实施审核，对招标或者其他采购文件的条款（包括所附合同条件）及其相应法律风险提供意见和建议。

（5）主要执笔人员。

评标的直接对象是投标或者响应文件，书面文件的编制质量是评价的重要内容。相关文件主要执笔人员的责任心、文笔水平对文件质量的影响较大。文件编制可以由项目经理等核心成员分工实施，并由专门人员统稿；项目简单的，也可以主要由专门人员编制完成。专门人员主要负责撰写和编辑投标或者响应文件，并确保文档清晰、准确且符合要求。

2. 辅助成员

对于较为复杂的招标或者采购项目，竞标组织还可能根据实际情况吸收市场调查人员、深化设计人员以及行政辅助人员等。市场调查人员主要负责收集市场信息，对主要竞争对手进行预测分析，为决策提供辅助支持。深化设计人员主要审核图纸与工程量清单的对应性，以便为投标报价策略的确定等提供支持。行政辅助人员可以为会议安排、审批流程、印刷用印、文档管理、后勤保障等工作提供相应服务。需要样品、模型的招标项目，还可能吸收内外部相应人员参加，例如，样品、模型制作人员。

二、竞标组织的资源配备与调整

（一）竞标组织的资源配备

在竞标过程中，配置充足、合理的资源是确保达成项目目标的关键。按照资源性质，可将其划分为人力资源、技术资源、财务资源、合约法务资源等。其中，人力资源主要表现为竞标组织的人员构成，此处不再赘述。

1. 技术资源

除技术人员以及外部咨询外，还需要配备必要的技术设备、资料。通常的技术设备、资料有：（1）通用、专业的软硬件设备，用于编制投标或者响应文件。（2）测试工具，用于文件编制过程中的实验、试验，验证技术方案的有效性和可行性。（3）线上线下协作的软硬件，支持竞标组织人员之间的远程沟通和协作。（4）技术标准或者专业文献，确保技术方案或者设计的合规范性，主要是符合强制性国家标准以及招标或者其他采购文件特别要求的其他标准。

2. 财务资源

竞标组织的工作离不开财务资源的支持。财务资源可以分为费用和资料两部分。费用主要包括：（1）投标费用，包括投标或者响应文件的编制、印刷、邮寄等费用，差旅费用。（2）外部专家咨询费用。（3）其他必要经费。资料主要包括：①编制投标或者响应文件所需的财务信息和数据。②财务部门提供的专业财务建议。

3. 法律资源

法律资源主要是合约法务部门提供的资源。法律资源主要包括：（1）政府采购法律及案例数据库。（2）提供适合项目特点的最新版本投标或者响应文件模板。在允许供应商提供合同文本或者可以就合同条款进行深度洽商的采购中，合约法务部门还应当提供合同模板，确保条款对双方大体公允。（3）相关法律声明和证明材料，例如，对投标文件的著作权保留条款、商业秘密声明条款。

（二）竞标组织人员的动态调整

1. 竞标组织人员动态调整的必要性

随着竞标组织的工作不断深入，竞标组织所掌握的招标项目及主要竞争对手相关信息也趋于丰富。竞标组织人员也应当根据内外部环境的变化、招标项目的实际需要等内容，竞标组织人员也应当相应调整，确保组织具备必要的能力和资源。

竞标组织的人员配备应当保持开放性。需要增减相关核心、辅助人员的，或者需要调整组织人员分工的，或者需要采取网络技术或者 AI 等信息技术加强投标或者响应文件编制效果的，也应当及时调整。

2. 竞标组织人员动态调整的基本原则和主要方法、措施

动态调整的基本原则有：①动态调整应当面向项目实际需求，调整的目的是更好地实现项目目标，保证组织人员符合项目的实际需求；②动态调整应当立足人员实际情况，既要面向项目实际需求，也要注意本单位人员的知识结构、专业技能对项目需求的匹配度，即能否实现有效供给；③组织内信息传递快速、透明，确保组织人员之间的信息及其传递畅通、沟通有效。

动态调整的主要分析方法有：①反馈信息梳理，收集竞标组织内部人员和外部的反馈信息。②项目需求分析。对招标项目需求进行持续跟踪、分析，项目需求有变化的，应当及时考虑是否会引起竞标组织人员的调整。③绩效评估。对竞标组织人员实施定期或不定期的绩效评估，纳入本单位绩效评估制度，竞标组织人员绩效达不到要求，或者不能匹配招标项目需求的，启动调整程序。

根据分析评价结果，采取相应的动态调整措施。①根据项目评价的结果，确定需要调整的组织人员和角色。②制订调整方案，确定调整人员的具体时间、步骤和方式。③实施人员调整，调整人员职责，必要时增加或替换符合项目需要的特定知识、能力或者经验的人员，调整职责分工和工作量，并提高工作效率和质量。④组织原人员和新人员培训和适应。⑤树立团队风险意识，积极应对突发事件和风险事件。⑥评估调整后的效果，适时纠偏，实现可持续发展。

三、竞标组织的管控

竞标组织的有效管控具有重要意义，通过合理分配和使用资源，减少浪费，促进组织人员之间的协作与配合，提高团队工作效率和投标质量，最终确保投标目标的顺利实现。

（一）竞标组织管控的基本要求

1. 管控要素

竞标组织管控要素主要包括组织结构与角色分配、任务分配与进度控

制、沟通与协作、绩效评估与奖惩、风险管理等。组织结构与角色分配已在竞标组织的建立、动态调整等部分介绍，不再详述。

（1）任务分配与进度控制。竞标组织应当根据项目特点制订详细的任务清单和分配方案，并根据组织人员的能力和工作量进行合理分配。具体可以采用 WBS 分解结构确定任务清单。

（2）对投标或者响应工作实施进度控制。①制订进度计划，设置关键节点，编制里程碑或者横道图。②执行并随时反馈信息，检查进度计划的执行情况，使用网络计划技术及时调整和优化计划。③计划完成或者终止后，及时总结进度控制的得失。

（3）高度重视组织内部沟通与协作。①随时召开组织内部会议，必要时邀请其他部门，或者向本单位领导汇报，讨论进展和重点难点问题。②建立有效的沟通渠道，确保信息畅通。③使用高效的协作工具，共享文件和文档，确保信息的实时更新和访问。④及时解决组织内部矛盾，增强组织人员之间的信任和合作。⑤进行反馈和评估，改进团队协作方式。

（4）绩效评估与奖惩。①结合本单位绩效评估制度，定期或者不定期评估组织人员的工作表现和任务完成情况。②根据绩效评估结果动态调整工作安排和资源分配。③根据绩效评估结果，表彰奖励表现突出的组织人员，处罚不称职或者造成重大损失的组织人员。④提供优质专业培训和晋升机会，提升组织人员的技能和能力。

（5）风险管理。①对竞标过程中的各项风险进行识别，根据项目特点，采取头脑风暴法、访谈法等方法，对投标或者响应中的潜在风险如技术风险、合同风险等作出识别。②对识别出的各项主要风险进行评估，采取专家调查法等方法确定风险的影响和概率。③根据识别和评估结论，制订相应的风险管理计划，合理配备各项资源。④实施风险应对措施，按照本单位应急预案和投标或者响应专项应急预案，优先处理高影响、高概率的风险，实施风险应对措施。并对其他风险保持监控，视情况及时调整风险管理计划。

2. 竞标组织冲突管理

竞标组织工作期间，不断与内外部发生关系，不可避免地在工作范围、进度、质量、费用等方面发生冲突。竞标活动具有周期短、强度大、突发事件多的特点，加剧了这一点。不能在冲突升级之前及时解决，将会给竞标的效果乃至项目目标的达成造成严重影响。

竞标组织内部的冲突类型主要表现为任务关系冲突和人际关系冲突。任务相关冲突既有绝对对立的任务之间的矛盾，也有彼此制约的任务冲突，例如，质量、工期、造价三大控制目标之间存在彼此制约彼此矛盾的关系。人际关系冲突体现为长期矛盾的积累，或者临时性组织带来的磨合不够、压力过大等因素。当组织人员对项目目标、组织工作方法等理解出现偏差，又未能达成一致时，不免产生冲突。

冲突解决应当遵循的基本指导思想：（1）构建和谐的内部工作关系。在组织运行时，注意营造良好的工作氛围，沟通时注意方式方法，尊重他人。（2）对事不对人。尤其是对于原则性问题，在坚持意见的同时，避免评价对方，尤其是恶语相向。（3）求同存异，以解决问题为导向化解矛盾冲突。解决问题的同时，也是解决冲突、恢复和谐的内部工作关系的过程。

常见的冲突解决方法有妥协、回避、迂回、强迫等。（1）当冲突对项目目标不产生根本矛盾时，通常通过寻找冲突双方平衡点的方式，促使冲突双方达成妥协。（2）对于暂时难以解决的冲突，可以采取搁置矛盾的方式，等待解决冲突的最佳时间和契机。（3）对于不愿妥协、回避的冲突，但又不适合立即解决，可以考虑迂回的方式。（4）对于必须立即解决、毫无妥协余地的冲突，实施强迫方式解决，该方式往往要求强迫一方具有较大的权力。

（二）各阶段管控要点

竞标组织应当完善工作流程，在各阶段设置质量控制要点，确保每个阶段的工作高质高效。

1. 准备阶段管控要点

准备阶段发生在获取采购文件之后，投标或者响应之前。其中，响应文件的编制在本章第三节中详述。

（1）踏勘现场环节管控要点。

政府采购工程招标项目中，踏勘现场环节是关键一步，直接有利于保障供应商在更好地理解项目的现场实际情况的基础上，编制出质量更高、报价更准、更适合项目特点的投标或者响应文件。更重要的是，踏勘现场环节要确保各个供应商之间的公平竞争。重点管控内容有以下几个方面。

①平等地获得采购人的提前通知。采购人不仅应提前将踏勘时间、地点、注意事项等信息告知所有潜在投标人，还要保证提供信息的同时性和一致性。

②采购人安排的现场踏勘应当在同一时间、同一地点进行。采购人分别或者单独安排其他供应商现场踏勘的，供应商应当及时质疑，避免因不当安排产生信息不对称。

③踏勘现场安全与纪律要求。现场往往存在安全隐患和影响安全的各种不确定因素，竞标组织应提前对组内踏勘人员进行安全防护措施交底，确保组内人员的人身和财产安全。强调现场活动纪律，不得扰乱现场秩序或影响其他供应商的正常踏勘，也有权要求免受其他供应商的不当干扰。

④供应商有权获得采购人或其委托的第三方对现场进行的记录，也可以自行记录，通过拍照、录像等方式保存现场情况，为下阶段响应文件的编制提供支撑资料。

⑤供应商有权要求采购人对现场重要事项进行说明和解释，并有权知晓采购人对其他供应商进行的说明和解释内容。

⑥供应商避免私下与采购人或者其他供应商接触，也要注意其他供应商的此类不当行为，保持全过程公正、透明。

⑦供应商对踏勘涉及的项目资料和信息应进行保密，未经采购人同意不得将现场获得的信息泄露给他人，避免侵犯采购人或者其他供应商的商业秘密。

（2）澄清与修改管控要点。

招标文件的澄清、修改文件构成招标文件的一部分，往往该部分的因素决定着供应商之间的水平差异和竞标成败。需要从以下方面进行严格管理。

①在踏勘过程中，对供应商提出的问题现场不能解答或者不能详细解答的，应通过采购文件的澄清、修改文件等书面形式，或者采取投标预备会等形式统一发布给所有供应商，避免部分供应商出现信息优势的情形。供应商应当对照踏勘记录，避免遗漏关键问题。对于可归责于采购人的关键问题遗漏，供应商有权提出，即便是已经超过问询时限，此时往往因采购人涉及行为违法违规问题，可以归入质疑范畴，按照质疑时限处理。

②应当将澄清、修改文件及时提供给所有供应商，以保证供应商有足够的时间对投标或者响应文件进行调整；且通常应当确保所有供应商同时收到该文件全文，以保证在时间上、内容上对各个供应商基本公平。采取纸媒方式的，提供时间大体一致即可；采取电子招标或者采购方式的，其同时性可以较好地得到保证。

③供应商对澄清、修改文件应当高度重视、认真研究。确认澄清问题的提出时间、问题内容，分析采购人的答复深度。供应商应当将澄清、修改文件及其分析材料按照本单位要求归档，便于应对后续可能发生的纠纷解决。

④澄清、修改文件不能超过必要的限度。因澄清、修改文件仅是对采购文件的解释、说明，不应对采购文件的实质性内容进行变更，以免对未获得采购文件的潜在供应商造成不公平，引发无谓的纠纷。澄清、修改文件对采购文件实质性内容进行变更的，供应商可以视情况质疑。

⑤供应商对于澄清、修改文件存在的问题应当主动、及时反馈。如此，在踏勘过程中发现将导致项目有重大变更的情形，供应商可以建议采购人分析研究，并在必要时采取适当延长投标或者响应文件截止时间，甚至重新发布采购公告等措施。

（3）投标预备会管控要点。

投标预备会并非必要环节。但一旦召开投标预备会，意味着需要以会议方式发布重要信息或者沟通重要议题。供应商应当充分利用投标预备会的组织形式，了解项目需求和特点、项目细节以及相关重点难点，为提高招标或者响应文件的编制质量等活动提供良好基础。管控要点主要包括以下方面。

①所有供应商都有获取会议的时间、地点、方式、议程等信息的权利。当然，供应商也可以放弃参加该会议的权利。

②供应商应当准备好参会相关准备材料，包括项目基本情况、投标文件编制重点难点、技术资料、政府采购法律汇编等，便于为议题提供支持材料。

③供应商可以根据招标人的组织和实际情况选择线上或者线下方式参加预备会。供应商无法或者不愿到场参会的，可参加线上会议。供应商应注意线上会议是否沟通顺畅，并具有记录留痕功能。

④供应商参会人员的确定。原则上限定于经授权的参与投标活动代理人。涉及相关专业、经济、管理、法律等内容的，可以考虑增加相应参会人员，并履行授权手续，经招标人准许后参会。关联不大的人员尽量避免参加会议。

⑤供应商有权监督采购人是否按照会议议程进行。重点是对供应商关注的问题，例如，采购人是否对采购文件的重要条款、项目要求、技术规范、合同特别条款等内容进行统一说明，是否对全部供应商提出的问题作出明确的解释和说明。

⑥采购人应当设置专门人员对会议全程记录。预备会应由专门人员进行记录。会议记录的内容应当完整，包括会议时间、地点与参加人员，讨论内容、问答环节、重要决定等。采购人未如实记录的，供应商有权提出改正建议。

⑦采购人应当对所有供应商在会议上的权利一视同仁，不得对供应商实行差别待遇，保持会议所涉及的信息公开透明，确保所有供应商公平竞争。

⑧供应商有权在会议上就采购人不够明确的答复追问，并可以提出新的问题。也可以在预备会后，澄清、修改文件通知时间前提问。时间尽量

提前，处理好与采购人的关系，避免引起无谓的反感。

⑨供应商不得与采购人在会上或私下有不当接触，也有权监督和制止其他供应商有此类行为，杜绝供应商与采购人串通投标，避免在参与招标过程中发生违法行为或者产生争议。

⑩会议记录作为招标文件澄清、修改文件的一部分，具有法律效力。虽然政府采购相关法律或者招标文件规定的表述多为"澄清、修改文件与招标文件具有同等法律效力"，但由于澄清、修改的意义在于被澄清尤其是修改的内容与招标文件不一致时，以澄清、修改的内容为准，事实上使得澄清、修改文件的法律效力高于招标文件。当然，澄清、修改文件的不一致程度受到限制，不能对招标文件构成实质性背离。澄清、修改文件在预备会后、投标截止时间至少 15 日前，以书面形式通知所有获取招标文件的潜在投标人。即便是放弃参会权利的投标人，也应能获取该澄清、修改文件。

⑪供应商应当注意会议保密要求，对预备会议中获取的所有项目资料和相关信息应当严格保密，同时，也注意避免本单位的涉密资料为其他供应商所知晓。

2. 开标阶段管控要点

开标环节是各供应商短兵相接的阶段，管控要点有以下方面。

（1）开标应在招标公告、招标文件载明的时间、地点进行。招标人更改开标时间或者地点的，必须有正当事由，且依法及时通知所有供应商。招标人擅自更改开标时间、地点的，供应商有权提出质疑。

（2）开标场所的软硬件设施应当符合法律规定与招标项目的实际需要。通常情况下，政府采购中心（或者包括在公共资源交易中心）的传统有形市场建设、电子招标投标平台建设在场所面积、办公条件、可追溯性、保密要求、监督管理等方面能够满足前述需要。

（3）供应商的参会权利。开标过程应当公开进行，所有供应商有权参加，也可以放弃参会权利，并且不因此而导致投标文件被拒收或者被否决。供应商有权派法定代表人参会，也可以由其授权代理人参会。所有供应商或其推举的现场代表，可以与招标人和监督部门的有关人员共同参与开标。

（4）竞标组织人员在开标现场应关注招标人接收投标文件是否依法合规。招标人是否按照投标文件递交的顺序逐一启封，各投标文件的包封情况是否符合招标文件的规定，密封状况是否良好。如果发现异常，有权当场质疑，并要求招标人应予以检查，记录情况。

（5）供应商在开标时，其竞标组织人员应当监督招标人是否按照法律规定和招标文件规定进行唱标，具体关注各投标人的名称、投标报价、其他主要内容（如质量、工期及相应技术方案等）以及招标人记录的真实性、完整性和准确性，并自行记录有关细节，供下阶段分析对手或者启动救济程序使用。

（6）开标完成后，竞标组织应当监督包括本单位投标文件在内的所有合格的投标文件是否进行向评标委员会或评审小组的移交程序。

（7）供应商不得与采购人会上私下有不当接触，也有权监督和制止其他供应商有此类行为，杜绝供应商与采购人串通投标，避免参与招标过程中发生违法行为或者产生争议。

（8）供应商应当注意会议保密要求，对预备会议中获取的所有项目资料和相关信息应当严格保密，同时也注意避免本单位的涉密资料为其他供应商所知晓。

3. 评标阶段管控要点

评标阶段的主要工作由采购人及其采购代理机构、评标委员会等机构实施，供应商负有配合义务或者其他消极义务。常见的管控要点有以下方面。

（1）开标后，供应商不得擅自（通常表现为主动）修改或补充其已提交的投标文件，若有该行为的，其修改、补充文件将被拒绝。在评标委员会依法启动澄清程序的，供应商可以应评标委员会的要求在其要求范围内对文件内容进行必要的澄清或补充说明，此类澄清应仅限于对原投标文件的解释，不得改变投标的实质性内容。

（2）供应商的澄清或者补充说明，其法律性质为投标文件的一部分，也应当向其他供应商发布，便于其享有知情权并视情况行使监督救济权利。

（3）参与电子招标的，在评标阶段中，投标人应确保其账户和电密钥的安全，避免因信息泄露或误操作承担法律责任。投标人也不得对系统进行非法操作或者干扰评标流程。

（4）供应商不得与采购人、评标委员会成员在评标阶段私下有不当接触，也有权监督和制止其他供应商有此类行为，杜绝供应商与采购人串通投标，避免参与招标过程中发生违法行为或者产生争议。

（5）供应商应当注意会议保密要求，对预备会议中获取的所有项目资料和相关信息应当严格保密，同时也注意避免本单位的涉密资料为其他供应商所知晓。

以上各阶段所涉及的质疑、投诉管控要点，详见本书第七章有关内容。

（三）廉洁合法管控

《政府采购法》的立法目的之一是"促进廉政建设"。该廉政建设，主要指采购人、集中代理机构的制度建设，也包括供应商的"廉洁"建设。即便是非国有供应商，尤其是中小企业民营供应商，廉洁建设也具有重要意义，有助于树立供应商良好的企业形象和信誉，避免因廉洁不当行为导致纠纷。廉洁合法管控要点主要有以下方面。

1. 廉洁制度的基本要求

（1）竞标组织人员应当在投标活动中保持依法合规、廉洁自律，坚决杜绝行贿受贿行为，避免侵占单位利益或者对外单位及相关人员实施利益输送。

（2）廉洁还体现在其他方面，例如，道德诚信。竞标组织人员在参与投标活动中，应当履行通知、协助、保密等诚信义务，禁止隐瞒信息或提供虚假资料，禁止泄露采购人或者其他供应商的商业秘密。

（3）竞标组织人员对投标活动中的支出应当尽最大勤勉义务。投标费用的支出应依法合规，严格按照本单位各项财务制度执行。获取并保留财务凭证，提交财务部门并接受本单位审查，或者作为有关单位接受国家审计机关审计。

2. 廉洁制度的具体措施

（1）在意识源头上保障廉洁。竞标组织是市场部门的先锋，供应商应当将竞标组织廉洁制度建设列为专项培训工作，纳入本单位廉洁制度建设的关键内容之一。供应商应当制定廉洁制度手册，明确行为规范和纪律要求；定期对组织人员进行廉洁制度培训，提高廉洁意识。

（2）建立和事实监督机制，定期检查竞标组织人员在投标活动的廉洁性。关注采购人、采购代理机构或者有关监管部门的公告、反馈信息，设立举报渠道，鼓励本单位员工、其他供应商或者社会公众举报竞标组织人员的不廉行为。

（3）不廉行为的查实和处理。对于有表面证据的举报等信息，供应商应当启动调查处理程序。一经查实，按照本单位廉洁制度予以处分，构成违纪甚至犯罪的，移送有关机关。

（4）后评价与持续改进。供应商务必高度重视廉洁管控，对于发生的不廉行为，应当深刻分析总结其成因，制定针对性的整改措施，加强廉洁制度建设和单位内部控制，避免类似问题再发生，实现可持续改进。

第三节　投标或者响应文件的编制与实质性响应

一、投标或者响应文件的编制

投标文件编制要求较为严格，本部分以投标文件编制为例，其他响应文件编制参照其具体规则执行。

（一）投标文件编制的基本要求

1. 投标文件编制要实现项目目的

投标文件的编制，始终应当以提高中标率为目的，以保持投标文件的合规范性为基础，在允许的时间、资源等条件下不断优化投标文件，提高投标文件的质量。

2. 投标文件以招标文件为第一依据

投标文件应当符合法律等的规定，但根据《民法典》的基本规则，招标文件的另行规定与法律不一致的，从其规定，违反法律、行政法规的强制性规定的除外。事实上这是在一定条件下招标文件意思优先的体现。投标人应当按照招标文件的要求编制投标文件，应当对招标文件提出的要求和条件作出实质性响应。

3. 保证真实性、完整性、准确性原则

投标人应当确保投标文件所使用的材料尤其是资信标部分的内容真实无误。投标文件应当完整，以政府采购工程为例，投标文件编制应当按照招标文件的要求，内容包括资信、技术、报价等，特别是不遗漏关键内容。投标文件所载信息准确，两处以上使用的，要保持一致。

（二）投标文件的编制内容和格式要求

1. 投标文件的编制内容

投标文件的编制应当按照法律法规规章的规定编制。在政府采购活动中，居于组织主导地位的是采购人或者采购代理机构。根据政府采购法律法规，采购人或者采购代理机构应当按照国务院财政部门制定的招标文件标准文本编制招标文件。按照通常做法，招标文件中附有投标文件格式，因此，投标文件的编制内容等体例要求，受到招标文件影响较大。因财政部在制定招标文件标准文件的体系建设尚不健全，因而在实践中可以适用财政部联合制定的招标文件标准文件，尤其是政府投资工程，其投标文件适用《标准施工招标文件》（2007 年版）所附的投标文件格式。

根据《标准施工招标文件》（2007 年版）所附的投标文件格式，投标文件的编制内容主要有：（1）投标函及投标函附录；（2）法定代表人身份证明，授权委托书；（3）联合体协议书；（4）投标保证金；（5）已标价工程量清单；（6）施工组织设计；（7）项目管理机构；（8）拟分包项目情况表；（9）资格审查资料；（10）其他材料。在实践中，也有其他分类方法，例如，将投标文件的内容大体分为资格与信誉部分、技术部分、报价部分的做法。

2. 投标文件的编制格式要求

招标文件对投标文件的编制格式有特别要求时，适用该规定。通常的投标文件编制格式要求有以下方面。

（1）文档层级结构要合理，招标文件各个层级的标题要符合包含、并列等逻辑关系。

（2）语言正式而简洁，建议使用法言法语，即使用政府采购法律的定义和语言表达习惯，可以由法务人员提供支撑。

（3）字体、字号、字色以及文档排版要规范，使用标准字体和标准排版，确保文档规范、美观。

（4）图表和数据的使用要合理，对于某些关系较为复杂的内容，使用图示或数据更为清晰简洁。

（5）签字与盖章应当规范。虽然在法律上，签字或者盖章均有效，即仅有签字、仅有盖章、两者均有的情形均合法，但要注意实践中部分招标文件作出了特别规定：要求必须签字和盖章，两者缺一不可。供应商应当仔细阅读招标文件的签章要求，避免投标文件因签字、盖章被否决。

（三）投标文件的方法措施与审核流程

1. 投标文件的编制方法和措施

（1）编制准备工作。竞标组织应当阅读分析招标文件，明确招标文件的各项要求，对于采购需求和评标标准中的特别事项，应当进行专题研究。

（2）收集必要资料。竞标组织人员按其专业或者职能分工收集资料，例如，由技术人员准备技术资料，由工程造价人员准备造价信息等材料。

（3）编制投标文件核心内容。按照招标文件的内容和体例，编制营业执照等主体材料、资质资格业绩证明材料、技术方案、工法和技术优势、工程量清单或者其他报价单和费用明细、图纸、数据等附录附件等。

（4）利用软件工具和已有技术资料积累。竞标组织应当使用高效的项目管理软件和文档编辑工具，按照招标文件所附的投标格式、国家有关部门颁布的标准文本，充分利用本单位的已有技术资料积累，减少直至避免低级错误的发生。

2. 投标文件的审核流程

（1）竞标组织编制初稿后，应当在组内进行自查审核。自查审核应满足保持较高的文件内容真实性、完整性和准确性的要求。在实践中，有竞标组织往往因其为初稿，对文件格式、语言表达乃至装订样式不太注意，导致审核效果不佳，应当引起重视。好的表现形式更有利于受众认可。

（2）自查审核合格后，竞标组织向本单位有关部门提交。各有关部门按照其专业或者职能，对投标文件实施审核，并及时反馈审核意见，重点是投标文件的质量。需要进一步上报本单位领导的，按照单位工程流程进行。

（3）竞标组织根据各有关部门或者领导的审核意见，及时修改投标文件，采纳正确的意见和建议；对有疑虑的意见和建议，通过本章前述冲突解决等方式解决。

（4）各项冲突或者问题解决后，对投标文件定稿，按照招标文件的格式要求和包封方法进行。

（四）其他响应文件编制的特别要求

1. 竞争性谈判、询价采购方式中响应文件的编制要求

（1）供应商应当按照谈判文件、询价通知书的要求编制响应文件，并对其提交的响应文件的真实性、合法性承担法律责任。供应商为联合体的，联合体以一个供应商的身份对外（即对采购人）就其提交的响应文件的真实性、合法性承担法律责任；对内（即在各成员之间）按照联合体协议的分工和交易习惯承担相应部分的法律责任。

（2）供应商在提交询价响应文件截止时间前，可以对所提交的响应文件进行补充、修改或者撤回，并书面通知采购人、采购代理机构。补充、修改的内容作为响应文件的组成部分。补充、修改的内容与响应文件不一致的，以补充、修改的内容为准。

（3）供应商可以应谈判小组、询价小组对响应文件的有效性、完整性和响应程度进行审查时的要求对响应文件中含义不明确、同类问题表述不一致或者有明显文字和计算错误的内容等作出必要的澄清、说明或者更正。供应商的澄清、说明或者更正不得超出响应文件的范围或者改变响应文件的实质性内容。该澄清、说明或者更正虽属被动行为，但其内容经供应商认可后也属于文件编制的一部分。

（4）供应商的澄清、说明或者更正应当由法定代表人或其授权代表签字或者加盖公章。由授权代表签字的，应当附法定代表人授权书。供应商为自然人的，应当由本人签字并附身份证明。

2. 框架协议采购中响应文件的特殊编制要求

（1）供应商应当根据征集人发布的征集公告中响应文件的提交方式、提交截止时间和地点提交响应文件，并提供响应文件有效期的承诺。

（2）供应商应当按照征集文件要求编制响应文件，对响应文件的真实性和合法性承担法律责任。

（3）供应商响应的货物和服务的技术、商务等条件不得低于采购需求，货物原则上应当是市场上已有销售的规格型号，不得是专供政府采购的产品。对货物项目每个采购包只能用一个产品进行响应，征集文件有要求的，应当同时对产品的选配件、耗材进行报价。服务项目包含货物的，响应文件中应当列明货物清单及质量标准。

3. 合作创新采购中响应文件的特殊编制要求

（1）供应商应当根据研发谈判文件编制响应文件，对研发谈判文件的要求作出实质性响应。

（2）响应文件包括以下内容：①供应商的研发方案。②研发完成时间。③响应报价，供应商应当对研发成本补偿金额和首购产品金额分别报价，且各自不得高于研发谈判文件规定的给予单个研发供应商的研发成本补偿限额和首购费用。首购产品金额除创新产品本身的购买费用以外，还包括创新产品在未来一定期限内的运行维护等费用。④各阶段的研发成本补偿的成本范围和金额。⑤创新产品的验收方法与验收标准。⑥创新产品的售后服务方案。⑦知识产权权属、利益分配、使用方式等。⑧创新产品的迭代升级服务方案。⑨落实支持中小企业发展等政策要求的响应内容。⑩其他需要响应的内容。

二、实质性响应

投标或者响应文件应当对采购文件进行实质性响应，否则将被否决。在中标或者成交规则上，也以实质性响应作为核心判断内容，如《政府采购法实施条例》规定的最低评标价法和综合评分法，均以投标文件满足招标文件全部实质性要求为评审前提。即便是竞争性谈判和询价，所要求的质量和服务相等，也是指供应商提供的产品质量和服务均能满足采购文件规定的实质性要求。

（一）政府采购法律法规对实质性响应的界定

《政府采购法实施条例》明示列举的投标文件或者响应文件的实质性内容有报价、技术方案等；特别规定询价通知书所确定的技术和服务等要求、评审程序、评定成交的标准和合同文本等事项不得改变，事实上是将其作为实质性内容处理。《政府采购货物和服务招标投标管理办法》进一步将商务纳入招标采购活动中的实质性要求。

《政府采购非招标采购方式管理办法》规定：（1）在竞争性谈判采购方式中，采购需求中的技术、服务要求以及合同草案条款是列入谈判过程的实质性内容。需注意的是，鉴于竞争性谈判的采购需求不明确，允许二次报价等特点，该谈判过程的实质性变动是被允许的。（2）在合同签订阶段，合同文本以及采购标的、规格型号、采购金额、采购数量、技术和服务要求等属于实质性内容。与竞争性谈判类似，竞争性磋商文件应当包括磋商过程中可能实质性变动的内容。在磋商过程中，磋商小组可以根据磋商文件和磋商情况实质性变动采购需求中的技术、服务要求以及合同草案条款，但不得变动磋商文件中的其他内容。实质性变动的内容，须经采购人代表确认。但在合同签订阶段，采购人不得向成交供应商提出超出磋商文件以外的任何要求作为签订合同的条件，不得与成交供应商订立背离磋商文件确定的合同文本以及采购标的、规格型号、采购金额、采购数量、技术和服务要求等实质性内容的协议。

《政府采购框架协议采购方式管理暂行办法》规定货物项目质量因素包括采购标的的技术水平、产品配置、售后服务等；服务项目质量因素包括服务内容、服务水平、供应商的履约能力、服务经验等。质量因素中的可量化指标应当划分等次，作为评分项；质量因素中的其他指标可以作为实质性要求，不得作为评分项。

《政府采购合作创新采购方式管理暂行办法》规定，最低研发目标、最高研发费用可能根据创新概念交流情况进行实质性调整。

（二）《民法典》及相关司法解释对实质性响应的界定

《政府采购法》规定，政府采购合同适用合同法（现行《民法典》"合同编"）。《民法典》规定，有关合同标的、数量、质量、价款或者报酬、履行期限、履行地点和方式、违约责任和解决争议方法等的变更，是对要约内容的实质性变更。

民法典相关司法解释也对实质性内容作出了界定。例如，《最高人民法院关于审理建设工程施工合同纠纷案件适用法律问题的解释（一）》（法释〔2020〕25号）规定，招标人和中标人另行签订的建设工程施工合同约定的工程范围、建设工期、工程质量、工程价款等实质性内容，与中标合同不一致，一方当事人请求按照中标合同确定权利义务的，人民法院应予支持。该条明确了施工合同约定的工程范围、建设工期、工程质量、工程价款等属于实质性内容。

（三）招标投标法律对实质性响应的界定

与政府采购法律密切相关的招标投标法律也对实质性响应作出了界定，可以作为政府采购工程情形下的参考。

1.《招标投标法》的规定

将招标文件中的招标项目的技术要求、对投标人资格审查的标准、投标报价要求和评标标准等明确为实质性要求和条件，将投标文件中的投标价格、投标方案等明确为实质性内容。

2. 部门规章的规定

部门规章以重大偏差的表达形式，列明实质性要求。属于重大偏差的情形有：（1）没有按照招标文件要求提供投标担保或者所提供的投标担保有瑕疵；（2）投标文件没有投标人授权代表签字和加盖公章；（3）投标文件载明的招标项目完成期限超过招标文件规定的期限；（4）明显不符合技术规格、技术标准的要求；（5）投标文件载明的货物包装方式、检验标准和方法等不符合招标文件的要求；（6）投标文件附有招标人不能接受的条件；（7）投标报价不符合国家颁布的勘察设计取费标准，或者低于成本，或者高于招标文件设定的最高投标限价；（8）不符合招标文件中规定的其他实质性要求。投标文件有上述情形之一的，为未能对招标文件作出实质性响应，并按规定作否决投标处理。招标文件对重大偏差另有规定的，从其规定。

3. 以醒目方式标明的要求

为避免争议，规章规定招标人应当在招标文件中规定实质性要求和条件，说明不满足其中任何一项实质性要求和条件的投标将被拒绝，并用醒目的方式标明；没有标明的要求和条件在评标时不得作为实质性要求和条件。对于非实质性要求和条件，应规定允许偏差的最大范围、最高项数，以及对这些偏差进行调整的方法。

📌 **专栏 6-1**

案例　投标文件实质性响应案例

一、案例背景

2016 年 12 月，采购人 W 委托代理机构 G 就该单位"XX 系统通用硬件采购项目"（以下称"本项目"）进行公开招标。2016 年 12 月 30 日，代理机构 G 发布招标公告，后组织了开标、评标工作。经过评审，评标委员会推荐 H 公司为中标供应商。采购人 W 对评标结果进行确认后，代理机构 G

于 2017 年 3 月 1 日发布中标公告，并向 H 公司发送中标通知书。2017 年 3 月 6 日，供应商 A 公司向代理机构 G 质疑。

2017 年 3 月 30 日，A 公司向财政部提起投诉。A 公司称，其通过查询中标产品的官网信息，认为中标产品的"工作温度范围"为"5 – 35℃"，不满足招标文件关于"工作温度范围"为"5 – 40℃"的要求；中标产品内存插槽数为 32 个，而业界单条内存最大标准为 64GB，其内存最大可扩展数量为 2TB，不满足招标文件关于"内存最大可扩展数量"为"≥3TB"的要求；中标产品电源电压为 110 – 240 伏交流供电，不支持高压直流供电，不满足招标文件中"能源管理"关于"高压直流供电"的要求。H 公司在投标文件中作无偏离或正偏离响应，属于提供虚假材料谋取中标的情形。

采购人 W 及代理机构 G 称，投诉事项中所提问题在质疑处理过程中，评标委员会已进行复核，H 公司投标文件中对"工作温度范围""内存最大扩展数量"和"能源管理"的应答为"无偏离"，符合招标文件的要求。

财政部作出投诉处理决定：根据《政府采购供应商投诉处理办法》（财政部令第 20 号）第十七条第（二）项规定，投诉事项 1、2、3 缺乏事实依据，驳回投诉。

二、问题

H 公司的中标产品是否对招标文件进行了实质性响应？

分析

A 公司提起投诉，主要关注的内容有：（1）工作温度的范围；（2）内存插槽的数量及内存最大可扩展数量；（3）电压范围及供电方式。A 公司的投诉认为中标人的产品参数不能符合招标文件涉及上述内容的相应要求，而上述内容属于实质性内容。

投标文件是否对招标文件进行了实质性响应，何为实质性内容，对投标人是否被否决具有重大影响。H 公司若未对招标文件进行实质性响应，其投标将被否决，已中标的，中标无效。在特定情况下，投标文件未对招标文件进行实质性响应，甚至对招标人的招标活动具有重大影响。根据《政府采购法》，对招标文件作实质响应的供应商不足三家的，应予废标。此时，不是个别投标失败，而是招标活动失败。

工作温度范围等三项内容是否属于实质性内容，需要依据政府采购法律并结合招标项目的特点和需求做个案判断。总体而言，从招标或者其他采购文件视角看，政府采购法律将商务要求、技术和服务等要求、评审程序、评定成交的标准和合同文本等事项作为实质性内容。与本案密切相关的是其中的技术要求。

但技术要求的说法较为笼统。对于货物而言，对技术要求的表征通常使用参数或者指标。货物的参数或者指标往往种类各异、数量众多。此时，要求货物的全部参数或者指标均符合招标文件的要求，既无必要，也不可行。因此，通常做法是将参数或者指标按照某种衡量标准进行划分。在政府采购框架协议采购中，按照是否可量化对指标进行了区分。

质量因素中的可量化指标应当划分等次，作为评分项，不作为实质性要求，允许存在偏离；质量因素中的其他指标可以作为实质性要求，不得作为评分项。在机电产品国际招标中，是按照重要程度区分为重要参数和一般参数，这也是符合国际惯例的。《机电产品国际招标投标实施办法（试行）》规定，对招标文件中的重要条款（参数）应当加注星号（"＊"），并注明如不满足任一带星号（"＊"）的条款（参数）将被视为不满足招标文件实质性要求，并导致投标被否决；构成投标被否决的评标依据除重要条款（参数）不满足外，还可以包括超过一般条款（参数）中允许偏离的最大范围、最多项数。招标投标法律的做法，则是按照偏离程度将包括技术规格、技术标准在内的要求或者条件区分为重大偏离和细微偏差：……明显不符合技术规格、技术标准的要求。

由此，可以看到无论是政府采购、工程招标还是机电产品国际招标等领域，大多在部门规章或者非法律规范性文件层面将上位法笼统的"实质性内容"的概念，采取一定的技术方法和分类措施将其转化为具体情形，宽严适度，实现了可操作性。

对于案例涉及的工作温度范围等三项内容，到底算不算实质性判断？可以通过以下步骤考虑：首先，按照一般理解，工作温度、内存可扩展性、电压范围及供电方式通常是设备的重要参数，可进行实质性内容的初步推断。其次，是否构成实质性内容，需要严格对照招标文件的规定，衡量其是否符合采取了可量化、重要程度、偏离程度等方式界定违反实质性内容的情形。最后，对照结果作出认定，属于可量化的指标、一般条款（参数）或者细微偏差的情形，不构成对招标文件中技术要求的实质性内容的背离。反之，则构成。

第七章　供应商中标筹划中的风险管理与救济机制

第一节　供应商中标筹划中的风险管理

一、风险识别

从供应商视角看，风险识别是指供应商为了减少或者避免其在响应采购活动中的各种不确定性造成的损失，而进行预估并确定损失及其成因的可能性行为。供应商应当掌握采购项目的要素，分析对要素的各种不确定性因素的性质和相互关系、采购项目与环境之间的关系等，并在此基础上科学、系统地确定可能导致项目产生风险的各类事项。风险识别，是风险管理后续阶段风险分析与评估乃至风险应对的基础。

（一）风险识别的依据

1. 项目概况及其他基本信息

采购项目的基本情况及其他基本信息，是供应商识别风险的基本依据。采购标的为货物、服务的，应当以货物、服务需满足的质量、安全、技术规格、物理特性等要求为依据。采购标的为工程的，立项文件、规划文件的要求，施工许可允许的承包范围，工程质量、进度、造价三大控制目标，实现前述目标的人力、材料、机械、时间等各项资源计划，不同发承包模式之下的其他参建单位对项目技术、管理、经济等成果文件，均为采购项目风险识别的主要依据。

2. 法律政策规定与采购文件条款

采购相关法律政策，对供应商能否中标、成交产生直接影响。我国政府采购法律层级丰富，从法律、行政法规、部门规章、地方性法规到地方政府规章，加上虽非法律但事实上起到较大强制作用的非法律规范性文件，以及采购标准文本等，均对供应商能否中标从实体到程序构成了约束。有关法律之间的矛盾及其修法等活动带来的变动，需要供应商准确识别。

采购文件从较大程度上体现采购人的意思，采购文件若违反法律政策规定，或者文件存在疏漏的，也将给供应商带来风险。例如，采购文件以供应商的所有制形式、组织形式或者股权结构，对供应商实施差别待遇或者歧视待遇，对民营企业设置不平等条款；对内资企业和外资企业在中国境内生产的产品、提供的服务区别对待。对于民营企业、外资企业等供应商而言，应当认真梳理采购文件，避免不合理条件导致对其参与政府采购活动造成重大障碍。

3. 历史数据及资料

与货物、工程和服务相关或者类似的历史数据及资料，也属于供应商风险识别的依据。以政府投资工程为例，包括项目所在地既有工程的档案资料，周边毗邻建筑物的情况，特殊的地质水文资料，以往发生的典型质量、安全事故等资料。资料来源可以依托已有档案管理制度，查询城建档案馆等资料管理部门，或者借助专业数据库、专业咨询单位等途径实现。

（二）风险识别的常用方法

1. 头脑风暴法

头脑风暴法是指供应商或其邀请的外部人员，通过集体讨论的形式，实现思维碰撞，从而激发思考，对风险可能的事项范围进行识别的方法。头脑风暴法应当避免闭门造车，通常以会议等即时沟通的方式进行。由于参会者表达其想法和观点，不受时间等条件的限制，加之开放式的讨论氛围可以激发更多的创意甚至激烈的争论，产生较好的"风暴效果"。头脑风暴法又可按不同衡量标准进行分类，例如，按正面出方案建议还是对已有方案进行抗辩分为直接头脑风暴法和质疑头脑风暴法。

2. 德尔菲法

德尔菲法是指供应商以背靠背的方式，向专家发送问题、反复沟通，最终逐步取得较为一致的预测结果的决策方法。该方法的突出特征为：（1）待解决问题应当是供应商响应采购活动面临的重大问题而非一般问题；（2）面向的是对供应商待解决问题的权威专家而非一般咨询人员；（3）专家之间彼此独立且互不知晓，避免因关系处理或者讨论等因素造成不当干扰；（4）与专家的沟通并非简单、一次性完成，而是反复沟通，通过提问、反馈、整理、归纳、统计，再匿名反馈等流程，强调深度到位；（5）最终要达到或基本达到一致意见；（6）基于以上特征，德尔菲法的成本往往十分高昂。

在实践中，往往将专家调查法与德尔菲法相混淆。一般的专家调查法，往往基于效率、成本等因素的考虑，采取集中、一次性会议形式开展，对待解决问题快速形成多数或一致性意见。从某种意义上理解，国内目前对重大项目的采购评审，应然状态为德尔菲法，但实然状态为专家调查法。

3. 情景分析法

情景分析法也称脚本法、前景描述法，是指供应商在代入某种适应场景或某种趋势的前提下，对参与政府采购活动可能出现的情况或结果作出预测的方法。供应商通常综合考虑法律政策的影响、采购人的偏好、竞争对手的博弈情况等因素，进行推演，最终确定响应文件的编制、响应活动等策略。

（三）常见风险

1. 风险类型

风险类型是按照一定的衡量标准就可能对项目产生影响的风险源进行划分的类别。按照人类社会的基础领域不同，可将风险类型划分为政治风险、经济风险、社会风险等。按照风险来源的属性，可将风险类型划分为政府风险和市场风险。按照是否与人的因素有关，可将风险类型划分为自然风险、人为风险。按照风险源于个人还是组织，可将风险类型划分为个人风险、组织风险等。项目的风险种类能反映出项目所在行业及应用领域的特征，例如，房地产行业可能存在资金链断裂的风险、化工行业可能存在危险品爆炸风险等。

2. 风险情形

货物和服务的风险情形较为简单，本章以政府采购工程为例，供应商的常见风险情形有：（1）采购计划、采购公告等信息缺乏透明性；（2）采购人与其他供应商串通，明招暗定；（3）采购文件存在歧视性条款等不合理条件；（4）开标等程序违法；（5）评标缺乏客观公正性；（6）采购人无正当理由废标；（7）采购人授权不明；（8）采购人行政许可等审批手续不齐全；（9）采购人交付场地及提供其他工作条件、协调处理施工场地周围环境条件有瑕疵；（10）采购人提供的工程地质和地下管线资料不准确；（11）采购人提供的水准点与坐标控制点不准确；（12）采购人提供的施工图设计文件及工程量清单瑕疵；（13）拖延阶段验收和竣工验收；（14）不及时支付预付款、进度款，或拖延办理结算、申请财政投资评审、国家审计等。

二、风险分析与评估

供应商的风险分析与评估，是指供应商通过各种风险分析与评估技术，采用定性或定量方法，预计各类风险发生的概率和风险发生后的损害大小。

1. 风险分析。

风险分析侧重于在风险识别的基础上，对风险因素进行分类、分解分析。常见的风险分析技术和方法有以下方面。

（1）事件树分析法。

事件树分析法，通常从一个初始事件开始，按时间等逻辑顺序分析事件发展中各个环节所涉及可能性事项概率及其影响大小。例如，极具竞争力的供应商在参与采取最低价中标的政府采购活动中，编制投标策略时注意要点，①可以对报价环节有高价还是低价竞标两种选择，按照理性判断应当选择本供应商能够承受的最低价格；若为提高利润率选择高价时，就要面临失标风险增加的可能性。②在下一环节选择高水平还是低水平分包人时，也要受上一环节报价的影响。选择不同水平的分包人，对能否保证项目质量具有较大影响。③对于各环节的各种选择，均应匹配概率，概率之和原则上为100%；并给定其期望。④最终根据事件树可能存在的不同路径分析计算，并选择确定符合供应商要求投标方案。

（2）态势（SWOT）分析法。

态势分析法（SWOT）是从战略角度分析风险的方法，是优势（Strengths）、劣势（Weaknesses）、机会（Opportunities）和威胁（Threats）的缩写。该方法可用于供应商深入分析自身优势、劣势、机会和威胁，综合评估与分析，并为决策提供基本依据。SWOT可以进一步划分为SW和OT两部分，前者主要适用于分析内部条件，后者主要适用于分析外部条件。利用内外部条件分析相结合的方式，确定有利因素和不利因素，并按照矩阵形式排列综合分析，得到较为全面可靠的结论。

（3）失效模式和影响分析法。

失效模式和影响分析法原用于产品设计领域，后扩展到项目管理领域。主要方法是先通过风险识别方法列出潜在的失效模式，并评估各类失效模式对项目实施的各方面不利影响及其概率。该分析为后续的成因分析及改进措施，提供基础条件。该方法的要点是对不利影响的严重程度、概率及可被检测性设定了分值，并可按综合分值对失效模式进行优先排序。排序越高，在后续风险应对过程中就越应当优先处理。

2. 风险评估

风险评估侧重于在风险分析的基础上，进一步将风险定性、定量分析，评估各类风险的概率和损害大小。常见的风险评估技术和方法有以下几个方面。

（1）定性风险评估法。

定性风险评估法与定量风险评估法相对，可用于供应商对中标风险的主观判断。供应商可以采取头脑风暴、调查问卷、专家咨询等方法，并结合层次分析法逻辑分析工具，利用专业经验对风险进行简单描述，给出可能的风险发生原因和风险发生结果。定性风险评估法虽然简单，但对风险的广度和集中度结合方面较好，在实践中应用较为广泛。

（2）定量风险评估法。

定量风险评估法的关键是将风险的影响和概率进行指标等量化，建立模型，分析计算相关数据，得出风险事项的影响程度和概率大小。定量风险评估法的常见具体方法有历史数据分析法、事件树分析法（强调数据）、蒙特卡洛模拟法、敏感性分析法、概率分布法等。定量风险评估法的科学性、准确性较强，是风险分析的发展方向，但往往囿于数据、算力等资源的有限性，分析过程与结论需要与定性风险评估法结合使用。

三、风险应对

在风险分析和评估的基础上，供应商可以针对不同风险事项的影响程度和概率大小，并根据相应方法的建议，选择适当的风险应对策略。风险应对手段主要有风险回避、风险控制、风险转移和风险自担。

（一）风险回避

供应商首先的风险应对手段是风险回避，尤其是保守型的供应商。供应商对于投标风险以及履约风险较大、收益相对较小的政府采购项目，综合考虑存在的风险事项及其概率，可以选择不参与政府采购活动。从风险管理角度看，风险回避相较于其他应对策略，简便易行，彻底不承担风险。但需要注意的是，无风险往往意味着无收益。风险回避不应当作为供应商风险应对策略的主要手段。

（二）风险转移

风险转移是将风险转移给他人。他人可以是利害关系人、合同相对方，也可以是担保人等第三人，还可以是保险机构等单位。风险转移可以转移全部风险，也可以转移部分风险。风险无法回避，或者供应商不愿回避风险时，可考虑采取风险转移的方式。例如，政府采购合同条款对供应商不利，供应商可考虑订立分包合同时采取与分包人共担风险的机制。供应商也可以投保相应风险险种，以支付保费为代价转移风险给保险公司。

（三）风险控制

风险控制，是指采取技术、经济、管理、法律等手段防范或减少风险发生。供应商即便采取了风险转移手段，实施风险控制仍然有其价值，便于中标、成交，或者顺利履行合同。供应商的风险控制应注重事先防范，事先防范可以大幅降低损失发生的概率。供应商也应重视事中控制手段的采取，事中控制可以减少损失大小。

（四）风险自留

风险自留，也称风险承担，是指供应商对于因风险事项造成的可能损失自行承担。对于极小概率风险事项，损失也并非无可忍受，供应商可以选择风险自留；对于大概率事项，供应商无法通过风险回避、风险转移手段避免风险，通过风险控制仍然不能完全避免时，往往只能自行承担。对于风险自担事项，供应商应当根据概率及损失大小作出合理安排。对于极小概率、损失较小风险事项，供应商可以无计划自留风险，即在损失发生前不作资金安排，当损失发生后再安排资金支付，避免过多占用周转资金。反之，供应商应当有计划自留风险，预先作出相应资金安排，便于损失发生后及时支付。

第二节　救济方式

一、询问、质疑与投诉

（一）询问

询问的适用范围较广，一般用于供应商对政府采购活动事项有疑问的情形，该情形主要指不涉及违法因素的事项。供应商可以向采购人提出询问，采购人有义务在 3 个工作日内及时作出答复。采购人答复的内容不得涉及供应商尤其是其他供应商的商业秘密。

采购人委托采购代理机构采购的，供应商可以向采购代理机构提出询问，采购代理机构应当依照《政府采购法》第五十一条、第五十三条的规定就采购人委托授权范围内的事项作出答复。规范的做法是采购人对采购代理机构出具明示列举的包括"就询问作出答复"的授权事项。为慎重起见，供应商可以要求采购代理机构出示该授权。若采购代理机构不出示，供应商为不愿激化矛盾的，也可以在产生争议后援引《民法典》中的交易习惯来保护自己。当然，供应商提出的询问应当在采购人对采购代理机构委托授权范围内。超出授权范围的，采购代理机构应当告知供应商向采购人提出。

询问事项可能影响中标、成交结果的，供应商有权要求采购人暂停签订合同，已经签订合同的，应当中止履行合同。

（二）质疑

政府采购的救济，实行投诉的质疑前置程序，即非经质疑不得投诉。为避免因时限、程序等不符要求而丧失向行政部门寻求投诉救济的途径，供应商应当准确把握质疑的各项程序要求。

1. 质疑的基本要求

供应商可以根据采购文件中载明接收质疑函的方式、联系部门、联系电话和通讯地址等信息进行质疑。采购文件未载明或者不明确的，供应商有权要求采购人、采购代理机构予以明确。采购文件要求供应商在法定质疑期内一次性提出针对同一采购程序环节质疑的，供应商应当遵守。供应商质疑和投诉应当坚持依法依规、诚实信用原则。

2. 质疑的主体及时限

与工程招标较为宽泛的"利害关系人"不同，质疑供应商应当是参与所质疑项目采购活动的供应商。供应商认为采购文件、采购过程、中标或者成交结果使自己的权益受到损害的，可以在知道或者应知其权益受到损害之日起 7 个工作日内，以书面形式向采购人、采购代理机构质疑。需要注意的是，对供应商只要"认为"其权益受到侵害即可进行质疑，而非其权益"确定"受到侵害。应知其权益受到损害之日，是指：（1）对可以质疑的采购文件进行质疑的，为收到采购文件之日或者采购文件公告期限届满之日；（2）对采购过程质疑的，为各采购程序环节结束之日；（3）对中标或者成交结果质疑的，为中标或者成交结果公告期限届满之日。供应商应当对以上日期高度重视，由于政府采购法律体系采取了投诉的质疑前置程序，若未在法定期限内进行质疑，则丧失了通过投诉维护供应商合法权益的途径。

3. 质疑函的要求

供应商质疑应当有明确的请求和必要的证明材料。供应商应当使用财政部制定的质疑函范本，包括下列内容：（1）供应商的姓名或者名称、地址、邮编、联系人及联系电话；（2）质疑项目的名称、编号；（3）具体、明确的质疑事项和与质疑事项相关的请求；（4）事实依据；（5）必要的法律依据；（6）质疑的日期。

质疑函应当使用中文。提供外文书证或者外国语视听资料的，应当附有中文译本，由翻译机构盖章或者翻译人员签名。向财政部门提供的在中华人民共和国领域外形成的证据，应当说明来源，经所在国公证机关证明，并经中华人民共和国驻该国使领馆认证，或者履行中华人民共和国与证据所在国订立的有关条约中规定的证明手续。相关当事人提供的在香港特别行政区、澳门特别行政区和台湾地区内形成的证据，应当履行相关的证明手续。

供应商为自然人的，应当由本人签字；供应商为法人或者其他组织的，应当由法定代表人、主要负责人签字或者盖章，并加盖公章。供应商也可以委托代理人进行质疑。由代理人进行质疑，应当提交供应商签署的授权委托书。其授权委托书应当载明代理人的姓名或者名称、代理事项、具体权限、期限和相关事项。以联合体形式参加政府采购活动的，其投诉应当由组成联合体的所有供应商共同提出。

供应商有权要求采购人接收其在法定质疑期内发出的质疑函，并在收到质疑函后 7 个工作日内作出答复，以书面形式通知质疑供应商和其他有关供应商。因该答复内容也可以为其他供应商所知晓，质疑供应商在考虑质疑时应当审慎，并对其质疑问题及其带来的后果有心理预期，避免造成不必要的损失。与询问相似，由采购人或其委托的采购代理机构负责供应商质疑答复。供应商也宜注意查验采购代理机构的授权。

对采购人或者采购代理机构的答复，供应商应当注意以下事项。一是质疑答复是否完整，即是否包括下列内容：（1）质疑供应商的姓名或者名称；（2）收到质疑函的日期、质疑项目名称及编号；（3）质疑事项、质疑答复的具体内容、事实依据和法律依据；（4）告知质疑供应商依法投诉的权利；（5）质疑答复人名称；（6）答复质疑的日期。其中，质疑答复的具体内容、事实依据和法律依据是关键内容，也是供应商后续进行投诉的关键依据。二是查验质疑答复的内容是否涉及商业秘密。尽管法律要求采购人答复的内容不得涉及商业秘密，但若质疑本身涉及商业秘密的，商业秘密仍有受到侵害的可能性。采取事后救济的方式，远不及事先防范效果好。三是供应商的询问或者质疑答复是否超出采购人对采购代理机构委托授权范围，若超出，可以要求采购人答复。四是充分借助专业人士的专业帮助。供应商对评审过程、中标或者成交结果质疑的，采购人、采购代理机构可以组织原评标委员会、竞争性谈判小组、询价小组或者竞争性磋商小组协助答复质疑。这些人士不乏采购人外部人员，专业性和独立性较强，尤其是政府采购评审专家配合采购人或者采购代理机构答复时往往较采购人、采购代理机构立场更为公允。

4. 质疑的处理

采购人、采购代理机构认为供应商质疑不成立，或者成立但未对中标、成交结果构成影响的，继续开展采购活动；认为供应商质疑成立且影响或者可能影响中标、成交结果的，按照下列情况处理：（1）对采购文件的质疑，依法通过澄清或者修改可以继续开展采购活动的，澄清或者修改采购文件后继续开展采购活动；否则应当修改采购文件后重新开展采购活动。

（2）对采购过程、中标或者成交结果进行质疑，合格供应商符合法定数量时，可以从合格的中标或者成交候选人中另行确定中标、成交供应商的，应当依法另行确定中标、成交供应商；否则应当重新开展采购活动。采购人、采购代理机构不按上述规则处理的，供应商有权依法向政府采购监管部门投诉。

（三）投诉

1. 投诉的提起

质疑供应商对采购人、采购代理机构的答复不满意或者采购人、采购代理机构未在规定的时间内作出答复的，可以在答复期满后15个工作日内向同级政府采购监督管理部门投诉。遇有采购人、采购代理机构拒绝质疑供应商的质疑的，质疑供应商可采取适当的送达方式，例如，邮寄送达（备注栏中注明文件名称），并留存好送达凭证，作为对方拒收的证据。自送达时间之日起至答复规定时间届满，采购人、采购代理机构未作出答复的，视为其未在规定的时间内作出答复，供应商可依法向县级以上各级人民政府财政部门（以下简称财政部门）提出投诉。投诉信息可查询财政部门指定的政府采购信息发布媒体公布受理投诉的方式、联系部门、联系电话和通讯地址等。

因财政部门实行分级管理、属地管理等制度，供应商投诉原则上应当按照采购人所属预算级次，确定投诉部门，即通常由采购人的本级财政部门处理。跨区域联合采购项目的投诉，采购人所属预算级次相同的，供应商可查询采购文件，按照采购文件载明的事先约定的财政部门负责处理，采购文件未载明的，由最先收到投诉的财政部门负责处理；采购人所属预算级次不同的，由预算级次最高的财政部门负责处理。

供应商投诉应当有明确的请求和必要的证明材料。供应商投诉的事项不得超出已质疑事项的范围。投诉人投诉时，应当提交投诉书和必要的证明材料，并按照被投诉采购人、采购代理机构（以下简称"被投诉人"）和与投诉事项有关的供应商数量提供投诉书的副本。投诉书应当包括的内容有：（1）投诉人和被投诉人的姓名或者名称、通讯地址、邮编、联系人及联系电话；（2）质疑和质疑答复情况说明及相关证明材料；（3）具体、明确的投诉事项和与投诉事项相关的投诉请求；（4）事实依据；（5）法律依据；（6）提起投诉的日期。

投诉书应当使用中文。为保证投诉书的规范性，供应商应当使用由财政部制定的投诉书范本。供应商提供外文书证或者外国语视听资料的，应当附有中文译本，由翻译机构盖章或者翻译人员签名。向财政部门提供的在中华人民共和国领域外形成的证据，应当说明来源，经所在国公证机关证明，并经中华人民共和国驻该国使领馆认证，或者履行中华人民共和国与证据所在国订立的有关条约中规定的证明手续。提供的在香港特别行政区、澳门特别行政区和台湾地区内形成的证据，应当履行相关的证明手续。

供应商为自然人的，投诉书应当由本人签字；为法人或者其他组织的，应当由法定代表人、主要负责人，或者其授权代表签字或者盖章，并加盖公章。

在供应商投诉前，应当认真核查是否符合提起投诉应当具备的条件：（1）提起投诉前已依法进行质疑；（2）投诉书内容符合本办法的规定；（3）在投诉有效期限内提起投诉；（4）同一投诉事项未经财政部门投诉处理；（5）财政部规定的其他条件。其中，供应商应当特别注意投诉的事项不得超出已质疑事项的范围，基于质疑答复内容提出的投诉事项除外。

2. 投诉处理

（1）投诉受理。

财政部门收到投诉书后，应当在5个工作日内进行审查。财政部门未及时审查的，供应商可以督促其及时履职，或者向有关部门反映，或者采取其他救济方式。针对供应商的不同情形，财政部门审查后按照下列情况处理：①投诉书内容不符合规定的，应当在收到投诉书5个工作日内一次性书面通知投诉人补正。补正通知应当载明需要补正的事项和合理的补正期限。供应商应当及时补正；未按照补正期限进行补正或者补正后仍不符合规定的，财政部门不予受理。财政部门超出前述时限告知的补正事项，供应商可以拒绝补正。②投诉不符合规定的受理条件的，财政部门应当在3个工作日内书面告知投诉人不予受理，并说明理由。③投诉不属于该财政部门管辖的，应当在 3 个工作日内书面告知投诉人向有管辖权的部门提起投诉。④投诉符合规定的，自收到投诉书之日起即为受理，并在收到投诉后 8 个工作日内向被投诉人和其他与投诉事项有关的当事人发出投诉答复通知书及投诉书副本。

（2）说明与证据。

被投诉人和其他与投诉事项有关的当事人应当在收到投诉答复通知书及投诉书副本之日起 5 个工作日内，以书面形式向财政部门作出说明，并提交相关证据、依据和其他有关材料。被投诉人和其他与投诉事项有关的当事人未按前述要求说明并提交材料的，供应商有权要求财政部门拒绝接受，或不得以说明和材料作为处理依据。

财政部门处理投诉事项原则上采用书面审查的方式。财政部门认为有必要时，可以进行调查取证或者组织质证。财政部门可以根据法律、法规规定或者职责权限，委托相关单位或者第三方开展调查取证、检验、检测、鉴定。供应商可以根据实际情况向财政部门争取调证、组织质证、申请鉴定，尽量为自己赢得有利局面。质证是供应商的法定权利，财政部门应当通知相关当事人到场，并制作质证笔录。质证笔录应当由当事人签字确认。质证意见是处理投诉的重要依据，尤其是当事人对己方不利的意见，供应商应当对质证环节高度重视。财政部门依法进行调查取证时，投诉人、被投诉人以及与投诉事项有关的单位及人员应当如实反映情况，并提供财政部门所需要的相关材料。应当由投诉人承担举证责任的投诉事项，投诉人未提供相关证据、依据和其他有关材料的，视为该投诉事项不成立；被投诉人未按照投诉答复通知书要求提交相关证据、依据和其他有关材料的，视同其放弃说明权利，依法承担不利后果。

（3）处理决定。

财政部门应当自收到投诉之日起 30 个工作日内，对投诉事项作出处理决定。财政部门处理投诉事项，需要检验、检测、鉴定、专家评审以及需要投诉人补正材料的，所需时间不计算在投诉处理期限内。所需时间是指财政部门向相关单位、第三方、投诉人发出相关文书、补正通知之日至收到相关反馈文书或材料之日。财政部门向相关单位、第三方开展检验、检测、鉴定、专家评审的，应当将所需时间告知投诉人。

财政部门在处理投诉事项期间，可以视具体情况书面通知采购人和采购代理机构暂停采购活动，暂停采购活动时间最长不得超过30日。采购人和采购代理机构收到暂停采购活动通知后应当立即中止采购活动，在法定的暂停期限结束前或者财政部门发出恢复采购活动通知前，不得进行该项采购活动。

供应商应当避免有重大瑕疵而被驳回投诉。供应商的下列情形将被财政部门驳回投诉：①受理后发现投诉不符合法定受理条件；②投诉事项缺乏事实依据，投诉事项不成立；③投诉人捏造事实或者提供虚假材料；④投诉人以非法手段取得证明材料。对证据来源的合法性存在明显疑问，投诉人无法证明其取得方式合法的，视为以非法手段取得证明材料。供应商也享有撤回投诉的权利，财政部门受理投诉后，投诉人书面申请撤回投诉的，财政部门应当终止投诉处理程序，并书面告知相关当事人。

投诉人提起的投诉事项，财政部门经查证属实的，应当认定投诉事项成立。但供应商应当辩证看待投诉事项成立后能否达到其预期目的。经认定成立的投诉事项不影响采购结果的，继续开展采购活动，供应商至多仅能达到拖延的目的。通常达到影响或者可能影响采购结果的，财政部门的以下处理才能达到供应商的目的。

一是对采购文件的投诉：①未确定中标或者成交供应商的，责令重新开展采购活动。②已确定中标或者成交供应商但尚未签订政府采购合同的，认定中标或者成交结果无效，责令重新开展采购活动。③政府采购合同已经签订但尚未履行的，撤销合同，责令重新开展采购活动。④政府采购合同已经履行，给他人造成损失的，相关当事人可依法提起诉讼，由责任人承担赔偿责任。

二是对采购过程或者采购结果的投诉：①未确定中标或者成交供应商的，责令重新开展采购活动。②已确定中标或者成交供应商但尚未签订政府采购合同的，认定中标或者成交结果无效。合格供应商符合法定数量时，可以从合格的中标或者成交候选人中另行确定中标或者成交供应商的，应当要求采购人依法另行确定中标、成交供应商；否则责令重新开展采购活动。③政府采购合同已经签订但尚未履行的，撤销合同。合格供应商符合法定数量时，可以从合格的中标或者成交候选人中另行确定中标或者成交供应商的，应当要求采购人依法另行确定中标、成交供应商；否则责令重新开展采购活动。④政府采购合同已经履行，给他人造成损失的，相关当事人可依法提起诉讼，由责任人承担赔偿责任。投诉人对废标行为提起的投诉事项成立的，财政部门应当认定废标行为无效。

财政部门作出处理决定，应当制作投诉处理决定书，并加盖公章。投诉处理决定书应当包括法律法规规定的内容，因该内容直接涉及供应商后续申请行政复议或者行政诉讼，供应商应当高度重视，检查其内容是否完整、事实和依据是否充分。投诉处理决定书包括的内容：①投诉人和被投诉人的姓名或者名称、通讯地址等；②处理决定查明的事实和相关依据，具体处理决定和法律依据；③告知相关当事人申请行政复议的权利、行政复议机关和行政复议申请期限，以及提起行政诉讼的权利和起诉期限；④作出处理决定的日期。

财政部门应当将投诉处理决定书送达投诉人和与投诉事项有关的当事人，并及时将投诉处理结果在省级以上财政部门指定的政府采购信息发布媒体上公告。投诉处理决定书的送达，参照《中华人民共和国民事诉讼法》关于送达的规定执行。未依法送达的，不能对供应商发生法律效力。

二、行政复议与行政诉讼

投诉人对政府采购监督管理部门的投诉处理决定不服或者政府采购监督管理部门逾期未作处理的，可以依法申请行政复议或者向人民法院提起行政诉讼。

（一）行政复议

1. 行政复议的申请

供应商认为行政机关的投诉处理决定所依据的下列规范性文件不合法，

在对行政行为申请行政复议时，可以一并向行政复议机关提出对该规范性文件的附带审查申请：（1）国务院部门的规范性文件；（2）县级以上地方各级人民政府及其工作部门的规范性文件；（3）乡、镇人民政府的规范性文件；（4）法律、法规、规章授权组织的规范性文件。需要注意的事，前述规范性文件是指非法律规范性文件，不含规章。规章的审查依照法律、行政法规办理。

供应商以外的同被申请行政复议的投诉处理决定或者行政复议案件处理结果有利害关系的公民、法人或者其他组织，例如，其他供应商可以作为第三人申请参加行政复议，或者由行政复议机构通知其作为第三人参加行政复议。供应商也可以根据实际情况以第三人身份参加其他供应商申请的行政复议案件。第三人不参加行政复议，不影响行政复议案件的审理。

出于专业性考虑，建议供应商委托一至二名律师、基层法律服务工作者或者其他代理人代为参加行政复议。供应商委托代理人的，应当向行政复议机构提交授权委托书、委托人及被委托人的身份证明文件。授权委托书应当载明委托事项、权限和期限。供应商变更或者解除代理人权限的，应当书面告知行政复议机构。

供应商对投诉处理决定不服申请行政复议的，作出投诉处理决定的财政部门是被申请人。两个以上财政部门以共同的名义作出同一投诉处理决定的，共同作出投诉处理决定的财政部门是被申请人。财政部门委托的组织作出投诉处理决定的，委托的行政机关是被申请人。作出投诉处理决定的行政机关被撤销或者职权变更的，继续行使其职权的行政机关是被申请人。

供应商认为投诉处理决定侵犯其合法权益的，可以自知道或者应当知道该行政行为之日起60日内提出行政复议申请。因不可抗力或者其他正当理由耽误法定申请期限的，申请期限自障碍消除之日起继续计算。

行政机关作出投诉处理决定时，未告知供应商申请行政复议的权利、行政复议机关和申请期限的，申请期限自供应商知道或者应当知道申请行政复议的权利、行政复议机关和申请期限之日起计算，但是自知道或者应当知道行政行为内容之日起最长不得超过一年。

供应商申请行政复议，可以书面申请；书面申请有困难的，也可以口头申请。但建议书面申请。书面申请的，可以通过邮寄或者行政复议机关指定的互联网渠道等方式提交行政复议申请书，也可以当面提交行政复议申请书。行政机关通过互联网渠道送达行政行为决定书的，应当同时提供提交行政复议申请书的互联网渠道。

供应商对财政部门作出的投诉处理决定申请复议的，向本级人民政府提出，由该政府管辖；对财政部作出的投诉处理决定申请复议的，向财政部提出，由该部管辖。

2. 行政复议受理

行政复议机关收到行政复议申请后，应当在五日内进行审查。供应商应当确保申请符合下列规定：（1）有明确的申请人和符合规定的被申请人；（2）申请人与被申请行政复议的行政行为有利害关系；（3）有具体的行政复议请求和理由；（4）在法定申请期限内提出；（5）属于本法规定的行政复议范围；（6）属于本机关的管辖范围；（7）行政复议机关未受理过该申请人就同一行政行为提出的行政复议申请，并且人民法院未受理过该申请人就同一行政行为提起的行政诉讼。关于审查的说明和告知，与前述投诉部分内容相近。

行政机关收到行政复议申请后，应当及时处理；认为需要维持行政处罚决定的，应当自收到行政复议申请之日起五日内转送行政复议机关。行政复议机关受理行政复议申请后，发现该行政复议申请不符合规定的，应当决定驳回申请并说明理由。

行政复议机关受理行政复议申请后，依法适用普通程序或者简易程序进行审理。行政复议机关应当指定行政复议人员负责办理行政复议案件。

3. 行政复议的中止和终止

在特定情形下，供应商若有中止行政复议的需求，可以向行政复议机关申请中止：（1）作为申请人的法人或者其他组织终止，尚未确定权利义务承受人；（2）申请人、被申请人因不可抗力或者其他正当理由，不能参加行政复议；（3）依照规定进行调解、和解，申请人和被申请人同意中止；（4）行政复议案件涉及的法律适用问题需要有权机关作出解释或者确认；（5）行政复议案件审理需要以其他案件的审理结果为依据，而其他案件尚未审结。行政复议中止的原因消除后，应当及时恢复行政复议案件的审理。

供应商达到预期目的或者复议已无实际价值的，终止行政复议：（1）申请人撤回行政复议申请，行政复议机构准予撤回；（2）作为申请人的法人或者其他组织终止，没有权利义务承受人或者其权利义务承受人放弃行政复议权利。

行政复议期间，投诉处理决定不停止执行；但是有下列情形之一的，应当停止执行：（1）被申请人认为需要停止执行；（2）行政复议机关认为需要停止执行；（3）申请人、第三人申请停止执行，行政复议机关认为其要求合理，决定停止执行。

4. 行政复议的证据

行政复议的证据种类包括：（1）书证；（2）物证；（3）视听资料；（4）电子数据；（5）证人证言；（6）当事人的陈述；（7）鉴定意见；（8）勘验笔录、现场笔录。以上证据经行政复议机构审查属实，才能作为认定行政复议案件事实的根据。与仲裁、民事诉讼等民事案件不同，行政复议（包括行政诉讼）制度为保护申请人（即行政相对人），要求被申请人对其作出的行政行为的合法性、适当性负有主要举证责任。当然，供应商也要提供初步证据：（1）认为被申请人不履行法定职责的，提供曾经要求被申请人履行法定职责的证据，但是被申请人应当依职权主动履行法定职责或者申请人因正当理由不能提供的除外；（2）提出行政赔偿请求的，提供受行政行为侵害而造成损害的证据，但是因被申请人原因导致申请人无法举证的，由被申请人承担举证责任。

5. 行政复议程序

供应商申请行政复议，应当遵循法定程序。行政复议包括普通程序、简易程序。以普通程序为例，供应商应当注意时效、程序等事项。（1）行政复议机构应当自行政复议申请受理之日起七日内，将行政复议申请书副本或者行政复议申请笔录复印件发送被申请人。被申请人应当自收到行政复议申请书副本或者行政复议申请笔录复印件之日起十日内，提出书面答复，并提交作出行政行为的证据、依据和其他有关材料。（2）行政复议机构应当当面或者通过互联网、电话等方式听取当事人的意见，并将听取的意见记录在案。因当事人原因不能听取意见的，可以书面审理。（3）审理重大、疑难、复杂的行政复议案件，行政复议机构应当组织听证。行政复议机构认为有必要听证，或者申请人请求听证的，行政复议机构可以组织听证。

由于政府采购非法律规范性较多，对供应商维护其合法权益意义重大，供应商也应高度重视行政复议附带审查。申请人依法提出对有关规范性文件的附带审查申请，行政复议机关有权处理的，应当在三十日内依法处理；无权处理的，应当在七日内转送有权处理的行政机关依法处理。行政复议机关在对被申请人作出的行政行为进行审查时，认为其依据不合法，本机关有权处理的，应当在三十日内依法处理；无权处理的，应当在七日内转送有权处理的国家机关依法处理。行政复议机关依法有权处理有关规范性文件或者依据的，行政复议机构应当自行政复议中止之日起三日内，书面通知规范性文件或者依据的制定机关就相关条款的合法性进行书面答复。制定机关应当自收到书面通知之日起十日内提交书面答复及相关材料。行政复议机构认为必要时，可以要求规范性文件或者依据的制定机关当面说明理由，制定机关应当配合。行政复议机关依法有权处理有关规范性文件或者依据，认为相关条款合法的，在行政复议决定书中一并告知；认为相关条款超越权限或者违反上位法的，决定停止该条款的执行，并责令制定机关予以纠正。接受转送的行政机关、国家机关应当自收到转送之日起六十日内，将处理意见回复转送的行政复议机关。

6. 行政复议决定

适用普通程序审理的行政复议案件，行政复议机关应当自受理申请之日起六十日内作出行政复议决定；但是法律规定的行政复议期限少于六十日的除外。情况复杂，不能在规定期限内作出行政复议决定的，经行政复议机构的负责人批准，可以适当延长，并书面告知当事人；但是延长期限最多不得超过三十日。适用简易程序审理的行政复议案件，行政复议机关应当自受理申请之日起三十日内作出行政复议决定。

行政行为有下列情形之一的，行政复议机关决定变更该行政行为：（1）事实清楚，证据确凿，适用依据正确，程序合法，但是内容不适当；（2）事实清楚，证据确凿，程序合法，但是未正确适用依据；（3）事实不清、证据不足，经行政复议机关查清事实和证据。行政复议机关不得作出对申请人更为不利的变更决定，但是第三人提出相反请求的除外。

行政行为有下列情形之一的，行政复议机关决定撤销或者部分撤销该行政行为，并可以责令被申请人在一定期限内重新作出行政行为：（1）主要事实不清、证据不足；（2）违反法定程序；（3）适用的依据不合法；（4）超越职权或者滥用职权。行政复议机关责令被申请人重新作出行政行为的，被申请人不得以同一事实和理由作出与被申请行政复议的行政行为相同或者基本相同的行政行为，但是行政复议机关以违反法定程序为由决定撤销或者部分撤销的除外。

行政行为有下列情形之一的，行政复议机关不撤销该行政行为，但是确认该行政行为违法：（1）依法应予撤销，但是撤销会给国家利益、社会公共利益造成重大损害；（2）程序轻微违法，但是对申请人权利不产生实际影响。

行政行为有下列情形之一，不需要撤销或者责令履行的，行政复议机关确认该行政行为违法：（1）行政行为违法，但是不具有可撤销内容；（2）被申请人改变原违法行政行为，申请人仍要求撤销或者确认该行政行为违法；（3）被申请人不履行或者拖延履行法定职责，责令履行没有意义。被申请人不履行法定职责的，行政复议机关决定被申请人在一定期限内履行。

行政行为有实施主体不具有行政主体资格或者没有依据等重大且明显违法情形，申请人申请确认行政行为无效的，行政复议机关确认该行政行为无效。

行政行为认定事实清楚，证据确凿，适用依据正确，程序合法，内容适当的，行政复议机关决定维持该行政行为。行政复议机关受理申请人认为被申请人不履行法定职责的行政复议申请后，发现被申请人没有相应法定职责或者在受理前已经履行法定职责的，决定驳回申请人的行政复议请求。

被申请人不依法提出书面答复、提交作出行政行为的证据、依据和其他有关材料的，视为该行政行为没有证据、依据，行政复议机关决定撤销、部分撤销该行政行为，确认该行政行为违法、无效或者决定被申请人在一定期限内履行，但是行政行为涉及第三人合法权益，第三人提供证据的除外。

当事人经调解达成协议的，行政复议机关应当制作行政复议调解书，经各方当事人签字或者签章，并加盖行政复议机关印章，即具有法律效力。调解未达成协议或者调解书生效前一方反悔的，行政复议机关应当依法审查或者及时作出行政复议决定。

当事人在行政复议决定作出前可以自愿达成和解，和解内容不得损害国家利益、社会公共利益和他人合法权益，不得违反法律、法规的强制性规定。当事人达成和解后，由申请人向行政复议机构撤回行政复议申请。行政复议机构准予撤回行政复议申请、行政复议机关决定终止行政复议的，申请人不得再以同一事实和理由提出行政复议申请。但是，申请人能够证明撤回行政复议申请违背其真实意愿的除外。

行政复议机关在办理行政复议案件过程中，发现被申请人或者其他下级行政机关的有关行政行为违法或者不当的，可以向其制发行政复议意见书。有关机关应当自收到行政复议意见书之日起六十日内，将纠正相关违法或者不当行政行为的情况报送行政复议机关。该机制与被动式的行政复议不同，因其超出了供应商的申请，往往会实现供应商意想不到的其他结果。

（二）行政诉讼

供应商对投诉处理部门的行政行为（包括不依法履行职责的）以及行政复议机关的复议不服的，可以依法提起行政诉讼。

1. 行政诉讼的管辖

供应商应当遵守地域管辖的要求。行政案件由最初作出行政行为的行政机关所在地人民法院管辖。经复议的案件，也可以由复议机关所在地人民法院管辖。供应商还应当按照级别管辖规定提起行政诉讼。级别管辖要求原则上由基层人民法院管辖第一审行政案件。中级人民法院管辖下列第一审政府采购行政案件：（1）财政部或者县级以上地方人民政府所作的行政行为提起诉讼的案件；（2）本辖区内重大、复杂的案件。高级人民法院管辖本辖区内重大、复杂的第一审行政案件。最高人民法院管辖全国范围内重大、复杂的第一审行政案件。

遇有两个以上人民法院都有管辖权的案件，原告可以选择其中一个人民法院提起诉讼。原告向两个以上有管辖权的人民法院提起诉讼的，由最先立案的人民法院管辖。人民法院发现受理的案件不属于本院管辖的，应当移送有管辖权的人民法院，受移送的人民法院应当受理。受移送的人民法院认为受移送的案件按照规定不属于本院管辖的，应当报请上级人民法院指定管辖，不得再自行移送。

2. 诉讼参加人

行政行为的相对人以及其他与行政行为有利害关系的公民、法人或者其他组织，有权提起诉讼。在政府采购中，主要指供应商，既包括经由质疑、投诉、行政复议（如果有）程序的供应商，也可以是有其他利害关系的供应商。供应商为二人以上，因同一行政行为发生的行政案件，或者因同类行政行为发生的行政案件、人民法院认为可以合并审理并经当事人同意的，为共同诉讼。有权提起诉讼的供应商作为法人或者其他组织终止，承受其权利的法人或者其他组织可以提起诉讼。

供应商直接向人民法院提起诉讼的，作出行政行为的行政机关是被告。经复议的案件，复议机关决定维持原行政行为的，作出原行政行为的行政机关和复议机关是共同被告；复议机关改变原行政行为的，复议机关是被告。复议机关在法定期限内未作出复议决定，公民、法人或者其他组织起诉原行政行为的，作出原行政行为的行政机关是被告；起诉复议机关不作为的，复议机关是被告。两个以上行政机关作出同一行政行为的，共同作出行政行为的行政机关是共同被告。行政机关委托的组织所作的行政行为，委托的行政机关是被告。行政机关被撤销或者职权变更的，继续行使其职权的行政机关是被告。

供应商及其法定代理人，可以委托一至二人作为诉讼代理人。下列人员可以被委托为诉讼代理人：（1）律师、基层法律服务工作者；（2）当事人的工作人员。证据的种类同行政复议要求。

3. 起诉和受理程序

供应商不服复议决定的，可以在收到复议决定书之日起十五日内向人民法院提起诉讼。复议机关逾期不作决定的，申请人可以在复议期满之日起十五日内向人民法院提起诉讼。法律另有规定的除外。供应商直接向人民法院提起诉讼的，应当自知道或者应当知道作出行政行为之日起六个月内提出。法律另有规定的除外。

供应商申请行政机关履行保护其财产权等合法权益的法定职责，行政机关在接到申请之日起两个月内不履行的，供应商可以向人民法院提起诉讼。法律、法规对行政机关履行职责的期限另有规定的，从其规定。供应商在紧急情况下请求行政机关履行保护其财产权等合法权益的法定职责，行政机关不履行的，提起诉讼不受前述规定期限的限制。

供应商提起诉讼应当符合下列条件：（1）供应商是符合规定的公民、法人或者其他组织；（2）有明确的被告；（3）有具体的诉讼请求和事实根据；（4）属于人民法院受案范围和受诉人民法院管辖。

4. 审理和判决

人民法院公开审理行政案件，但涉及国家秘密、个人隐私和法律另有规定的除外。若涉及商业秘密的案件，供应商申请不公开审理的，可以不公开审理。

供应商认为审判人员与本案有利害关系或者有其他关系可能影响公正审判，有权申请审判人员回避。在政府采购案件中，因被告为财政部门，负有财政预算编制和执行职能，与本地司法机关往往有一定政务或者业务的关系。但该问题已经基本由级别管辖制度解决，不应将其理解为应当回避的情形。

诉讼期间，不停止投诉处理决定等行政行为的执行。但有下列情形之一的，裁定停止执行：（1）被告认为需要停止执行的；（2）原告或者利害关系人申请停止执行，人民法院认为该行政行为的执行会造成难以弥补的损失，并且停止执行不损害国家利益、社会公共利益的；（3）人民法院认为该行政行为的执行会给国家利益、社会公共利益造成重大损害的；（4）法律、法规规定停止执行的。供应商对停止执行或者不停止执行的裁定不服的，可以申请复议一次。

在涉及行政机关对民事争议所作的裁决的行政诉讼中，当事人申请一并解决相关民事争议的，人民法院可以一并审理。理论界和实务界对政府采购投诉处理是否属于行政裁决，尚存一定争议。但从实务角度考虑，不失为供应商借助行政诉讼方式实现质疑、投诉目的的一种手段。

人民法院审理行政案件，以法律和行政法规、地方性法规为依据。地方性法规适用于本行政区域内发生的行政案件。人民法院审理民族自治地方的行政案件，并以该民族自治地方的自治条例和单行条例为依据。政府采购领域有数量较多的规章，例如《政府采购货物和服务招标投标管理办法》（财政部令第87号），对于这些规章，人民法院审理行政案件时参照适用而不是作为依据适用。但也要辩证地看，对于基层法院、中级人民法院，往往在实践中将"参照"升格为"依据"对待。

人民法院在审理行政案件中，经审查认为规范性文件不合法的，不作为认定行政行为合法的依据，并向制定机关提出处理建议。人民法院应当公开发生法律效力的判决书、裁定书，供公众查阅，但涉及国家秘密、商业秘密和个人隐私的内容除外。人民法院在审理行政案件中，认为行政机关的主管人员、直接责任人员违法违纪的，应当将有关材料移送监察机关、该行政机关或者其上一级行政机关；认为有犯罪行为的，应当将有关材料移送公安、检察机关。

人民法院审理行政案件，由审判员组成合议庭，或者由审判员、陪审员组成合议庭。合议庭的成员应当是三人以上的单数。判决按以下情形处理：（1）行政行为证据确凿，适用法律、法规正确，符合法定程序的，或者原告申请被告履行法定职责或者给付义务理由不成立的，人民法院判决驳回原告的诉讼请求。（2）行政行为有下列情形之一的，人民法院判决撤销或者部分撤销，并可以判决被告重新作出行政行为：①主要证据不足的；②适用法律、法规错误的；③违反法定程序的；④超越职权的；⑤滥用职权的；⑥明显不当的。（3）人民法院判决被告重新作出行政行为的，被告不得以同一的事实和理由作出与原行政行为基本相同的行政行为。（4）人民法院经过审理，查明被告不履行法定职责的，判决被告在一定期限内履行。（5）行政行为有下列情形之一的，人民法院判决确认违法，但不撤销行政行为：①行政行为依法应当撤销，但撤销会给国家利益、社会公共利益造成重大损害的；②行政行为程序轻微违法，但对原告权利不产生实际影响的。（6）行政行为有下列情形之一，不需要撤销或者判决履行的，人民法院判决确认违法：①行政行为违法，但不具有可撤销内容的；②被告改变原违法行政行为，原告仍要求确认原行政行为违法的；③被告不履行或者拖延履行法定职责，判决履行没有意义的。（7）行政行为有实施主体不具有行政主体资格或者没有依据等重大且明显违法情形，原告申请确认行政行为无效的，人民法院判决确认无效。（8）人民法院判决确认违法或者无效的，可以同时判决责令被告采取补救措施；给原告造成损失的，依法判决被告承担赔偿责任。（9）复议机关与作出原行政行为的行政机关为共同被告的案件，人民法院应当对复议决定和原行政行为一并作出裁判。人民法院对公开审理和不公开审理的案件，一律公开宣告判决。

第二审程序基本与第一审相当。其差异重点关注权利行使时限：供应商不服人民法院第一审判决的，有权在判决书送达之日起十五日内向上一级人民法院提起上诉。当事人不服人民法院第一审裁定的，有权在裁定书送达之日起十日内向上一级人民法院提起上诉。逾期不提起上诉的，人民法院的第一审判决或者裁定发生法律效力。供应商对第二审判决或者裁定仍不服的，可以依法申请启动审判监督程序。

5. 执行

当事人必须履行人民法院发生法律效力的判决、裁定、调解书。供应商拒绝履行判决、裁定、调解书的，行政机关或者第三人可以向第一审人民法院申请强制执行，或者由行政机关依法强制执行。行政机关拒绝履行判决、裁定、调解书的，第一审人民法院可以采取措施：（1）对应当归还的罚款或者应当给付的款额，通知银行从该行政机关的账户内划拨。（2）在规定期限内不履行的，从期满之日起，对该行政机关负责人按日处五十元至一百元的罚款。（3）将行政机关拒绝履行的情况予以公告。（4）向监察机关或者该行政机关的上一级行政机关提出司法建议，接受司法建议的机关根据有关规定进行处理，并将处理情况告知人民法院。（5）拒不履行判决、裁定、调解书，社会影响恶劣的，可以对该行政机关直接负责的主管人员和其他直接责任人员予以拘留；情节严重，构成犯罪的，依法追究刑事责任。

三、调解、仲裁与民事诉讼

（一）调解

1. 人民调解

人民调解用于解决政府采购纠纷的情况较少，但政府采购并不排斥人民调解。人民调解委员会是依法设立的调解民间纠纷的群众性组织。招标投标活动当事人解决争议，可以借助于人民调解委员会调解。当事人可以向人民调解委员会申请调解；人民调解委员会也可以主动调解。当事人一方明确拒绝调解的，不得调解。

人民调解委员会根据调解纠纷的需要，可以指定一名或者数名人民调解员进行调解，也可以由当事人选择一名或者数名人民调解员进行调解。

人民调解员根据调解纠纷的需要，在征得当事人的同意后，可以邀请具有与招标投标争议专门知识、特定经验的人员或者有关社会组织的人员参与调解。例如，邀请招标行业专家或者行业协会。

人民调解员根据纠纷的不同情况，可以采取多种方式调解招标投标纠纷，充分听取当事人的陈述，讲解有关法律、法规和国家政策，耐心疏导，在当事人平等协商、互谅互让的基础上提出纠纷解决方案，帮助当事人自愿达成调解协议。

一是招标投标当事人要注重其在人民调解活动中享有的下列权利。

（1）选择或者接受人民调解员；

（2）接受调解、拒绝调解或者要求终止调解；

（3）要求调解公开进行或者不公开进行；

（4）自主表达意愿、自愿达成调解协议。

二是在享有权利的同时，招标投标当事人也应当在人民调解活动中履行下列义务。

（1）如实陈述纠纷事实；

（2）遵守调解现场秩序，尊重人民调解员；

（3）尊重对方当事人行使权利。

人民调解员调解招标投标纠纷，调解不成的，应当终止调解，并依据有关法律、法规的规定，告知当事人可以依法通过仲裁、行政、司法等途径维护自己的权利。

经人民调解委员会调解达成的调解协议，具有法律约束力，招标投标当事人应当按照约定履行。若采取口头调解协议方式的，自各方当事人达成协议之日起生效。当然，因口头形式证据效果差，不建议招标投标当事人采取口头方式达成调解协议。

因调解协议不具有法律强制力，经人民调解委员会调解达成调解协议后，招标投标当事人之间就调解协议的履行或者调解协议的内容发生争议的，一方当事人仍可以向人民法院提起诉讼。

为使得调解协议具有法律强制力，经人民调解委员会调解达成调解协议后，招标投标双方当事人认为有必要的，可以自调解协议生效之日起三十日内共同向人民法院申请司法确认，人民法院应当及时对调解协议进行审查，依法确认调解协议的效力。

2. 法院调解

招标投标争议进入民事诉讼后，调解是应当进行的程序。人民法院进行调解，可以由审判员一人主持，也可以由合议庭主持，并尽可能就地进行。人民法院进行调解，可以用简便方式通知招标投标当事人、证人到庭。

人民法院进行调解，可以邀请有利于解决招标投标争议的有关单位和个人协助。被邀请的单位和个人应当协助人民法院进行调解。

对调解达成协议，招标投标争议双方当事人自愿进行，不得强迫。调解协议的内容不得违反法律规定。

人民法院应当制作调解书必须调解书应当写明诉讼请求、案件的事实和调解结果。调解书由审判人员、书记员署名，加盖人民法院印章，送达双方当事人。调解书经双方当事人签收后，即具有法律效力。一方当事人不履行的，对方当事人可以直接向人民法院申请强制执行。调解未达成协议或者调解书送达前一方反悔的，人民法院应当及时判决。

3. 仲裁调解

在招标投标争议进入仲裁后，仲裁庭在作出裁决前，可以先行调解。当事人自愿调解的，仲裁庭应当调解。调解不成的，应当及时作出裁决。

招标投标当事人经调解达成协议的，仲裁庭应当制作调解书或者根据协议的结果制作裁决书。调解书与裁决书具有同等法律效力。

调解书应当写明仲裁请求和当事人协议的结果。调解书由仲裁员签名，加盖仲裁委员会印章，送达双方当事人。调解书经双方当事人签收后，即发生法律效力。在调解书签收前当事人反悔的，仲裁庭应当及时作出裁决。

（二）仲裁

1. 仲裁协议

招标投标争议当事人采取仲裁方式解决纠纷的，应当订立有效的仲裁协议。仲裁协议包括合同中订立的仲裁条款和以其他书面方式在纠纷发生前或者纠纷发生后达成的请求仲裁的协议两种方式。

招标投标争议仲裁协议应当具有下列内容。

（1）请求仲裁的意思表示；

（2）仲裁事项；

（3）选定的仲裁委员会。

招标投标当事人应当避免订立无效的仲裁协议。有下列情形之一的，仲裁协议无效。

（1）约定的仲裁事项超出法律规定的仲裁范围的；

（2）无民事行为能力人或者限制民事行为能力人订立的仲裁协议；

（3）一方采取胁迫手段，迫使对方订立仲裁协议的。

在仲裁活动中，招标投标当事人往往会首先对仲裁协议的效力提起异议。例如，申请人向仲裁委员会申请了仲裁，被申请人为了达到防御效果，以仲裁协议符合无效的情形，提出异议。被申请人提出异议的，可以请求仲裁委员会作出决定或者请求人民法院作出裁定。一方请求仲裁委员会作出决定，另一方请求人民法院作出裁定的，由人民法院裁定。当事人对仲裁协议的效力有异议，提出的时间应当在仲裁庭首次开庭前提出。晚于这个时间的，仲裁庭不予支持。

2. 仲裁的申请和受理

招标投标当事人申请仲裁应当符合下列条件。

（1）有仲裁协议；

（2）有具体的仲裁请求和事实、理由；

（3）属于仲裁委员会的受理范围。

申请人应当仔细核对，确保仲裁申请书载明的下列事项准确。

（1）当事人的姓名、性别、年龄、职业、工作单位和住所，法人或者其他组织的名称、住所和法定代表人或者主要负责人的姓名、职务；

（2）仲裁请求和所根据的事实、理由；

（3）证据和证据来源、证人姓名和住所。

仲裁委员会收到仲裁申请书之日起五日内，认为符合受理条件的，应当受理，并通知当事人；认为不符合受理条件的，应当书面通知当事人不予受理，并说明理由。

　　仲裁委员会受理仲裁申请后，应当在仲裁规则规定的期限内将仲裁规则和仲裁员名册送达申请人，并将仲裁申请书副本和仲裁规则、仲裁员名册送达被申请人。

　　被申请人收到仲裁申请书副本后，应当在仲裁规则规定的期限内向仲裁委员会提交答辩书。仲裁委员会收到答辩书后，应当在仲裁规则规定的期限内将答辩书副本送达申请人。被申请人未提交答辩书的，不影响仲裁程序的进行。在实践中，被申请人当庭提交答辩书，仲裁庭往往也接受。

　　在仲裁审理过程中，招标投标当事人发现仲裁请求有问题的，申请人可以放弃或者变更仲裁请求。被申请人可以承认或者反驳仲裁请求，有权提出反请求。

　　为了保证仲裁裁决后的执行效果，或者达到给对方当事人施加压力等目的，申请人可以申请财产保全。仲裁委员会应当将当事人的申请依照民事诉讼法的有关规定提交人民法院。

　　当事人可以自行进行仲裁活动。但鉴于招标投标争议解决具有极强的专业性，建议其委托律师和其他代理人进行仲裁活动。委托律师和其他代理人进行仲裁活动的，应当向仲裁委员会提交授权委托书。

　　3. 仲裁庭的组成、开庭和裁决

　　根据《中华人民共和国仲裁法》①以及所约定的仲裁机构的仲裁规则，仲裁庭可以由三名仲裁员或者一名仲裁员组成。由三名仲裁员组成，设首席仲裁员。

　　对于较为复杂的、一旦失利可能损失巨大的项目，建议当事人约定由三名仲裁员组成仲裁庭。充分行使法定权利，积极选择一名仲裁员，该仲裁员应当对招标投标具有较强的专业性，并能在仲裁庭内为相关方力争合法权益。由于首席仲裁员共同选定的概率很小，可以优先考虑由机构指定，避免对方当事人选定的首席仲裁员成为本案件的首席仲裁员。

　　若案情简单、标的额预计较小的，建议当事人按照仲裁机构的规则由

---

　　①　本书后文简称《仲裁法》。

一名仲裁员成立独任仲裁庭。该程序适用简易（或快速）程序，建议独任仲裁员由仲裁委员会主任指定。

为避免仲裁员与对方当事人有利害关系而影响机关方利益，招标投标当事人应当仔细查明仲裁员是否有下列必须回避的情形，如有，则当事人有权提出回避申请。

（1）是本案当事人或者当事人、代理人的近亲属；

（2）与本案有利害关系；

（3）与本案当事人、代理人有其他关系，可能影响公正仲裁的；

（4）私自会见当事人、代理人，或者接受当事人、代理人的请客送礼的。

当事人提出回避申请，应当说明理由，在首次开庭前提出。回避事由在首次开庭后知道的，可以在最后一次开庭终结前提出。

根据《仲裁法》，仲裁不公开进行，仲裁文书也不像诉讼判决书那样在网上公开，因此，当事人往往愿意采取仲裁解决招标投标争议。但仲裁不公开，不意味着仲裁不开庭。仲裁应当开庭进行。当事人协议不开庭的，仲裁庭可以根据仲裁申请书、答辩书以及其他材料作出裁决。

仲裁委员会应当在仲裁规则规定的期限内将开庭日期通知双方当事人。当事人有正当理由的，例如，招标投标所需证据收集整理难度大，可以在仲裁规则规定的期限内请求延期开庭。是否延期，由仲裁庭决定。

申请人经书面通知，无正当理由不到庭或者未经仲裁庭许可中途退庭的，可以视为撤回仲裁申请。被申请人经书面通知，无正当理由不到庭或者未经仲裁庭许可中途退庭的，可以缺席裁决。在缺席裁决中，视为被申请人放弃答辩和举证等权利，但仲裁庭往往也更加审慎进行仲裁审理工作。

证据是保证仲裁活动的关键，当事人应当对自己的主张提供证据。仲裁庭认为有必要收集的证据，可以自行收集。

招标投标争议发生在合同订立阶段，往往不存在合同履行争议中需要鉴定的工程质量、造价问题等。即便需要鉴定，往往是笔迹、印章等与书面文件相关事项。仲裁庭对专门性问题认为需要鉴定的，可以交由当事人约定的鉴定部门鉴定，也可以由仲裁庭指定的鉴定部门鉴定。

根据当事人的请求或者仲裁庭的要求，鉴定部门应当派鉴定人参加开庭。当事人经仲裁庭许可，可以向鉴定人提问。

证据应当在开庭时出示，招标投标当事人可以质证。在证据可能灭失或者以后难以取得的情况下，当事人可以申请证据保全。当事人申请证据保全的，仲裁委员会应当将当事人的申请提交证据所在地的基层人民法院。

当事人在仲裁过程中有权进行辩论。辩论终结时，首席仲裁员或者独任仲裁员应当征询当事人的最后意见。

仲裁庭应当将开庭情况记入笔录。当事人和其他仲裁参与人认为对自己陈述的记录有遗漏或者差错的，有权申请补正。如果不予补正，应当记录该申请。

当事人申请仲裁后，可以自行和解。达成和解协议的，可以请求仲裁庭根据和解协议作出裁决书，也可以撤回仲裁申请。当事人达成和解协议，撤回仲裁申请后反悔的，可以根据仲裁协议申请仲裁。

裁决应当按照多数仲裁员的意见作出，少数仲裁员的不同意见可以记入笔录。仲裁庭不能形成多数意见时，裁决应当按照首席仲裁员的意见作出。裁决书应当写明仲裁请求、争议事实、裁决理由、裁决结果、仲裁费用的负担和裁决日期。当事人协议不愿写明争议事实和裁决理由的，可以不写。裁决书由仲裁员签名，加盖仲裁委员会印章。对裁决持不同意见的仲裁员，可以签名，也可以不签名。

仲裁庭仲裁纠纷时，其中一部分事实已经清楚，可以就该部分先行裁决。招标投标活动的时效性强，往往要求及时解决纠纷，继续开展招标投标活动，因此也可以考虑争取先行裁决。在实践中，先行裁决因各种原因，支持难度较大，需要申请一方进行充分准备。裁决书自作出之日起发生法律效力。

招标投标当事人对裁决不服的，不能诉讼，但可以通过其他方式实现阻却裁决的效果。主要方式是撤销裁决或不予执行。申请申请人提出证据证明裁决有下列情形之一的，可以向仲裁委员会所在地的中级人民法院申请撤销裁决。

（1）没有仲裁协议的；

（2）裁决的事项不属于仲裁协议的范围或者仲裁委员会无权仲裁的；

（3）仲裁庭的组成或者仲裁的程序违反法定程序的；

（4）裁决所根据的证据是伪造的；

（5）对方当事人隐瞒了足以影响公正裁决的证据的；

（6）仲裁员在仲裁该案时有索贿受贿，徇私舞弊，枉法裁决行为的。

人民法院经组成合议庭审查核实裁决有前款规定情形之一的，应当裁定撤销。人民法院认定该裁决违背社会公共利益的，应当裁定撤销。

当事人申请撤销裁决的，应当自收到裁决书之日起六个月内提出。人民法院应当在受理撤销裁决申请之日起两个月内作出撤销裁决或者驳回申请的裁定。

人民法院受理撤销裁决的申请后，认为可以由仲裁庭重新仲裁的，通知仲裁庭在一定期限内重新仲裁，并裁定中止撤销程序。仲裁庭拒绝重新仲裁的，人民法院应当裁定恢复撤销程序。

当事人应当履行裁决。一方当事人不履行的，另一方当事人可以依照《中华人民共和国民事诉讼法》[1] 的有关规定向人民法院申请执行。受申请的人民法院应当执行。

被申请人提出证据证明裁决有《民事诉讼法》第二百一十三条第二款规定的情形之一的，经人民法院组成合议庭审查核实，裁定不予执行。当事人申请执行裁决，另一方当事人申请撤销裁决的，人民法院应当裁定中止执行。

人民法院裁定撤销裁决的，应当裁定终结执行。撤销裁决的申请被裁定驳回的，人民法院应当裁定恢复执行。

（三）民事诉讼

民事诉讼实行两审终身制，周期较长。

---

[1] 本书后文简称《民事诉讼法》。

1. 民事诉讼的法院管辖

（1）级别管辖。基层人民法院管辖第一审民事案件。若招标投标争议具有下列特殊情形的，由中级人民法院管辖第一审民事案件。

一是重大涉外招标投标案件；

二是在本辖区有重大影响的招标投标案件；

三是最高人民法院确定由中级人民法院管辖的招标投标案件。

若招标投标争议具有下列特殊情形的，由最高人民法院管辖第一审民事案件：

一是在全国有重大影响的招标投标案件；

二是认为应当由本院审理的招标投标案件。

（2）地域管辖。对公民提起的民事诉讼，由被告住所地人民法院管辖；被告住所地与经常居住地不一致的，由经常居住地人民法院管辖。对法人或者其他组织提起的民事诉讼，由被告住所地人民法院管辖。

同一诉讼的几个被告住所地、经常居住地在两个以上人民法院辖区的，各该人民法院都有管辖权。

招标投标是合同订立的方式，招标投标争议属于合同纠纷。因合同纠纷提起的诉讼，由被告住所地或者合同履行地人民法院管辖。因保险合同纠纷提起的诉讼，由被告住所地或者保险标的物所在地人民法院管辖。因铁路、公路、水上、航空运输和联合运输合同纠纷提起的诉讼，由运输始发地、目的地或者被告住所地人民法院管辖。

少数情形由人民法院专属管辖，主要是因不动产纠纷提起的诉讼，由不动产所在地人民法院管辖；因港口作业中发生纠纷提起的诉讼，由港口所在地人民法院管辖；因继承遗产纠纷提起的诉讼，由被继承人死亡时住所地或者主要遗产所在地人民法院管辖。招标投标争议中往往不涉及以上情形。

为便于当事人解决纠纷，法律允许当事人在一定范围内约定管辖：合同或者其他财产权益纠纷的当事人可以书面协议选择被告住所地、合同履行地、合同签订地、原告住所地、标的物所在地等与争议有实际联系的地点的人民法院管辖，但不得违反本法对级别管辖和专属管辖的规定。

两个以上人民法院都有管辖权的诉讼，招标投标当事人可以向其中一个人民法院起诉；向两个以上有管辖权的人民法院起诉的，由最先立案的人民法院管辖。

（3）移送管辖和指定管辖。人民法院发现受理的案件不属于本院管辖的，应当移送有管辖权的人民法院，受移送的人民法院应当受理。受移送的人民法院认为受移送的案件依照规定不属于本院管辖的，应当报请上级人民法院指定管辖，不得再自行移送。

有管辖权的人民法院由于特殊原因，不能行使管辖权的，由上级人民法院指定管辖。人民法院之间因管辖权发生争议，由争议双方协商解决；协商解决不了的，报请其共同上级人民法院指定管辖。

上级人民法院有权审理下级人民法院管辖的第一审民事案件；确有必要将本院管辖的第一审民事案件交下级人民法院审理的，应当报请其上级人民法院批准。下级人民法院对其所管辖的第一审民事案件，认为需要由上级人民法院审理的，可以报请上级人民法院审理。

2. 民事审判组织、诉讼参加人

民事诉讼的审判组织，不像仲裁那样灵活。人民法院审理第一审民事案件，由审判员、人民陪审员共同组成合议庭或者由审判员组成合议庭。合议庭的成员人数，必须是单数。适用简易程序审理的民事案件，由审判员一人独任审理。基层人民法院审理的基本事实清楚、权利义务关系明确的第一审民事案件，可以由审判员一人适用普通程序独任审理。人民陪审员在参加审判活动时，除法律另有规定外，与审判员有同等的权利义务。人民法院审理第二审民事案件，由审判员组成合议庭。合议庭的成员人数，必须是单数。中级人民法院对第一审适用简易程序审结或者不服裁定提起上诉的第二审民事案件，事实清楚、权利义务关系明确的，经双方当事人同意，可以由审判员一人独任审理。发回重审的案件，原审人民法院应当按照第一审程序另行组成合议庭。审理再审案件，原来是第一审的，按照第一审程序另行组成合议庭；原来是第二审的或者是上级人民法院提审的，按照第二审程序另行组成合议庭。

工程招标或者政府采购活动，往往不适用简易程序。人民法院审理下列民事案件，不得由审判员一人独任审理。

（1）涉及国家利益、社会公共利益的案件；

（2）涉及群体性纠纷，可能影响社会稳定的案件；

（3）人民群众广泛关注或者其他社会影响较大的案件；

（4）属于新类型或者疑难复杂的案件；

（5）法律规定应当组成合议庭审理的案件；

（6）其他不宜由审判员一人独任审理的案件。

人民法院在审理过程中，发现案件不宜由审判员一人独任审理的，应当裁定转由合议庭审理。该程序简称"转普"，在实践中也有变相延长审限等效果。

合议庭评议案件，实行少数服从多数的原则。评议应当制作笔录，由合议庭成员签名。对于评议中的不同意见，必须如实记入笔录。

诉讼参加人由当事人和诉讼代理人等主体组成。作为公民、法人和其他组织的招标投标当事人可以作为民事诉讼的当事人。

法人由其法定代表人进行诉讼。其他组织由其主要负责人进行诉讼。当事人有权委托代理人，提出回避申请，收集、提供证据，进行辩论，请求调解，提起上诉，申请执行。当事人可以查阅本案有关材料，并可以复制本案有关材料和法律文书。查阅、复制本案有关材料的范围和办法由最高人民法院规定。

当事人必须依法行使诉讼权利，遵守诉讼秩序，履行发生法律效力的判决书、裁定书和调解书。双方当事人可以自行和解。原告可以放弃或者变更诉讼请求。被告可以承认或者反驳诉讼请求，有权提起反诉。

招标投标争议存在共同诉讼的情形。当事人一方或者双方为二人以上，其诉讼标的是共同的，或者诉讼标的是同一种类、人民法院认为可以合并审理并经当事人同意的，为共同诉讼。共同诉讼的一方当事人对诉讼标的有共同权利义务的，其中一人的诉讼行为经其他共同诉讼人承认，对其他共同诉讼人发生效力；对诉讼标的没有共同权利义务的，其中一人的诉讼行为对其他共同诉讼人不发生效力。当事人一方人数众多的共同诉讼，可以由当事人推选代表人进行诉讼。代表人的诉讼行为对其所代表的当事人发生效力，但代表人变更、放弃诉讼请求或者承认对方当事人的诉讼请求进行和解，必须经被代表的当事人同意。

诉讼标的是同一种类、当事人一方人数众多在起诉时人数尚未确定的，人民法院可以发出公告，说明案件情况和诉讼请求，通知权利人在一定期间向人民法院登记。

对当事人双方的诉讼标的，招标投标当事人认为有独立请求权的，有权以第三人身份提起诉讼。对当事人双方的诉讼标的，第三人虽然没有独立请求权，但案件处理结果同他有法律上的利害关系的，可以申请参加诉讼，或者由人民法院通知他参加诉讼。人民法院判决承担民事责任的第三人，有当事人的诉讼权利义务。

招标投标当事人可以委托一至二人作为诉讼代理人。下列人员可以被委托为诉讼代理人。

（1）律师、基层法律服务工作者；

（2）当事人的近亲属或者工作人员；

（3）当事人所在社区、单位以及有关社会团体推荐的公民。

其中，委托律师是招标投标争议最为常见的形式。委托他人代为诉讼，必须向人民法院提交由委托人签名或者盖章的授权委托书。授权委托书必须记明委托事项和权限。诉讼代理人代为承认、放弃、变更诉讼请求进行和解，提起反诉或者上诉，必须有委托人的特别授权。诉讼代理人的权限如果变更或者解除，当事人应当书面告知人民法院，并由人民法院通知对方当事人。

代理诉讼的律师和其他诉讼代理人有权调查收集证据，可以查阅本案有关材料。查阅本案有关材料的范围和办法由最高人民法院规定。

3. 民事诉讼证据种类、保全和应用

证据包括以下几项。

（1）当事人的陈述；

（2）书证；

（3）物证；

（4）视听资料；

（5）电子数据；

（6）证人证言；

（7）鉴定意见；

（8）勘验笔录。

招标投标争议涉及的证据主要是（1）—（6）项。证据必须查证属实，才能作为认定事实的根据。

当事人对自己提出的主张，有责任提供证据。当事人及其诉讼代理人因客观原因不能自行收集的证据，或者人民法院认为审理案件需要的证据，人民法院应当调查收集。人民法院应当按照法定程序，全面、客观地审查核实证据。

当事人对自己提出的主张应当及时提供证据。人民法院根据当事人的主张和案件审理情况，确定当事人应当提供的证据及其期限。当事人在该期限内提供证据确有困难的，可以向人民法院申请延长期限，人民法院根据当事人的申请适当延长。当事人逾期提供证据的，人民法院应当责令其说明理由；拒不说明理由或者理由不成立的，人民法院根据不同情形可以不予采纳该证据，或者采纳该证据但予以训诫、罚款。

在实践中，招标投标当事人可能存在收集证据困难的情形，例如，视听资料存放于有形市场，此时可借助于人民法院收集证据。人民法院有权向有关单位和个人调查取证，有关单位和个人不得拒绝。人民法院对有关单位和个人提交的证明文书应当辨别真伪，审查确定其效力。

证据应当在法庭上出示，并由当事人互相质证。对涉及国家秘密、商业秘密和个人隐私的证据应当保密，需要在法庭出示的，不得在公开开庭时出示。经过法定程序公证证明的法律事实和文书，人民法院应当作为认定事实的根据，但有相反证据足以推翻公证证明的除外。

书证应当提交原件。物证应当提交原物。提交原件或者原物确有困难的，可以提交复制品、照片、副本、节录本。提交外文书证，必须附有中文译本。

人民法院对视听资料，应当辨别真伪，并结合本案的其他证据，审查确定能否作为认定事实的根据。

凡是知道案件情况的单位和个人，都有义务出庭作证。有关单位的负责人应当支持证人作证。不能正确表达意思的人，不能作证。经人民法院通知，证人应当出庭作证。有下列情形之一的，经人民法院许可，可以通过书面证言、视听传输技术或者视听资料等方式作证。

（1）因健康原因不能出庭的；

（2）因路途遥远，交通不便不能出庭的；

（3）因自然灾害等不可抗力不能出庭的；

（4）其他有正当理由不能出庭的。

人民法院对当事人的陈述，应当结合本案的其他证据，审查确定能否作为认定事实的根据。当事人拒绝陈述的，不影响人民法院根据证据认定案件事实。

对于笔迹、印章乃至电子文档基础信息等问题，招标投标当事人可以就查明事实的专门性问题向人民法院申请鉴定。当事人申请鉴定的，由双方当事人协商确定具备资格的鉴定人；协商不成的，由人民法院指定。当事人未申请鉴定，人民法院对专门性问题认为需要鉴定的，应当委托具备资格的鉴定人进行鉴定。

在证据可能灭失或者以后难以取得的情况下，当事人可以在诉讼过程中向人民法院申请保全证据，人民法院也可以主动采取保全措施。因情况紧急，在证据可能灭失或者以后难以取得的情况下，利害关系人可以在提起诉讼或者申请仲裁前向证据所在地、被申请人住所地或者对案件有管辖权的人民法院申请保全证据。

4. 民事诉讼的审判程序

民事诉讼的审判程序主要是第一审普通程序和第二审普通程序。该两审程序与行政诉讼较为相似，限于篇幅，本处不再详细介绍。

四、举报与信访

（一）举报

举报是指公民、法人或者非法人组织依法向有关部门检举报告他人的违法违纪事项。

1. 举报人的身份

供应商对采购人等主体进行投诉时，是以投诉人的身份寻求救济，适用投诉处理有关规定；供应商对采购人等主体进行举报时，是以非供应商的身份，即公民、法人或者非法人组织身份。两者定位不同，适用法律和程序不同，救济效果也有明显差异。

在政府采购的质疑投诉制度中，法律规定了投诉的质疑前置程序，即非经质疑不得投诉。但是在实践中，供应商可能因种种缘由未及时质疑，导致投诉时投诉处理部门不予受理，转而质疑时又时效届满，失去了通过投诉这种方式来进行救济的可能性。但我国现行的行政救济途径多种多样。丧失了投诉处理途径，不意味着丧失行政监管等其他路径。财政部门除政府采购投诉处理部门的职责外，还肩负着政府采购监管部门的职责，后者对于举报人提出的举报，应当依法查处，不受投诉处理时限的限制。本章后附的案例很明显地显示了这一点。

2. 举报的法律依据

《中华人民共和国宪法》第四十一条规定：中华人民共和国公民对于任何国家机关和国家工作人员的违法失职行为，有向有关国家机关提出申诉、控告或者检举的权利，但是不得捏造或者歪曲事实进行诬告陷害。对于公民的申诉、控告或者检举，有关国家机关必须查清事实，负责处理。任何人不得压制和打击报复。举报尚无行政法规以上高位阶专门法律，一些中央机关或地方针对特定领域、地方出台了举报相关规定，在实践中举报有时也与信访等工作结合在一起实施。以下结合相近领域以及政府采购的特点，简要介绍政府采购活动的举报要点。

3. 举报线索的受理

供应商可以向政府采购监管部门或其设立的举报中心等专门机构进行举报。政府采购监管部门向社会公布通信地址、邮政编码、举报电话号码、举报网址、接待时间和地点、举报线索的处理程序以及查询举报线索处理情况和结果的方式等相关事项。

有联系方式的举报人提供的举报材料内容不清的，应当在接到举报材料后合理时间内与举报人联系，建议举报人补充有关材料。举报线索一般由该采购活动的同级政府采购监管部门管辖，可以比照投诉处理部门确定。多个政府采购监管部门都有权管辖的，由最初受理的部门管辖。对管辖权有争议的，由其共同的所属政府机关或上一级部门管辖。

4. 举报线索的审查处理

政府采购监管部门或其举报中心对接收的举报线索，应当确定专人进行审查，根据举报线索的具体情况和管辖规定，自收到举报线索之后合理时间以内作出以下处理：（1）属于其管辖的，依法受理并分别移送政府采购监督管理办公室等办案部门办理；属于其他政府采购监管部门管辖的，依法移送办理，并告知举报人。（2）不属于政府采购监管范畴的，例如，刑事犯罪，移送有管辖权的机关处理，并且通知举报人。（3）属于性质不明难以归口的，应当进行必要的调查核实，查明情况后及时移送有管辖权的机关或者部门办理。

办案部门应当在规定时间内书面回复查办结果。回复文书应当包括下列内容：（1）案件来源；（2）举报人、被举报人的基本情况及反映的主要问题；（3）查办过程；（4）认定的事实和证据；（5）处理情况和法律依据；（6）实名举报的答复情况。

5. 举报答复和举报人保护

实名举报应当逐件答复。除联络方式不详无法联络的以外，应当将处理情况和办理结果及时答复举报人。

答复可以采取口头、书面或者其他适当的方式。口头答复的，应当制作答复笔录，载明答复的时间、地点、参加人及答复内容、举报人对答复的意见等。书面答复的，应当制作答复函。

政府采购监管部门应当依法保护举报人及其近亲属的安全和合法权益。在必要时，采取下列保密措施：（1）举报线索和材料配备保密设施。未经许可，无关人员不得访问。（2）严禁泄露举报内容以及举报人姓名、住址、电话等个人信息，严禁将举报材料转给被举报人或者被举报单位。（3）调查核实情况时，严禁出示举报线索原件或者复印件；除查办工作需要外，严禁对匿名举报线索材料进行笔迹鉴定。

（二）信访

信访是供应商救济的另一手段，具有中国特色。规范信访工作的主要法律依据是中共中央、国务院印发的《信访工作条例》。

1. 信访事项的提出和受理

供应商可以采用信息网络、书信、电话、传真、走访等形式，向各级机关、单位反映情况，提出建议、意见或者投诉请求，有关机关、单位应当依规依法处理。这里的各级机关、单位，是指各级党的机关、人大机关、行政机关、政协机关、监察机关、审判机关、检察机关以及群团组织、国有企事业单位，可见信访工作适用范围之广。

供应商一般应当采用书面形式提出信访事项，并载明其姓名（名称）、住址和请求、事实、理由。对采用口头形式提出的信访事项，有关机关、单位应当如实记录。供应商提出信访事项，应当客观真实，对其所提供材料内容的真实性负责，不得捏造、歪曲事实，不得诬告、陷害他人。信访事项已经受理或者正在办理的，供应商在规定期限内向受理、办理机关、单位的上级机关、单位又提出同一信访事项的，上级机关、单位不予受理。

供应商采用走访形式提出信访事项的，应当到有权处理的本级或者上一级机关、单位设立或者指定的接待场所提出。供应商采用走访形式提出涉及诉讼权利救济的信访事项，应当按照法律法规规定的程序向有关政法部门提出。

各级机关、单位应当落实属地责任，认真接待处理群众来访，把问题解决在当地，引导供应商就地反映问题。各级党委和政府信访部门收到信访事项，应当予以登记，并区分情况，在 15 日内分别按照下列方式处理：（1）对依照职责属于本级机关、单位或者其工作部门处理决定的，应当转送有权处理的机关、单位；情况重大、紧急的，应当及时提出建议，报请本级党委和政府决定。（2）涉及下级机关、单位或者其工作人员的，按照"属地管理、分级负责，谁主管、谁负责"的原则，转送有权处理的机关、单位。（3）对转送信访事项中的重要情况需要反馈办理结果的，可以交由有权处理的机关、单位办理，要求其在指定办理期限内反馈结果，提交办结报告。

各级党委和政府信访部门对收到的涉法涉诉信件，应当转送同级政法部门依法处理；对走访反映涉诉问题的供应商，应当释法明理，引导其向有关政法部门反映问题。对属于纪检监察机关受理的检举控告类信访事项，应当按照管理权限转送有关纪检监察机关依规依纪依法处理。党委和政府信访部门以外的其他机关、单位收到供应商直接提出的信访事项，应当予以登记；对属于本机关、单位职权范围的，应当告知供应商接收情况以及处理途径和程序；对属于本系统下级机关、单位职权范围的，应当转送、交办有权处理的机关、单位，并告知供应商转送、交办去向；对不属于本机关、单位或者本系统职权范围的，应当告知供应商向有权处理的机关、单位提出。

对供应商直接提出的信访事项，有关机关、单位能够当场告知的，应当当场书面告知；不能当场告知的，应当自收到信访事项之日起 15 日内书面告知供应商，但供应商的姓名（名称）、住址不清的除外。

对党委和政府信访部门或者本系统上级机关、单位转送、交办的信访事项，属于本机关、单位职权范围的，有关机关、单位应当自收到之日起 15 日内书面告知供应商接收情况以及处理途径和程序；不属于本机关、单位或者本系统职权范围的，有关机关、单位应当自收到之日起 5 个工作日内提出异议，并详细说明理由，经转送、交办的信访部门或者上级机关、单位核实同意后，交还相关材料。

涉及两个或者两个以上机关、单位的信访事项，由所涉及的机关、单位协商受理；受理有争议的，由其共同的上一级机关、单位决定受理机关；受理有争议且没有共同的上一级机关、单位的，由共同的信访工作联席会议协调处理。应当对信访事项作出处理的机关、单位分立、合并、撤销的，由继续行使其职权的机关、单位受理；职责不清的，由本级党委和政府或者其指定的机关、单位受理。

2. 信访事项的办理和处理

各级机关、单位及其工作人员办理信访事项，应当恪尽职守、秉公办事，查明事实、分清责任，加强教育疏导，及时妥善处理，不得推诿、敷衍、拖延。

对供应商提出的申诉求决类事项，有权处理的机关、单位应当区分情况，分别按照下列方式办理：（1）应当通过审判机关诉讼程序或者复议程序、检察机关刑事立案程序或者法律监督程序、公安机关法律程序处理的，涉法涉诉信访事项未依法终结的，按照法律法规规定的程序处理。（2）应当通过仲裁解决的，导入相应程序处理。（3）可以通过党员申诉、申请复审等解决的，导入相应程序处理。（4）可以通过行政复议、行政裁决、行政确认、行政许可、行政处罚等行政程序解决的，导入相应程序处理。（5）属于申请查处违法行为、履行保护人身权或者财产权等合法权益职责的，依法履行或者答复。（6）不属于以上情形的，应当听取供应商陈述事实和理由，并调查核实，出具信访处理意见书。对重大、复杂、疑难的信访事项，可以举行听证。供应商应当充分认识到信访对行政、司法等相应途径的督促作用以及问题解决的兜底作用，并采取适当的方式维护自己的合法权益。

有权处理的机关作出的信访处理主要处理意见为：（1）请求事实清楚，符合法律、法规、规章或者其他有关规定的，予以支持；（2）请求事由合理但缺乏法律依据的，应当作出解释说明；（3）请求缺乏事实根据或者不符合法律、法规、规章或者其他有关规定的，不予支持。有权处理的机关、单位作出支持信访请求意见的，应当督促有关机关、单位执行；不予支持的，应当做好供应商的疏导教育工作。

各级机关、单位在处理申诉求决类事项过程中，可以在不违反政策法规强制性规定的情况下，在裁量权范围内，经争议双方当事人同意进行调解；可以引导争议双方当事人自愿和解。经调解、和解达成一致意见的，应当制作调解协议书或者和解协议书。

信访事项应当自受理之日起 60 日内办结；情况复杂的，经本机关、单位负责人批准，可以适当延长办理期限，但延长期限不得超过 30 日，并告知供应商延期理由。供应商对信访处理意见不服的，可以自收到书面答复之日起 30 日内请求原办理机关、单位的上一级机关、单位复查。收到复查请求的机关、单位应当自收到复查请求之日起 30 日内提出复查意见，并予以书面答复。供应商对复查意见不服的，可以自收到书面答复之日起 30 日内向复查机关、单位的上一级机关、单位请求复核。收到复核请求的机关、单位应当自收到复核请求之日起 30 日内提出复核意见。供应商对复核意见不服，仍然以同一事实和理由提出投诉请求的，各级党委和政府信访部门和其他机关、单位不再受理。

第三节　公平竞争审查制度的理解与利用

《公平竞争审查条例》已经 2024 年 5 月 11 日国务院第 32 次常务会议通过。该条例适用于各行业领域和各地区，包括但并不限定于政府采购领域。

一、审查机制与程序的基本规定

政府采购领域尚未出台专门的公平竞争审查办法。与政府采购领域较为接近的公平竞争审查制度，是国家发展改革委商国务院有关部门和地方研究起草的《招标投标领域公平竞争审查规则》，（以下简称《规则》），该规则对于政府采购领域有较大借鉴意义，在政府采购实践中尤其是在地方实践中可以参照适用，本节重点予以介绍。《规则》从总则、审查标准、审查机制、监督管理、附则等方面，对招标投标领域实施公平竞争审查制度进行了全面细致规定。在实践中，不少供应商对招标人、招标代理机构从事编制招标文件等活动时是否应当适用《规则》，即对"我是谁"的问题，心存困惑。《规则》的适用主体和调整范围如何确定，需要对其定位、性质、调整对象、出台背景以及主要亮点准确把握。

（一）《规则》的定位、性质与调整对象

图7-1中，横轴上为正的部分代表法律主体的性质是行政机关和法律、法规授权的具有管理公共事务职能的组织（以下简称"政策制定机关"）；为负的部分，代表性质为行政相对人的招标人、投标人等市场主体。纵轴上为正的部分，代表抽象（行政）行为，此处主要指政策制定活动；为负的部分，代表具体（行政）行为，可指针对具体相对人的监督执法行为。

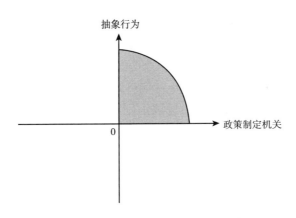

图7-1 《规则》的审查主体和对象

结合《规则》第三条的规定可知，公平竞争审查工作由政策制定机关实施，审查对象是其拟制定的招标投标领域涉及经营主体经济活动的规章、行政规范性文件、其他政策性文件以及具体政策措施（以下简称"政策措施"），即图中的第一象限阴影所示部分。第四象限属政策制定机关的执法活动等具体行政行为，第二、三象限属行政相对人制定内部规章制度或其从事市场活动等内容，均不在《规则》的调整范围之内。

《规则》的法律性质为非法律规范性文件，但由于《规则》的调整对象为抽象行政行为的制定，在这意义上，《规则》具有立法行为属性，也可以理解为属于广义立法法文件体系的一环。

（二）《规则》的出台背景

《规则》的主要法源为《中华人民共和国反垄断法》[①] 而非《招标投标法》。针对我国垄断情形主要表现为行政垄断而不是经济垄断的特点，《反垄断法》第八条规定，行政机关和法律、法规授权的具有管理公共事务职能的组织不得滥用行政权力，排除、限制竞争，并于后文设置了严厉的罚则。

《国务院关于在市场体系建设中建立公平竞争审查制度的意见》（国发〔2016〕34 号）则具体针对地方保护、区域封锁，行业壁垒、企业垄断等情形，违法给予优惠政策或减损市场主体利益等不符合建设全国统一市场和公平竞争等现象，就市场体系建设中建立公平竞争审查制度的总体要求和基本原则、审查对象、审查方式、审查标准、保障措施等提出了意见。该意见是落实反行政垄断任务的纲领性文件。

《公平竞争审查制度实施细则》（国市监反垄规〔2021〕22 号）由国家市场监督管理总局等五部委出台，该细则不分行业、地域等因素，全面落实国家规定的公平竞争审查制度。

《反垄断法》则总结一段时间以来的经验，进一步以高位阶法律明确了禁止行政垄断的抓手—公平竞争审查制度的法律地位。该法第五条规定，行政机关和法律、法规授权的具有管理公共事务职能的组织在制定涉及市场主体经济活动的规定时，应当进行公平竞争审查。

从上述文件的历史沿革可见，《规则》是招标投标这一特定领域对《反垄断法》《国务院关于在市场体系建设中建立公平竞争审查制度的意见》（国发〔2016〕34 号）、《公平竞争审查制度实施细则》（国市监反垄规

---

① 本书后文简称《反垄断法》。

〔2021〕2号）等一系列文件的具体深化。《规则》直指行政垄断，而非经济垄断。事实上，能够实施招标投标活动的领域和情形大多也不涉及经济垄断。只有准确把握《规则》的主要法源和背景，才能深刻理解其制度规定的本意，避免产生适用于民事主体的认知和实践偏离。

（三）具体审查机制

1. 建章立制

政策制定机关应当建立健全内部管理机制。主要表现为建立本机关公平竞争审查工作机制，明确公平竞争审查负责机构、审查标准和审查流程，规范公平竞争审查行为。

2. 审查流程

（1）时间节点：政策措施应当在提请审议或者报批前完成公平竞争审查。

（2）书面结论：政策制定机关应当作出符合或者不符合审查标准的书面审查结论。适用有关法律、行政法规或者国务院规定的公平竞争审查例外情形的，应当在审查结论中说明理由。

（3）广开言路：政策制定机关在对政策措施开展公平竞争审查过程中，应当以适当方式听取有关经营主体、行业协会商会等意见；除依法保密外，应当向社会公开征求意见。在起草政策措施的其他环节已经向社会公开征求意见或者征求过有关方面意见的，可以不再专门就公平竞争审查征求意见。

（4）后评估：政策制定机关可以委托第三方机构对拟出台政策措施的公平竞争影响、已出台政策措施的竞争效果和本地区招标投标公平竞争审查制度总体实施情况、市场竞争状况等开展评估。

（四）监督管理

1. 公平竞争审查前置

除法律、行政法规或者国务院规定的公平竞争审查例外情形，未经公平竞争审查或者经审查存在排除、限制竞争情形的，不得出台有关政策措施。

地方各级招标投标指导协调部门会同招标投标行政监督部门,应当定期组织开展政策措施评估,发现违反公平竞争审查有关规定的,应当及时纠正。

2. 独立或联合审查

(1)政策制定机关履行公平竞争审查职责;政策制定机关应当确定专门机构具体负责政策措施的公平竞争审查工作。

(2)多个部门联合制定政策措施的,由牵头部门组织开展公平竞争审查,各参与部门对职责范围内的政策措施负责。

3. 相对人或社会监督

公民、法人或者其他组织认为政策措施妨碍公平竞争的,有权向政策制定机关及其上一级机关反映。地方各级招标投标指导协调部门、招标投标行政监督部门应当建立招标投标市场壁垒线索征集机制,动态清理废止各类有违公平竞争的政策措施。

公民、法人或者其他组织认为资格预审文件、招标文件存在排斥、限制潜在投标人不合理条件的,有权依照《招标投标法》及其实施条例相关规定提出异议和投诉。招标投标行政监督部门、招标人应当按照规定程序处理。

政策制定机关未进行公平竞争审查或者违反审查标准出台政策措施的,由上级机关责令改正;拒不改正或者不及时改正的,对直接负责的主管人员和其他相关责任人员依照《公职人员政务处分法》《公务员法》等有关规定依法给予处分。

4. 参照适用

政策制定机关作为招标人编制招标公告、资格预审文件和招标文件,以及公共资源交易平台运行服务机构制定招标投标交易服务文件,应当参照本规则开展公平竞争审查。

二、识别、分析妨碍公平竞争的规定与做法

《规则》坚持了面向政策制定机关的基本原则，给政策制定机关的政策制定行为设置了七大类共计三十七项禁令，体现了在立法和政策制定源头上实现把权力关进制度的笼子里的指导思想，是还招标人自主经营权、赋予招标人监督政府权利的重要举措，而不是试图限制约束其权利。《规则》与公平竞争审查制度的其他文件一起，构建了政府全领域自我约束的立法体系，并将为下阶段《招标投标法》及其实施条例等的修订，尤其是政府自律和他律专章部分积累了宝贵经验、提供了坚实基础。

（一）《规则》对"排除、限制竞争情形"的体系化

《规则》的最大亮点是对政策制定机关可能发生的"排除、限制竞争情形"进行了体系化规定。

事实上，早期的相关法律和非法律规范性文件关于"排除、限制竞争情形"主要是指招标人的行为。典型的如《招标投标法实施条例》，该条例第三十二条深化了《招标投标法》的相应内容，规定招标人不得以不合理的条件限制、排斥潜在投标人或者投标人，并列举了六大类具体情形。早期主要面向招标人行为的规定和做法，在一定程度上是业界对《规则》适用主体产生疑虑的思维惯性根源。

《工程项目招投标领域营商环境专项整治工作方案》（发改办法规〔2019〕862号）则采取了统筹兼顾方式或者说处于过渡式安排，适用主体既包括招标人，也包括政策制定机关。该工作方案既包括整治招标公告、投标邀请书、资格预审公告、资格预审文件、招标文件以及招投标实践操作中招标人发生的违法情形，也强调整治各地区、各部门现行涉及工程项目招投标的部门规章、地方性法规、地方政府规章、规范性文件及其他政策文件，以及没有体现在制度文件中的实践做法。该方案重点针对的问题有十七项。略存遗憾的是，上述早期文件均未对具体所列举事项进行分类，体系性较弱。

自《公平竞争审查制度实施细则》（国市监反垄规〔2021〕2号）开始，奠定了完全针对政策制定机关的思路，其第三章也明确对"排除、限制竞争情形"进行了体系化。该实施细则将审查标准分为市场准入和退出标准、商品和要素自由流动标准、影响生产经营成本标准、影响生产经营行为标准四大类，并对每类标准进行了归纳梳理。以商品和要素自由流动标准为例，主要表现为以下方面：（1）不得对外地和进口商品、服务实行歧视性价格和歧视性补贴政策；（2）不得限制外地和进口商品、服务进入本地市场或者阻碍本地商品运出、服务输出；（3）不得排斥或者限制外地经营者参加本地招标投标活动；（4）不得排斥、限制或者强制外地经营者在本地投资或者设立分支机构；（5）不得对外地经营者在本地的投资或者设立的分支机构实行歧视性待遇，侵害其合法权益。其中第（3）项吸收了《招标投标法实施条例》《工程项目招投标领域营商环境专项整治工作方案》（发改办法规〔2019〕862号）等文件明示列举的具体情形。

在《公平竞争审查制度实施细则》（国市监反垄规〔2021〕2号）体系化的基础上，《规则》严格坚持面向政策制定机关的基本原则，结合招标投标领域的专业特点，对审查标准进一步体系化划分为7大类：（1）政策制定机关尊重和保障招标人组织招标、选择招标代理机构、编制资格预审文件和招标文件的自主权，不得制定的政策措施；（2）政策制定机关落实全国统一的市场准入条件，对经营主体参与投标活动，不得制定的政策措施；（3）政策制定机关制定标准招标文件（示范文本）和标准资格预审文件（示范文本），平等对待不同地区、所有制形式的经营主体，不得在标准招标文件（示范文本）和标准资格预审文件（示范文本）中设置的内容；（4）政策制定机关制定定标相关政策措施，尊重和保障招标人定标权，落实招标人定标主体责任，不得制定的政策措施；（5）政策制定机关通过组织开展信用评价引导经营主体诚信守法参与招标投标活动，并通过制定实施相应政策措施鼓励经营主体应用信用评价结果，平等对待不同地区、所有制形式的经营主体，依法保障经营主体自主权，不得制定的政策措施；（6）政策制定机关制定涉及招标投标交易监管和服务的政策措施，平等保障各类经营主体参与，不得在交易流程上制定的政策措施；（7）政策制定机关制定涉及保证金的政策措施，不得设置的不合理限制。该 7 大类涵盖了招标投标领域和地方所涉及的三十七种常见具体情形，体系合理、内容全面，为行业专业领域公平审查工作提供了重要依据。

（二）尊重和保障招标人自主权方面的禁止行为

政策制定机关应当尊重和保障招标人组织招标、选择招标代理机构、编制资格预审文件和招标文件的自主权，不得制定以下政策措施；有以下政策措施的，供应商可以视情况提出建议、举报，或者以诉讼个案的方式要求司法机关对政策措施一并审查：（1）为招标人指定招标代理机构或者违法限定招标人选择招标代理机构的方式；（2）为招标人指定投标资格、技术、商务条件；（3）为招标人指定特定类型的资格审查方法或者评标方法；（4）为招标人指定具体的资格审查标准或者评标标准；（5）为招标人指定评标委员会成员；（6）对于已经纳入统一的公共资源交易平台体系的电子交易系统，限制招标人自主选择；（7）强制招标人或者招标代理机构选择电子认证服务；（8）为招标人或者招标代理机构指定特定交易工具；（9）为招标人指定承包商（供应商）预选库、资格库或者备选名录等；（10）要求招标人依照本地区创新产品名单、优先采购产品名单等地方性扶持政策开展招标投标活动；（11）以其他不合理条件限制招标人自主权的政策措施。

（三）落实全国统一的市场准入条件方面的禁止行为

政策制定机关应当落实全国统一的市场准入条件，对经营主体参与投标活动，不得制定以下政策措施；有以下政策措施的，供应商可以视情况提出建议、举报，或者以诉讼个案的方式要求司法机关对政策措施一并审查：（1）对市场准入负面清单以外的行业、领域、业务，要求经营主体在参与投标活动前取得行政许可；（2）要求经营主体在本地区设立分支机构、缴纳税收社保或者与本地区经营主体组成联合体；（3）要求经营主体取得本地区业绩或者奖项；（4）要求经营主体取得培训合格证、上岗证等特定地区或者特定行业组织颁发的相关证书；（5）要求经营主体取得特定行业组织成员身份；（6）以其他不合理条件限制经营主体参与投标的政策措施。

（四）制定标准文本方面的禁止行为

政策制定机关制定标准招标文件（示范文本）和标准资格预审文件（示范文本），应当平等对待不同地区、所有制形式的经营主体，不得在标准招标文件（示范文本）和标准资格预审文件（示范文本）中设置以下内容；有以下内容的，供应商可以视情况提出建议、举报，或者以诉讼个案的方式要求司法机关对其一并审查：（1）根据经营主体取得业绩的区域设置差异性得分；（2）根据经营主体的所有制形式设置差异性得分；（3）根据经营主体投标产品的产地设置差异性得分；（4）根据经营主体的规模、注册地址、注册资金、市场占有率、负债率、净资产规模等设置差异性得分；（5）根据联合体成员单位的注册地址、所有制形式等设置差异性得分；（6）其他排除或者限制竞争的内容。

（五）尊重和保障招标人定标权方面的禁止行为

政策制定机关制定定标相关政策措施，应当尊重和保障招标人定标权，落实招标人定标主体责任，不得制定以下政策措施；有以下政策措施的，供应商可以视情况提出建议、举报，或者以诉讼个案的方式要求司法机关对其一并审查：（1）为招标人指定定标方法；（2）为招标人指定定标单位或者定标人员；（3）将定标权交由招标人或者其授权的评标委员会以外的其他单位或者人员行使；（4）规定直接以抽签、摇号、抓阄等方式确定合格投标人、中标候选人或者中标人；（5）以其他不合理条件限制招标人定标权的政策措施。

（六）组织开展信用评价方面的禁止行为

政策制定机关可以通过组织开展信用评价引导经营主体诚信守法参与招标投标活动，并可以通过制定实施相应政策措施鼓励经营主体应用信用评价结果，但应当平等对待不同地区、所有制形式的经营主体，依法保障经营主体自主权，不得制定以下政策措施；有以下政策措施的，供应商可以视情况提出建议、举报，或者以诉讼个案的方式要求司法机关对其一并审查：（1）在信用信息记录、归集、共享等方面对不同地区或者所有制形式的经营主体作出区别规定；（2）对不同地区或者所有制形式经营主体的资质、资格、业绩等采用不同信用评价标准；（3）根据经营主体的所在地区或者所有制形式采取差异化的信用监管措施；（4）没有法定依据，限制经营主体参考使用信用评价结果的自主权；（5）其他排除限制竞争或者损害经营主体合法权益的政策措施。

（七）涉及招标投标交易监管和服务方面的禁止行为

政策制定机关制定涉及招标投标交易监管和服务的政策措施，应当平等保障各类经营主体参与，不得在交易流程上制定以下政策措施；有以下政策措施的，供应商可以视情况提出建议、举报，或者以诉讼个案的方式要求司法机关对其一并审查：（1）规定招标投标交易服务机构行使审批、备案、监管、处罚等具有行政管理性质的职能；（2）强制非公共资源交易项目进入公共资源交易平台交易；（3）对能够通过告知承诺和事后核验核实真伪的事项，强制投标人在投标环节提供原件；（4）在获取招标文件、开标环节违法要求投标人的法定代表人、技术负责人、项目负责人或者其他特定人员到场；（5）其他不当限制经营主体参与招标投标的政策措施。

（八）涉及保证金方面的禁止行为

政策制定机关制定涉及保证金的政策措施，不得设置以下不合理限制；有以下政策措施的，供应商可以视情况提出建议、举报，或者以诉讼个案的方式要求司法机关对其一并审查：（1）限制招标人依法收取保证金；（2）要求经营主体缴纳除投标保证金、履约保证金、工程质量保证金、农民工工资保证金以外的其他保证金；（3）限定经营主体缴纳保证金的形式；（4）要求经营主体从特定机构开具保函（保险）；（5）在招标文件之外设定保证金退还的前置条件；（6）其他涉及保证金的不合理限制措施。

📢 **专栏 7 - 1**

采购代理服务费民事诉讼案例

一、案例背景

某市财政局委托某采购代理机构实施该市直行政单位、社会团体 2014 年度公务用车维修服务定点厂商资格的公开招标。根据招标文件第 35.1 规定，合同期满后，由各中标人按中标年度发生的市直行政事业单位、社会团体公务车辆维修费用总数，向采购代理机构直接支付采购代理服务费（100 万元以下部分按 1.5% 收取，100 万—500 万元部分按 1.1% 收取，500 万—1000 万元部分按 0.8% 收取），各中标人维修费用总数按上报市采购办的年度报表为准。后采购代理机构因与某中标汽修厂未就中标服务费结算达成一致意见，遂成讼。

二、问题

采购代理服务费的支付主体是哪一方？

三、分析

（一）中标、成交供应商不愿意支付中标服务费的原因

从法律关系上看，采购代理机构是采购人的代理人，双方发生委托合同法律关系；采购人与中标、成交供应商发生政府采购合同法律关系；但中标、成交供应商与采购代理机构不发生合同法律关系。按照思维惯性，不产生合同法律关系的主体之间似乎不应发生款项支付行为。

部分中标、成交供应商未在报价中考虑采购代理服务费，导致自身利润空间受到压缩，进一步扰动其他供应商，乃至形成群体不理性的惯性思维，蔓延至整个政府采购市场。对不正当竞争感受强烈的供应商群体，难免存在宣泄不满情绪的需要。

此外，部分供应商认为该模式将本应由采购人负担的费用强加于中标、成交供应商，事实上使得中标、成交供应商丧失了与采购代理机构讨价还价的可能性，是对其缔约自由的侵犯。

基于以上原因，供应商群体普遍不愿意支付中标服务费，并认为应当

由采购人作为中标服务费直接支付主体。

（二）中标、成交供应商支付中标服务费的积极意义

对于采购人而言，将本应由其支付的采购代理服务费由中标、成交供应商支付，可简化支付关系与环节。对于采购代理机构意义更为重大。在合同订立过程中，若采购代理机构与采购人的预期均为采购人直接支付，则由于其竞争博弈的本质，采购人势必尽其最大缔约能力与采购代理机构讨价还价，压缩采购代理机构利润空间。但若双方均有中标、成交供应商直接支付的预期，则其竞争博弈大为弱化，甚至转化为合作博弈。采购人利用其优势地位讨价还价的动力显著减弱或丧失，采购代理机构有望获得较为理想的支付价格，进而对采购代理行业的良性发展产生显著作用。

（三）中标、成交供应商支付中标服务费具有法律依据

该模式的法律性质是"第三人代为履行"，已为原《合同法》第六十五条所确立。第三人代为履行，是指合同的债务人与债权人约定，其债务由合同以外的第三人向债权人履行的制度。在采购代理服务费支付的问题上，债务人是采购人，债权人是采购代理机构，而第三人是指中标、成交供应商。债务人与债权人的约定是指委托采购代理服务合同。代为履行制度中，中标、成交供应商并不成为新的债务人，采购人也不退出债的法律关系。中标、成交供应商不履行或履行不适当的，采购人仍负有向采购代理机构支付费用的责任。该救济机制可以制约采购人逃避支付责任，保护采购代理机构合法权益，亦属"谁委托、谁付费"方式的延伸。

《政府采购法》明文规定政府采购合同适用《合同法》（现为《民法典》合同编），若对《民法典》总则规定的基本制度作出限制或否认，行政立法、监管或司法裁判中需要充分的理由，并需要足够高的立法层级。只有代为履行严重扰乱了市场秩序，对中标、成交供应商等当事人合法权益造成严重侵害时，市场规制和衡平裁判才具有正当性。但目前仍未见理论界或实务界提供令人信服的评估报告。对该问题的争议，本质上仍是当事人自由与政府干预之间的关系处理矛盾范畴。改革开放以来，我国法治建设总的趋势是尊重当事人自主权，避免政府直接干预。政府采购立法、行政与司法

实践应当顺势而为。

（四）应当尊重当事人的意思自治

按照合同法基本原理，有法定的，从其规定；当事人另有约定的，从其约定。中标、成交供应商以自己的行为实质性响应了采购文件，构成了当事人关于采购代理服务费的另行约定，属于当事人意思自治范畴。国家发展改革委办公厅《关于招标代理服务收费有关问题的通知》（发改办价格〔2003〕857号）将《招标代理服务收费管理暂行办法》（计价格〔2002〕1980号）第十条中的"招标代理服务实行'谁委托谁付费'"，在很短时间内便更正为"采购代理服务费用应由采购人支付，采购人、采购代理机构与供应商另有约定的，从其约定"，可以看作是尊重当事人意思自治的合同法理回归。

意思自治允许政府采购主体自行决定是否适用代为履行。采购人（含采购代理机构）应当享有第一位的自主权。政府采购制度是为采购人服务、为采购人设计的，其制度设计以采购人一方为主导。采购文件编制的权利，当然由采购人自主享有。采购文件中的规则按其来源可分为法定与约定两种。既然法律允许该制度，则应当承认采购人的优先自主权。

供应商享有第二位的自主权。供应商可以选择不参与政府采购活动，也可以不在报价中考虑采购代理服务费，但这两种选择均不理性。从资金流转的角度来看，对项目各相关方主体作闭环考虑时，采购人必然是唯一实际支付主体。即便适用代为履行，中标、成交供应商也可以将该笔费用充分考虑在报价中，从而通过中标合同最终移转至采购人。当各供应商均理性考量该笔费用时，中标、成交供应商的利润空间并不必然压缩。合约条款安排决定了当事人的缔约行为。假定各理性供应商可接受的利润底线不变，投标决策时能够知晓代理服务费支付主体这一充分信息，则以款项支付为核心的权利义务必然通过合约安排形成新的平衡，且与采购人直接支付采购代理服务费的情形等价。立法制度应当基于供应商理性的前提假设来设计，司法实践也应严格以法律、行政法规为裁判依据。

四、结论

中标、成交供应商支付采购代理服务费，属于实践中具有极强生命力的事物，既合乎法律规定又具备法理基础，在其未至严重危及市场程度时，应充分尊重采购人的优先自主权，由中标、成交供应商按约定支付采购代理服务费，而不应采取立法、行政或司法方式实施干预。

◤ 专栏7-2

财政部门主动履行政府采购监督职能案例

一、案例背景

采购人 A 委托代理机构 G 就该单位"XX 监控系统采购项目"（以下称"本项目"）进行公开招标。2016 年 11 月 17 日，代理机构 G 发布招标公告，后组织了开标、评标工作。经过评审，评审委员会推荐 S 公司为中标候选人。采购人确认后，代理机构 G 于 2016 年 12 月 14 日发布中标公告，中标供应商为 S 公司。2016 年 12 月 21 日，供应商 Z 公司质疑。

2017 年 1 月 4 日，Z 公司向财政部提起投诉，称 S 公司所投产品的制造商 M 公司不能生产该产品。

财政部依法受理本案，在审查中发现，S 公司所投产品的制造商是 H 公司，不是 M 公司。据此，财政部对本案作出投诉处理决定。后 Z 公司不服该处理决定，提起复议。复议机关维持了该处理决定。

财政部另查明，S 公司投标文件中提供的所投产品的检验报告与检验报告出具单位提供的检验报告存档件的多项内容不一致，且不一致内容均为招标文件所要求的重要指标。对此，财政部依法启动了监督检查程序，审查终结后向 S 公司送达了《财政部行政处罚事项告知书》。

对此，S 公司在法定期限内提出了听证申请，称其投标文件中提供的检验报告是其员工篡改的，属于个人行为，S 公司对此并不知情，且 S 公司已对相关责任人员进行了处理。财政部依法组织了听证会，经审查，认为 S 公司的辩解不成立，依法作出处罚决定。

财政部最终处理结果：

1. 对 Z 公司的投诉事项：

因投诉事项缺乏事实依据，驳回投诉。

2. 对招标采购活动：

（1）决定中标无效；

（2）责令采购人废标，并重新开展采购活动。

3. 对 S 公司的违法行为：

（1）处以采购金额千分之五的罚款；

（2）列入不良行为记录名单；

（3）一年内禁止参加政府采购活动。

二、问题

1. 采购监管与采购投诉处理的联系与区别？

2. 质疑时效届满后是否还有其他救济途径？

三、分析

该案例是一个监控系统的采购项目。财政部受理案件之后进行了相应调查，发现制造商不是 M 公司，而是 H 公司，即供应商投诉不成立。但财政部在调查过程中发现采购活动确实存在严重问题。对该问题能否处罚、如何处罚，涉及财政部是以何种身份来实施行政行为。

（一）财政部门的身份

从对政府采购活动及其监管角度来看，财政部门存在两种以上身份。一是采购人。财政部门也使用财政性资金，亦属于《政府采购法》规定的三类主体，当然可以作为采购人进行政府采购活动。二是政府采购监管部门。财政部门很重要的一个职能是政府采购监管部门。只要涉及政府采购项下的活动，财政部门均对其负有监管职能。这个监管职能是全过程的，并不局限于某一个环节。三是政府采购投诉处理部门。投诉处理事实上是监督管理职责范畴内的一类特殊职责，须按特别规定实施。

（二）政府采购监督管理和投诉处理之间的关系

财政部门作为采购人的情形，与本案关系不大，重点在于准确把握政府采购监督管理和投诉处理之间的关系，并以此为基础理解财政部在本案中的职能定位。

（1）政府采购监管和投诉处理最基本的关系是包含和被包含的关系。也就是说，投诉处理是被包括在政府采购监管项下的。因为投诉处理独立性强、较为特殊，且为实现监管职能的重要抓手，需要专章或者单独进行立法，典型如《政府采购法》第六章、《政府采购质疑和投诉办法》（财政部令〔2017〕第94号）。

（2）财政部门作为政府采购监管部门和投诉处理部门，在启动程序上有巨大差异。投诉处理部门必须是应供应商申请才可以被动介入，供应商不申请，作为投诉处理部门的财政部门就不能主动去受理和处理投诉，可以简单理解为"不告不理"。而作为政府采购监管部门的财政部门，既可以应申请被动实施，也可以依职权主动启动监督管理程序。财政部门在不能行使投诉处理职能或者因时效等原因无法作出行政救济时，不排除采取履行政府采购监管职能的做法。

（3）投诉处理须严格遵守法定时限。在投诉的质疑前置程序下，供应商于七个工作日内以书面形式向采购人质疑，采购人在收到供应商的书面质疑后七个工作日内作出答复，供应商不服时于十五个工作日内投诉等时限必须严格遵守。时限届满未行使法定权利的，丧失相应的救济路径。但对于政府采购监管，时限较为宽松。根据《行政处罚法》，违法行为在两年内未被发现的，不再给予行政处罚。

（4）执法依据不同。投诉处理最主要的依据，在《政府采购法》《政府采购法实施条例》中以专章形式规定，部门规章层面最集中的依据是《政府采购质疑和投诉办法》（财政部令〔2017〕第94号）。

（5）两者在程序性规定的细节上，有诸多不同，此处不再赘述。

（三）分级管理

《国务院有关部门实施招投标活动行政监督职责分工意见的通知》（国办发〔2000〕34号）对于财政部政府采购监管的职能明确进行了划分。财政部的主要职责是负责制定政府采购制度，并监督管理。该监督管理是广义的概念，当然包括政府采购投诉处理。在《政府采购法》《政府采购法实施条例》进一步明确财政部门就是负责政府采购监管的部门，同时对分级管理规定得较为清楚。

财政部作为政府投诉处理部门，其职责法定。《政府采购法》中的表述是县级以上各级人民政府的财政部门负责依法处理投诉。而在《政府采购质疑和投诉办法》（财政部令〔2017〕第94号）中，分级管理并非按照"县级以上"进行划分，而是直接就落实到所属的预算级次，用预算级次来确定到底是哪个具体部门来负责相应的投诉处理。在政府采购活动中遇到跨区域的联合采购项目，都是按照相应的预算级次或者比较吸收等原则来进行处理的。

本案可以看到投诉人"打偏靶"了，其投诉的重要理由是产品并非 M 生产的，但根据财政部调查结果投诉不实。作为投诉处理部门的财政部门，其决定应当依法作出，严格按照法律、行政法规及部门规章的相应要求进行。因此，在投诉处理决定上，财政部门明确不予支持的做法是正确的。

但在财政部门启动调查程序后，发现其他违法事项。此时，投诉处理程序已经无法涵盖这些内容。因投诉处理遵循不告不理的原则，不能超出供应商的申请，财政部门不能按照投诉处理的方式对其他违法事项进行处理。此时，财政部门发挥了其另一个身份的职能，即政府采购监督管理部门职能。需要注意的是，虽然财政部门以一个文件的形式作出了处理，但其内容的法律性质应当理解为两个独立的行政行为。

四、其他要注意的方面

在本案中还有一些表述须深入理解。

一是"重要指标"。一般来讲，这个重要指标等同于"实质性内容"。不符合重要指标，意味着对采购文件未能进行实质性响应。

二是"另查明"。有时，"另"可以有特别意味在内，表达主管部门更换了一种身份。之前的"经查""经调查"，均以投诉处理部门身份出现，但因事实调查结果与投诉事项不匹配，只能驳回投诉。而"另查明"，表明主管部门以下所查证的事实，及其后续处理，很可能就以政府采购监督管理部门的身份认定和作出。故"另"字非常重要，可以理解为春秋笔法。

三是"依法启动"之"依法"。"依法"意味着财政部门并非仅按接到投诉之后受理和处理对待，还可以是依法另行启动了政府采购监督管理的程序。以免财政部门作出相应的处理决定以后，采购人或者其他供应商以超出投诉处理权限为由采取其他救济手段，陷财政部门于被动局面。

第八章　供应商中标筹划标后管理

供应商中标后，就进入标后管理阶段，标后管理对于供应商持续获得政府采购订单以及通过政府采购示范效应获得更多的市场订单尤为重要。合同管理是这一阶段的重点，包括合同签订、履行验收、获得资金支付以及提供售后服务与保障等环节。供应商加强内部绩效考评，通过绩效引导供应商投标中标能力提升也非常重要。同时，供应商应及时总结经验教训，巩固优势，改进不足，增强投标中标能力。

第一节　供应商合同管理

政府采购合同是采购人与供应商之间按照一定的法定程序，遵循平等自愿、协商一致的原则，就各自的权利和义务所达成的法律文本。

《政府采购法》第四十三条规定，"政府采购合同适用合同法。采购人和供应商之间的权利和义务，应当按照平等、自愿的原则以合同方式约定"。(现为《中华人民共和国民法典》第三编关于合同的规定)，其实质是将政府采购合同定位为"民事合同"。供应商中标后应该明确合同管理的相关内容，一方面，有利于依照合同约定及时完整维护自身权益，另一方面，更有利于依合同约定准确全面履行合同义务。

一、政府采购合同类别

合同是指买卖双方达成的具有法律效力的承诺。政府采购合同是采购人与供应商之间依照一定的法定程序，遵循平等自愿、协商一致的原则，就各自的权利与义务所达成的协议的法律文本。协议签订后，双方当事人应当按照合同约定的内容履行各自的义务，享受各自的权利。合同的种类繁多，可以根据交易性质和方式的不同制定不同的条款。

就政府采购而言，可以分成以下几类：（1）供货合同，适用于货物政府采购；（2）工程承包合同，适用于工程政府采购，相对来说，这些合同较为复杂，各方面的规定和条款也比较多；（3）服务合同，适用于服务政府采购，这类合同的具体要求较多，且难以形成规范、统一的格式，也属于较为复杂的合同类型。政府采购合同的内容由当事人约定，一般包括以下条款：采购人与中标的供应商（以下统称"当事人"）双方的名称或者姓名和住所、标的、数量、质量、价款或报酬、履行期限及地点与方式、违约责任、解决争议的方法、特殊条款。

二、政府采购合同条款

政府采购合同的条款是政府采购合同中经双方当事人协商一致、规定双方当事人权利和义务的具体条文。政府采购合同的权利和义务，除法律规定的以外，主要由政府采购合同的条款确定。政府采购合同的条款是否齐备、准确，决定了政府采购合同能否成立、生效以及能否顺利地履行，从而实现订立政府采购合同的目标。

政府采购合同应当包括采购人与中标人的名称和住所、标的、数量、质量、价款或者报酬、履行期限及地点和方式、验收要求、违约责任、解决争议的方法等内容。

不同的政府采购合同，其类型与性质决定了其主要条款或者必备条款可能是不同的。比如，货物类政府采购合同，其条款的基本内容一般包括当事人双方的权利和义务，以及标准、数量、价格、包装运输、验收程序、保险、付款条件、索赔、合同中止程序、违约责任的处理等。工程和服务类政府采购在合同的内容上则有一些特殊要求，比如，工程承包合同的基本条款应包括工程的进度、交工期限、工艺和技术水平的要求等；服务合同中的租赁合同、保险合同、劳务合同等均体现了其服务或行业特点的内容。

（一）当事人的名称或者姓名和住所

当事人的名称或者姓名和住所条款，对政府采购、企业采购、团体采购和私人采购等合同订立来说，都是必须具备的条款。当事人是政府采购合同的主体，在合同中如果不写明当事人，就无法确定权利的享受和义务的承担，发生纠纷也难以解决。

（二）标的

标的是政府采购合同当事人的权利和义务指向的对象。标的是合同成立的必要条件，是一切合同的必备条款。如果没有标的，政府采购合同就不能成立，合同关系也就无法建立。

政府采购合同各种各样，千差万别，其标的也是多种多样。

第一，有形资产。有形资产是指具有价值和使用价值并且法律允许流通的有形物，比如，土地、建筑物、一般设备、办公消耗用品、建筑装饰材料、物资、专用材料、专用设备、交通工具等。

第二，无形资产。无形资产是指具有价值和使用价值并且法律允许流通的不以实物形态存在的智力成果，比如，商标、专利、著作权、工业产权等。

第三，劳务。劳务是指不以有形财产体现其成本的劳动与服务，比如，维修、保险、交通工具的维护保障、会议、培训、物业管理和其他服务等行为。

第四，工作成果。工作成果是指在政府采购合同履行过程中产生的、体现履行行为的有形物或者无形物，比如，承揽合同中由供应商完成的工作成果，工程政府采购合同中供应商完成的建设项目，技术开发合同中委托开发人完成的研究开发工作等。

也可以把以上几小类概括为货物、工程、服务三大类。

政府采购合同对标的的规定应当清楚明白、准确无误，对于名称、型号、规格、品种、等级、花色等都要约定得细致、准确、清楚，防止差错。特别是对于不易确定的无形资产、劳务、工作成果等更应尽可能地描述准确、清楚。订立政府采购合同还应当注意各种语言、方言以及习惯称谓的差异，避免不必要的麻烦和纠纷。

（三）数量

数量条款是采购合同中的主要条款之一，按约定的数量交付货物是供应商的基本义务。一些国家的法律规定，供应商交货的数量必须与合同规定相符，否则采购方有权拒收货物乃至索取赔偿。由于交易约定的数量是交接货物的依据，因此，正确掌握成交数量和签订好合同中的数量条件，具有十分重要的意义。同时，正确掌握成交数量，在一定程度上可以起到促进交易、达到和争取有利价格的目的。

在大多数的政府采购合同中，数量是必备条款，没有数量，合同是不能成立的。对于有形资产，数量是对单位个数、体积、面积、长度、容积、重量等的计量；对于无形资产，数量是个数、件数、字数以及使用范围等多种量度方法；对于劳务，数量为劳动量；对于工作成果，数量是工作量及成果数量。合同数量要准确无误，要选择使用共同接受的计量单位、计量方法和计量工具。

合同中数量条款的制定要遵循的原则有以下几个方面。

（1）数量条款应当具体明确。为了便于履行合同和避免引起争议，采购合同中的数量条款应明确、具体。首先，要明确计量单位的选用。计量单位很多，采取哪一种计量单位除主要取决于商品的种类与特点外，也取决于交易双方的意愿。计量单位可分为重量单位、数量单位、长度单位、面积单位、容积单位等。其中，在选用重量单位时，首先，要明确规定使用毛重还是净重计算。其次，要确定数量条件。比如，矿石、谷物等易碎物品一般使用装船数量条件，其他物品一般使用到岸数量条件。

（2）合理规定数量机动幅度。在某些大宗商品交易中，由于商品的特性、货源变化、包装等因素影响，要求准确地按约定数量交货有时存在一定的困难，为了使交货数量具有一定范围内的灵活性和便于履行合同，招标采购单位可以和供应商在合同中合理规定数量机动幅度。只要卖方交货的数量在约定的增减幅度范围内，采购人就不得以交货数量不符为由拒收货物或提出索赔。

（3）机动数量的计价方法要公平合理。通常的做法是超出或低于合同规定的部分，一般按合同价格结算，双方有协议者也可以在合同中予以具体规定。

（四）质量

质量指的是标准和技术要求。其包括性能、效用、工艺等，一般以品种、型号、规格、等级等体现出来。对于有形资产来说，质量是物理、化学、机械、生物等性质；对于无形资产、服务工作的成果来说，也有质量高低的问题，并有衡量的特定方法。质量条款的重要性是毋庸讳言的，许许多多的合同纠纷由此引发。在政府采购合同中，应当对质量问题尽可能地作出细致、准确和清楚的规定。国家有强制性标准规定的，必须按照规定的标准执行。如有其他质量标准的，应尽可能约定其适用的标准。当事人可以约定质量检验的方法、质量责任的期限和条件、对质量提出异议的条件与期限等。

采购合同应尽可能详细地列出所购物资或项目的品质、规格和标准。如果所购物资及服务或工程质量达不到所需要求，即使价格再低廉也达不到应有的效果。

（五）价款或者报酬

价款或者报酬是指一方当事人向对方当事人所付代价的货币支付。价款一般是指对提供财产的当事人支付的货币；报酬一般是指对提供劳务或者工作成果的当事人支付的货币。

价格应当在政府采购合同中规定清楚或者规定计算价款或报酬的方法。有些政府采购合同比较复杂，货款、运费、保险费、保管费、装卸费、报关费以及一切其他可能支出的费用由谁承担都要有明确的规定。

在政府采购尤其是工程项目的采购中，价格的制定是较为复杂的一项工作，既需要考虑工程本身的造价成本，也需要考虑在工程进行中可能出现的不确定因素。在制定价格时应考虑的不确定性因素有：通货膨胀率高低的变化；选择国外货币时所遇到的汇率变化；合同签署后原材料和劳动力成本的变化；工程项目中遇到的如工程量的计算等许多不确定性的因素。对于这些不确定性的因素，供应商在制定价格时，往往会高估采购物资或工程项目的价格。因此，招标采购单位在制定价格时，有必要制定一个价格范围，尤其是确定标底。标底即制定的价格极限，可分最高价和最低价两种。最低价的制定是为了防止供应商以不合理的低价参加投标以获取合同，从而影响采购质量；最高价的规定是为了防止采购成本过高。

（六）履行期限

履行期限是指政府采购合同中规定的当事人履行自己的义务，如交付标的物、支付价款或者报酬、履行劳务、完成工作的时间界限。履行期限直接关系到政府采购合同义务完成的时间，涉及当事人的期限利益，也是确定政府采购合同是否按时履行的客观依据。不同的政府采购合同，其履行期限的具体含义是不同的。在货物政府采购合同中，供应商的履行期限是指交货的日期，采购人的履行期限是指交款日期；在运输政府采购合同中，承运人的履行期限是指从起运到目的地卸载的时间；在工程建设政府采购合同中，供应商的履行期限是指从开工到竣工的时间。正因如此，期限条款应当尽量明确、具体，或者明确规定计算期限的方法。

（七）履行地点和方式

1. 履行地点

履行地点是指当事人履行政府采购合同义务和对方当事人接受履行的地点。不同的政府采购合同，履行地点有不同的特点。比如，在货物政府采购合同中，采购人提货的，在提货地履行；供应商送货的，在采购人收货地履行。在工程建设政府采购合同中，在建设项目所在地履行。在运输政府采购合同中，从起运点到目的地均为履行地点。履行地点有时是确定运费由谁负担、风险由谁承担以及所有权是否转移、何时转移的依据。履行地点也是在发生纠纷后确定由哪一地法院管辖的依据。因此，履行地点在政府采购合同中应当规定得明确而且具体。

2. 履行方式

履行方式是指当事人履行政府采购合同的具体做法。政府采购合同的不同决定了履行方式的差异。货物采购的履行方式是交付标的物，承揽合同的履行方式是交付工作成果。履行可以是一次性的，可以是在一定时期内的，也可以是分期、分批的。运输政府采购合同按照运输方式的不同可以分为公路、铁路、海上、航空等方式。履行方式还包括报酬的支付方式、结算方式等，如转账结算、支票结算、委托付款、限额支票、信用证、汇兑结算、委托收款等。履行方式与当事人的利益密切相关，应当从方便、快捷和防止欺诈等方面考虑采取最为适当的履行方式，并且在政府采购合同中明确规定。

（八）违约责任

违约责任是指当事人一方或者双方不履行政府采购合同或者不适当履行政府采购合同，依据法律的规定或者按照当事人的约定应当承担的法律责任。违约责任是促使当事人履行合同义务，使对方免受损失的法律措施，也是保证政府采购合同履行的主要条款。违约责任在合同中非常重要，因此一般有关合同的法律对于违约责任都已经作了较为详尽的规定。但法律的规定是原则性的，不可能照顾到各种政府采购合同的特殊情况。因此，为了保证政府采购合同义务严格按约定履行，及时解决合同纠纷，也可以在政府采购合同中约定责任，比如，约定定金、违约金、赔偿金额以及赔偿金额的计算方法等。

（九）解决争议的方法

解决争议的方法是指合同争议的解决途径，如政府采购合同条款发生争议的解释及法律适用等。解决争议的途径主要有：一是双方通过协商和解；二是由第三人进行调解；三是通过仲裁解决；四是通过法律诉讼解决。

第一，当事人可以约定解决争议的方法，如果只想通过法律诉讼解决争议是不用事先约定的，通过其他途径解决则须事先或者事后约定。依照《仲裁法》的规定，如果选择适用仲裁解决争议，除非当事人的约定无效，即排除法院对其争议的管辖。但是，如果仲裁裁决有问题，当事人可以依法申请法院撤销仲裁裁决或者申请法院不予执行。当事人选择和解、调解方式解决争议，不能排除法院的管辖，但可以提起诉讼。

第二，涉外政府采购合同的当事人约定采用仲裁方式解决争议的，可以选择本国仲裁机构进行仲裁，也可以选择在外国进行仲裁。涉外政府采购合同的当事人还可以选择处理合同争议所适用的法律。但法律对有些涉外政府采购合同法律的适用有限制性规定的，应依照其规定。

第三，解决争议的方法的选择对于纠纷发生后当事人利益的保护是非常重要的，应该慎重对待。要把选择解决争议的方法规定得具体、清楚，不能笼统地规定采用某种方法解决；否则，将无法确定协议条款的效力。

（十）特殊条款

政府采购合同特殊条款是指当事人在政府采购合同中特别约定的条款。其是政府采购合同一般条款的补充和修改。如果两者之间有抵触，应以特殊条款为准。

（十一）其他条款

除上述合同的一般条款外，在政府采购合同中，还应考虑包装、运输、检验、保险、索赔条款。

1. 包装条款

包装是保护商品在流通过程中质量完好和数量完整的重要措施，有些商品的包装本身就是商品的组成部分，因此，包装对商品有着重要意义。除此之外，经过包装的商品，不仅便于运输、装卸、搬运、储存、保管和携带、使用，而且不容易丢失或被盗，为各项工作提供了便利。因此，政府采购机构在合同中应做好包装条款的制定工作。包装条款一般包括包装材料、包装方式、包装规格、包装标志和包装费用的负担等内容。

2. 运输条款

采购机构在同供应商协商时，必须就货物的运输方式、交货时间、装运地和目的地、能否分批装运和转船、转运等问题达成协议，并在合同中具体订明。

关于运输方式的选择。规定选择海洋运输、铁路运输、航空运输、公路运输、内河小邮包运输、集装箱运输还是国际联运方式进行运送货物。

关于装运货物时间的确定。可以规定具体的装运时间，也可以规定在收到信用证或信汇、电汇、票汇后某一时间装运，还可以笼统地规定近期装运。最后一种规定容易造成分歧，因此在使用时要慎重。

关于装运港和目的港的确定。确定装运港和目的港时要具体、明确地规定港名，注意装卸港的设施及条件，以及港名有无重名等问题。

关于是否分批装船和转船的确定。允许分批装船和转船，一般来说，对供应商有利。在国际惯例和各国合同法中对有关分批装运与转船的做法及规定不一，因此在合同中应根据情况注明双方协商作出的选择。

3. 检验条款

检验指的是检查和验收，为了保证采购的物资和项目的品质、数量以及能按时交货，在合同中必须制定检验条款。

在检验条款中应当包括检验时间的规定，属于报价时由卖方提供样品的检验，须规定是在制造过程中进行检验，还是在履行合同正式交货时进行检验；检验地点的规定包括在生产地点进行检验，在指定仓库或交货地点进行检验，在买方使用地进行检验等规定；检查数量的规定，须明确是对商品物资全部进行检验，还是抽取一定百分比的物资进行抽样检验。

4. 保险条款

采购的物资在运输途中可能会遭受到各种损失，因此，在合同中应制定保险条款，对所需的物资进行保险。在制定保险条款时，首先要明确是由采购方还是由供应商购买保险。根据国际惯例，凡是按到岸价（CIF）和保税区价（CIP）条件成交的出口货物，一般由供应商投保；按离岸价（FOB）、成本加运费（CFR）和卖方承担费用（CPT）条件成交的进口物资，由采购方办理保险。保险一般可分为海上保险和内地水陆运输保险。在保险条款中应规定购买何种险种，如全险、平安险、水渍险、内陆运输保险等，以及保险金额、费用负担的规定等。

5. 索赔条款

索赔是指货物从供应商转移到采购人手上时，由于人为灾害或其他原因，导致货物遭受损失的时候，采购方依据有关条款向有关单位提出赔偿要求。

索赔一般在货物遭受损害时提出。货物遭受损害主要包括以下几种情况：数量短缺，如装货时出现少装，交货后发现货物短缺现象；破损，一般是指运输途中发生的破损，如包装不良、搬运不慎及货物受水渍等造成的损害；产品不符合规格；延期交货，因交货延期导致生产停顿或是其他方面的损失，也可以按合同规定提出索赔。

三、合同订立期限和规范要求

政府采购招标投标或者非招标投标采购过程结束后，采购方与中标、成交供应商需要进行会谈和签订具体的合同条款。合同一经签订，没有特殊情况难以变更，因此，合同的谈判和签订在政府采购中处于一种特别重要的地位。

政府采购项目在确定中标或成交供应商后，采购人与供应商应当订立政府采购合同。合同一经双方签字同意，其对签约双方都有法律效力，成为双方履行各自职责、保证采购项目顺利实施并圆满完成的有力保证。

（一）政府采购合同订立的期限

《政府采购法》第四十六条对签订政府采购合同的期限作出了具体规定，即采购人与中标、成交供应商应当在中标、成交通知书发出之日起三十日内，按照采购文件确定的事项签订政府采购合同。中标、成交通知书对采购人和中标、成交供应商均具有法律效力。中标、成交通知书发出后，采购人改变中标、成交结果的，或者中标、成交供应商放弃中标、成交项目的，应当依法承担法律责任。《政府采购法实施条例》第四十九条规定：中标或者成交供应商拒绝与采购人签订合同的，采购人可以按照评审报告推荐的中标或者成交候选人名单顺序，确定下一候选人为中标或者成交供应商，也可以重新开展政府采购活动。

《政府采购货物和服务招标投标管理办法》（财政部第87号令）第七十一条规定，采购人应当自中标通知书发出之日起30日内，按照招标文件和中标人投标文件的规定，与中标人签订书面合同。所签订的合同不得对招标文件确定的事项和中标人投标文件作实质性修改。采购人不得向中标人提出任何不合理的要求作为签订合同的条件。

《关于进一步提高政府采购透明度和采购效率相关事项的通知》（财办库〔2023〕243号）提出，要提高采购合同签订效率，并规定，采购人应当严格按照《政府采购法》有关规定，在中标、成交通知书发出之日起30日内，按照采购文件确定的事项与中标、成交供应商签订政府采购合同。采购人因不可抗力原因迟延签订合同的，应当自不可抗力事由消除之日起7日内完成合同签订事宜。鼓励采购人通过完善内部流程进一步缩短合同签订期限。

（二）政府采购合同订立的规范要求

政府采购合同的订立，除按《民法典》（合同篇）的有关要求执行外，一般还应注意以下五个方面的要求：一是所订立的合同不得对招标文件和中标的供应商的投标文件作实质性修改；二是采购人不得向中标或成交供应商提出任何不合理的要求，作为订立政府采购合同的条件；三是采购人和中标的供应商不得私下订立背离政府采购合同实质性内容的协议；四是法律、行政法规规定应当办理批准、登记等手续生效的政府采购合同，依照其规定办理；五是政府采购管理机构的其他要求。

（三）合同备案

《政府采购法》第四十七条规定，政府采购项目的采购合同自签订之日起七个工作日内，采购人应当将合同副本报同级政府采购监督管理部门和有关部门备案。

（四）合同公开

《政府采购法》第五十条规定，采购人应当自政府采购合同签订之日起2个工作日内，将政府采购合同在省级以上人民政府财政部门指定的媒体上公告，但政府采购合同中涉及国家秘密、商业秘密的内容除外。

《关于进一步提高政府采购透明度和采购效率相关事项的通知》（财办库〔2023〕243号）提出，要推进政府采购合同变更信息公开，并规定，政府采购合同的双方当事人不得擅自变更合同，依照《政府采购法》确需变更政府采购合同内容的，采购人应当自合同变更之日起2个工作日内在省级以上财政部门指定的媒体上发布政府采购合同变更公告，但涉及国家秘密、商业秘密的信息和其他依法不得公开的信息除外。政府采购合同变更公告应当包括原合同编号、名称和文本，原合同变更的条款号，变更后作为原合同组成部分的补充合同文本，合同变更时间，变更公告日期等。

四、合同履行、变更与终止

（一）合同履行

采购人与中标人应当根据合同的约定依法履行合同义务。政府采购合同的履行、违约责任和解决争议的方法等适用《民法典》（合同编）的规定。

政府采购合同的履行，是指合同的双方当事人正确、适当、全面地完成合同中订立的各项义务的行为。政府采购合同签署并完成各种手续以后，便产生了法律效力，从此开始便进入政府采购合同的履行阶段。在此阶段，中标或成交供应商必须按政府采购合同的各项规定，向采购人提供货物、工程或服务，采购人和中标或成交供应商都不得单方面修改政府采购合同的条款，否则属于违约。并且，违约方必须按政府采购合同的规定向政府采购合同的另一方赔偿损失。合同的履行是整个政府采购过程中决定性的阶段，政府采购合同履行情况的好坏，决定着政府采购全过程的成败。

在合同分包方面，《政府采购法》第四十八条规定，经采购人同意，中标、成交供应商可以依法采取分包方式履行合同。政府采购合同分包履行的，中标、成交供应商就采购项目和分包项目向采购人负责，分包供应商就分包项目承担责任。

在合同追加方面，《政府采购法》第四十九条规定，政府采购合同履行中，采购人需追加与合同标的相同的货物、工程或者服务的，在不改变合同其他条款的前提下，可以与供应商协商签订补充合同，但所有补充合同的采购金额不得超过原合同采购金额的百分之十。《政府采购法实施条例》规定，政府采购合同履行中追加与合同标的相同的货物、工程或者服务的采购金额超过原合同采购金额 10%，采购人有这种情形的，由财政部门责令限期改正，给予警告，对直接负责的主管人员和其他直接责任人员依法给予处分，并予以通报。

在合同履约保证金方面，《政府采购法实施条例》规定，采购文件要求中标或者成交供应商提交履约保证金的，供应商应当以支票、汇票、本票或者金融机构、担保机构出具的保函等非现金形式提交。履约保证金的数额不得超过政府采购合同金额的 10%。

（二）合同变更、中止和终止

《政府采购法》第五十条规定，政府采购合同的双方当事人不得擅自变更、中止或者终止合同。政府采购合同继续履行将损害国家利益和社会公共利益的，双方当事人应当变更、中止或者终止合同。有过错的一方应当承担赔偿责任，双方都有过错的，各自承担相应的责任。

《关于进一步提高政府采购透明度和采购效率相关事项的通知》（财办库〔2023〕243 号）提出，要推进政府采购合同变更信息公开，并规定，政府采购合同的双方当事人不得擅自变更合同，依照政府采购法确需变更政府采购合同内容的，采购人应当自合同变更之日起 2 个工作日内在省级以上财政部门指定的媒体上发布政府采购合同变更公告,但涉及国家秘密、商业秘密的信息和其他依法不得公开的信息除外。政府采购合同变更公告应当包括原合同编号、名称和文本,原合同变更的条款号,变更后作为原合同组成部分的补充合同文本,合同变更时间,变更公告日期等。

《政府采购法实施条例》第五十四条规定,询问或者质疑事项可能影响中标、成交结果的,采购人应当暂停签订合同,已经签订合同的,应当中止履行合同。政府采购合同已签订但尚未履行的,撤销合同,从合格的中标或者成交候选人中另行确定中标或者成交供应商;没有合格的中标或者成交候选人的,重新开展政府采购活动。政府采购合同已经履行,给采购人、供应商造成损失的,由责任人承担赔偿责任。

采购人应当加强对中标人的履约管理,并按照采购合同约定,及时向中标人支付采购资金。对于中标人违反采购合同约定的行为,采购人应当及时处理,依法追究其违约责任。

五、参与验收与获得资金支付

(一)参与验收

政府采购项目验收是指按照法定的程序和人员组成验收小组,在政府采购合同执行过程中或执行完毕后,对合同执行的阶段性结果或最终结果实施情况进行现场检查、检验、综合评定项目实施结果的档次,并客观、公正地作出验收结论的一种政府事务性活动。

在验收主体方面,《政府采购法》第四十一条规定,采购人或者其委托的采购代理机构应当组织对供应商履约的验收。大型或者复杂的政府采购项目,应当邀请国家认可的质量检测机构参加验收工作。验收方成员应当在验收书上签字,并承担相应的法律责任。《政府采购法实施条例》第十三条规定,采购代理机构应当提高确定采购需求,编制招标文件、谈判文件、询价通知书,拟订合同文本和优化采购程序的专业化服务水平,根据采购人委托在规定的时间内及时组织采购人与中标或者成交供应商签订政府采购合同,及时协助采购人对采购项目进行验收。

在验收依据和内容方面，《政府采购法实施条例》第四十五条规定，采购人或者采购代理机构应当按照政府采购合同规定的技术、服务、安全标准组织对供应商履约情况进行验收，并出具验收书。验收书应当包括每一项技术、服务、安全标准的履约情况。

在验收方式方面，《政府采购法实施条例》第四十一条规定，采购人或者其委托的采购代理机构应当组织对供应商履约的验收。大型或者复杂的政府采购项目，应当邀请国家认可的质量检测机构参加验收工作。验收方成员应当在验收书上签字，并承担相应的法律责任。《政府采购法实施条例》第四十五条规定，政府向社会公众提供的公共服务项目，验收时应当邀请服务对象参与并出具意见。《政府采购货物和服务招标投标管理办法》（财政部第87号令）第七十四条规定，采购人应当及时对采购项目进行验收。采购人可以邀请参加本项目的其他投标人或者第三方机构参与验收。参与验收的投标人或者第三方机构的意见作为验收书的参考资料一并存档。《关于进一步加强政府采购需求和履约验收管理的指导意见》（财库〔2016〕205号）提出，要严格规范开展履约验收，并规定要完善验收方式，对于采购人和使用人分离的采购项目，应当邀请实际使用人参与验收。采购人、采购代理机构可以邀请参加本项目的其他供应商或第三方专业机构及专家参与验收，相关验收意见作为验收书的参考资料。

在验收结果公开方面，《关于进一步加强政府采购需求和履约验收管理的指导意见》（财库〔2016〕205号）提出，要严格规范开展履约验收，并规定要严格按照采购合同开展履约验收，验收结束后，应当出具验收书，列明各项标准的验收情况及项目总体评价，由验收双方共同签署。验收结果应当与采购合同约定的资金支付及履约保证金返还条件挂钩。履约验收的各项资料应当存档备查。验收合格的项目，采购人应当根据采购合同的约定及时向供应商支付采购资金、退还履约保证金。验收不合格的项目，采购人应当依法及时处理。采购合同的履行、违约责任和解决争议的方式等适用《民法典》（合同编）。《政府采购法实施条例》第四十五条规定，政府向社会公众提供的公共服务项目，验收时应当邀请服务对象参与并出具意见，验收结果应当向社会公告。

（二）获得资金支付

《政府采购法实施条例》第五十一条规定，采购人应当按照政府采购合同规定，及时向中标或者成交供应商支付采购资金。政府采购项目资金支付程序，按照国家有关财政资金支付管理的规定执行。

《政府采购货物和服务招标投标管理办法》（财政部第87号令）第七十五条规定，采购人应当加强对中标人的履约管理，并按照采购合同约定，及时向中标人支付采购资金。对于中标人违反采购合同约定的行为，采购人应当及时处理，依法追究其违约责任。

《关于进一步提高政府采购透明度和采购效率相关事项的通知》（财办库〔2023〕243号）提出，要加快支付采购资金，并规定，采购人要进一步落实《关于促进政府采购公平竞争优化营商环境的通知》（财库〔2019〕38号）有关要求，在政府采购合同中约定资金支付的方式、时间和条件，明确逾期支付资金的违约责任。对于有预付安排的合同，鼓励采购人将合同预付款比例提高到30%以上。对于满足合同约定支付条件的，采购人原则上应当自收到发票后10个工作日内将资金支付到合同约定的供应商账户，鼓励采购人完善内部流程，自收到发票后1个工作日内完成资金支付事宜。采购人和供应商对资金支付产生争议的，应当按照法律规定和合同约定及时解决，保证资金支付效率。

六、售后服务与保障

（一）完善售后服务和保障的重要性

当企业争取未来的政府采购订单时，政府采购的售后服务与保障显得尤为重要。首先，提供优质的售后服务能够显著增强企业的信誉和声誉。政府在选择供应商时，常常会考虑其服务质量和能力，优秀的售后服务不仅提升了企业在政府采购市场中的竞争力，也为长期合作奠定了坚实基础。

其次，一个企业若能够持续提供优质的售后服务，将有望获得政府长期合作的机会。政府采购往往涉及大额、长期的合同，政府希望与稳定可靠的供应商合作，因此，良好的售后服务能够助力企业稳定收入和业务增长。

此外，良好的售后服务能够满足政府部门对产品使用过程中稳定性和安全性的需求。在政府采购项目中，除了产品本身的质量和价格，售后支持的质量也是重要考量因素。因此，提供可靠的售后服务是实现政府需求的重要保障之一。

另外，优质的售后服务还能增加企业与政府部门的合同续签概率。政府采购项目通常设有推荐或评价制度，良好的售后服务不仅能帮助企业成功完成当前项目，还有可能被推荐给其他政府部门或项目，进而扩展业务。

最后，提供良好的售后服务不仅能够帮助企业遵守法律合规要求，避免法律风险，还能体现企业的责任感和专业精神。在政府采购过程中，售后服务的合规性尤为重要，企业必须确保其提供的服务符合相关法规和标准，以确保长期合作关系的稳定和持续发展。

（二）完善售后服务和保障的方法

1. 完善售后服务认证系统

现如今，公开招标中常有对投标企业售后服务系统完备性的要求，对于投标企业售后服务工作体系是否完善，比如，是否有售后服务人员，人员是否充足，售后服务反应时间（提供售后服务的时间是否及时），售后资金保障，物料产品准备，是否有售后制度保障（即一整套的售后服务流程）等都有较高要求，确保投标企业售后服务及时完整展开。这种时候，提供通过国家标准认证的售后服务认证证书无疑会有很高的说服力，在竞标时获得更多优势。

售后服务认证的价值：（1）权威认证，通过售后服务认证的企业，证明其在全国全行业范围的服务领先性；（2）大型企事业单位招投标、政府采购等活动的重要参考和资质要求；（3）消费者认可，通过售后服务认证企业在产品及包装上可标识"售后服务认证"星级标志，具有说服力和证实性，供消费者放心选购；（4）企业服务达标，通过售后服务认证的企业服务能力达到国家标准，能够强化服务管理水平及服务能力；（5）持续改进服务，完善售后服务认证体系，建立良好服务口碑，持续改进服务质量，增强服务利润链持续收益。

2. 利用政府采购电商平台和公共资源交易平台

综合各地网上商城建设及运行情况，建设政府采购网上商城是现代电子商务发展和政府采购改革创新的必然要求。为优化售后服务，推荐财政部门或政府采购中心统一制定电商平台接口标准和交易流程，并设立统一的政府采购网上商城规范标准。此外，建议大力发展覆盖全国的服务和售后网络体系，支持电商公司提供高效时效和专业响应的服务，同时，积极倡导使用公务卡结算和账期支付方式，以降低电商成本并优化结算效率。

公共资源交易平台通过先进的软件设备和信息化技术，制定统一的交易规则，并提供全面的高质量售后服务，极大地提升了电子化政府采购的效率和质量。平台不仅确保售后服务的稳定性和可靠性，还通过监督和管理政府采购项目的数据，保障系统运行的安全性和稳定性，从而为政府和企业提供了更安全、更可靠的采购环境，促进了政府采购现代化。

3. 建立政府采购售后和保障服务的监督机制

首先，应该建立明确的售后服务条款和合同文本，包括维修、技术支持和投诉处理。其次，应该加强对供应商的管理和监督，定期评估其售后服务的执行情况。同时，建立供应商投诉和反馈机制，及时处理和解决售后服务中的问题。此外，需要对采购部门和相关人员进行专业的售后服务管理培训，提升执行能力。最后，要定期评估和改进售后服务策略和流程，确保政府采购工作的公平性和高效率。

七、合同管理对供应商的启示

首先，从合同管理重要性的角度。合同管理不仅是法律文本的管理，更是项目成功与否的关键，合同管理是供应商标后管理的重要部分。供应商和采购人都应高度重视合同管理，通过规范的合同管理流程确保合同的顺利执行，从而保障自身的权益和经济利益。

其次，从权利和义务的角度。合同应在平等自愿的基础上进行协商和约定，供应商应在合同订立过程中与采购人进行充分沟通，确保双方的权利和义务平等。在合同管理过程中，必须明确双方的权利和义务，清晰明确的条款可以避免双方在合同履行过程中出现争议。权利包括按时获得应有的款项、服务等，义务则包括按时交付产品、提供服务等。按合同条款及时履行义务是确保合同顺利进行的关键，供应商应严格按照合同规定的时间和方式履行自己的义务，以免导致违约和纠纷，及时履行义务也有助于维护供应商的信誉和形象。

最后，规范性对于合同管理至关重要。合格的合同管理不仅要遵循相关法律法规和规定，比如，《政府采购法》及其实施条例、《民法典》，还要遵循政府采购相关规定，比如，《政府采购货物和服务招标投标管理办法》（财政部第 87 号令）、《关于进一步提高政府采购透明度和采购效率相关事项的通知》（财办库〔2023〕243 号）、《关于进一步加强政府采购需求和履约验收管理的指导意见》（财库〔2016〕205 号），了解并遵守这些规定有助于保护供应商的合法权益，并确保合同的合法性。

八、供应商的应对策略

为了加强供应商标后合同管理，供应商可以采取以下措施。

第一，详细审查合同条款，确保对所有条款，包括权利和义务、支付条件、违约责任等有全面的了解，并咨询专业法律顾问，确保合同条款的合法性和合理性。

第二，建立电子合同管理系统，方便合同的存储、查阅和管理，并根据实际情况和法律变化，及时审查和更新合同管理系统中的合同条款。

第三，制订详细的项目执行计划，分阶段进行检查和验收，确保合同各项条款的执行，定期记录合同履行情况，及时向采购人汇报，保持透明度。

第四，加强风险管理，供应商应识别和评估风险，制定应急预案，并在合同中明确风险分担的条款，通过风险分担机制，减少潜在损失。

第五，建立售后服务体系，提供及时、高效的售后服务，确保产品或服务质量，及时收集和处理采购人的反馈，不断改进服务质量。

第六，对相关员工进行合同管理的培训，确保合同条款的正确理解和执行。

第七，保持与采购人的良好沟通，积极解决合同履行、验收、资金支付等过程中的问题。

第二节　供应商绩效考核评价

一、供应商绩效考核的对象

在考核供应商参与政府采购项目绩效时，应当考核与政府采购项目直接相关的供应商部门或团队。考核对象通常包括但不限于以下几个方面。

1. 投标部门

投标部门负责准备和提交政府采购项目的投标文件，确保投标过程的合规性。

2. 项目管理团队

项目管理团队负责项目的整体执行，包括项目规划、执行、监控和收尾。

3. 合同管理部门

合同管理部门负责合同的谈判、签订、执行和变更管理。

4. 质量保证部门

质量保证部门确保提供的货物或服务满足政府规定的质量和性能标准。

5. 供应链管理部门

供应链管理部门负责确保货物和服务的及时供应，满足政府采购的时间要求。

6. 客户服务部门

客户服务部门提供必要的售后服务和技术支持，确保满足政府用户的需求。

7. 财务部门

财务部门负责与政府采购相关的财务事务，包括报价、开票、收款和成本控制。

8. 合规部门

合规部门通常是指法律事务部门，确保整个采购和供应过程遵守相关法律法规和政府采购政策。

9. 研发部门

如果采购项目涉及创新或定制产品，研发部门的绩效也会影响政府采购的成果。

在考核时，一般会综合考虑这些部门在合同履行、质量保证、服务水平、成本效益、风险管理和创新能力等方面的表现。通过考核这些部门，可以全面评估供应商对政府采购项目的响应能力和绩效水平。

二、供应商绩效考核的内容

在政府采购过程中，对于供应商进行绩效评价是全流程绩效评价的一个必然要求，对于提升政府采购效率、优化政府采购模式具有重要意义。《政府采购法》中提到了对供应商的一些要求，例如，具有良好的商业信誉和健全的财务会计制度，具有履行合同所必需的专业技术能力等，这为考核供应商提供了方向和指南。

（一）评价维度

参考现有绩效评价方法，可以将供应商绩效评价大致分为供货保障能力、产品质量安全性两个一级指标，在此基础上可以进一步分为多个二级指标，具体如下所示。

1. 供货保障能力

（1）供货及时性：是否能够按时交货；紧急情况下是否能够及时交货。

（2）售后服务能力：出现产品质量异常情况能否及时处理；投诉可否在有效期内得到回复并及时改善。

（3）产品防护：在储存、运输过程中是否有预防交叉污染、损坏、食品安全防护等措施；是否出现过有毒有害、过敏原物质混运及有明显虫害侵蚀。

2. 产品质量安全性

（1）产品适应性：所供产品在使用过程中是否具有良好适应性；批量适应度是否达到一定水平。

（2）检测能力：检测设备是否能够满足要求；是否能够提供食品安全项目检测指标。

（3）信誉及检测：每批次是否均提供检测报告及相关票证；是否出现过欺诈或官方通报警示行为；每年是否都能够及时有效提供第三方检测报告；批次抽样指标是否符合要求。

（4）产品标识和信息提供：产品标识是否完整，是否建立完善的追溯体系从而有效提供过敏原及成分信息；出现重大变更是否及时告知本公司。

3. 资质管理

体系认证：是否通过 GFSI 等检测认可体系认证；是否提供质量、食品安全或 HACCP 单体系检测证明。

（二）评价指标

在对供应商进行绩效评价的实践过程中，已形成一些指标被广泛接受和使用。

1. 品质保障

（1）质量合格率：如果某一产品在一次交货中一共抽检了 N 件商品，其中有 M 件是合格的，则质量合格率为：质量合格率 $= \dfrac{M}{N} \times 100\%$。质量合格率越高，表明其产品质量越好，得分越高。

（2）平均合格率：根据每次交货的合格率，计算出某固定时间内所有产品合格率的平均值来判定品质的好坏。例如，1月某供应商交货3次，其合格率分别为90%、85%和95%，则其平均合格率 $= \dfrac{(90\% + 85\% + 95\%)}{3} \times 100\% = 90\%$。合格率越高，表明品质越好，得分更高。

（3）批退率：即退货批量占采购进货批量的比率，通过该指标反映商品不合格的程度。如上半年某供应商交货50批次，返退3批次，其批退率 $= \dfrac{50\%}{3} = 6\%$，批退率越高，表明其品质越差，得分更低。

（4）来料免检率：用于反映合格的程度 $\left(来料免检率 = \dfrac{来料免检的种类数}{该供应商的产品总种类数} \times 100\%\right)$。

2. 产能及交货期

（1）准时交货率：用准时交货的次数与总交货次数之比来衡量交货准时率 $= \dfrac{准时交货的次数}{总交货次数} \times 100\%$。

（2）交货周期：指自订单开出之日到收货之时的时间长度，用于反映管理能力。常使用以"天"作为单位。

（3）设备负载率：反映生产能力，计算时设备负载率 $= \dfrac{所有加工产品的数量 \times 工序加工工时}{设备可用时间} \times 100\%$，通常设备负载率理论值不能超过85%。

（4）其他指标：本公司必须保持的供应商供应的原材料或零部件的最低库存量、供应商的后勤体系水平、供应商所采用的后勤系统（ERP）、供应商自身是否实施"即时供应"（JIT）等也纳入考核。

3. 综合服务水平

（1）沟通手段是否有合适的人员与本公司沟通，沟通手段是否符合本公司的要求（电话、传真、电子邮件以及文件书写所用软件与本公司的匹配程度等）。

（2）反馈信息对订单、交货、质量投诉等反应是否及时、迅速，答复及完整的对退货、挑选等是否及时处理。

（3）合作态度是否将本公司看成是重要客户，供应商高层领导或关键人物是否重视本公司的要求，供应商内部沟通协作（如市场、生产、工程、质量等部门）是否能整体理解并满足本公司的要求。

（4）共同改进是否积极参与或主动参与本公司相关的质量、供应、成本等改进项目的活动，或推行新的管理做法等，是否积极组织参与本公司共同召开的供应商改进会议、配合本公司开展的质量体系审核等。

（5）售后服务是否主动征询本公司意见、主动访问本公司、主动解决或预防问题。

（6）其他因素其资金资源、承诺、所体现出的能力等，是否与本公司提出的相一致，是否积极提供本公司要求的新产品报价与试制样品，是否妥善保存与本公司的交易记录。

4. 信用度

信用度主要考核供应商履行自己的承诺，以诚待人，不故意拖账、欠账的程度。可以通过信用度 $= \dfrac{\text{供货期失信的次数}}{\text{供货期交往总次数}} \times 100\%$ 进行定量描述。

5. 配合度

因为环境的变化或具体情况的变化，需把工作任务进行调整变更。这种变更可能导致供应商工作方式的变更，甚至导致供应商要作出一点牺牲。另外，如工作出现了困难或者发生了问题，有时也需要供应商配合才能解决。以此可以考察供应商在这些方面积极配合的程度。

6. 价格

价格是指供货的价格水平。考核供应商的价格水平，可以和市场同档次产品的平均价和最低价进行比较，分别用市场平均价格比率和市场最低价格比率来表示。若使用定量描述，可以参考以计算方式。

$$平均价格比率 = \frac{（供应商的供货价格 - 市场平均价）}{市场平均价} \times 100\%$$

$$最低价格比率 = \frac{（供应商的供货价格 - 市场最低价）}{市场最低价} \times 100\%$$

三、绩效评价方法

绩效评价方法种类丰富，且不同项目类型使用的成本绩效方法可能存在差异。在财政部关于印发《财政支出绩效评价管理暂行办法》的通知中，提到绩效评价方法主要采用成本效益分析法、比较法、功能分析法、因素分析法、最低成本法、公众评判法等。

（一）成本效益分析法

成本效益分析法又称投入产出法。该方法将成本费用分析法运用于政府部门的计划决策之中，以寻求在投资决策上如何以最小的成本获得最大的收益。该方法是最常见的政府采购绩效分析和评价方法，针对政府采购支出确定的目标，比较支出所产生的效益及付出的成本，通过比较分析，判定最小成本取得最大效益的项目是最优项目，进而对于如何压低成本提高收益提供思路。

如果从微观角度运用该方法，就是判断政府采购项目的边际社会效益是否超过其边际成本；若从宏观角度则采用"机会成本"法，其中成本包括，人力、物力、财力以及资源的机会成本。此外，还要考虑货币的时间价值。从理论上来说，在运用成本—效益分析法评定的过程中，应包括外在成本和外在收益。但是，由于外部性难以用数量化计量，因此在政府采购绩效评价的实际运用中，成本—效益分析法仅对行为主体内在成本和收益进行分析并确定其大小，对外在的成本和收益则采用估计的方法，最终粗略估算出整体效益。作为广泛应用的价值评价方法，成本效益评价法的方法论已经比较成熟。但该方法需要大量的数据支持和诸多假设，其计算工作量较大，在数据来源、定价准确性方面存在一定的弊端，从而使其应用受到限制。目前，国际上应用成本效益评价法的国家和地区不多，例如，澳大利亚在决策是否进行基础设施项目建设时会使用该方法。

成本效益分析法通常包括以下几个步骤。

（1）明确项目目标：确定评估对象的具体目标和预期成果。

（2）识别成本：列出项目实施过程中的所有成本，包括直接成本和间接成本。

（3）量化效益：尽可能地量化项目带来的所有效益，包括经济效益、社会效益、环境效益等。

（4）成本与效益的比较：将项目的成本与效益进行对比，通常通过计算比率或净现值等方法来评估。

（5）结果分析：根据成本与效益的对比结果，分析项目的绩效，确定其是否达到了预期目标。

成本效益分析法的典型案例是三峡工程，虽然该工程建设于 20 世纪 80 年代，那时我国还没有正式实施政府采购制度，但其成本效益评价对供应商开展成本效益分析也有一定的启示意义。

🎤 **专栏 8-1**

三峡工程的成本收益分析

20 世纪 80 年代中期，中国政府组织了 400 多位专家和数千名勘测、调查、试验、设计和研究人员参加了三峡工程的论证工作，对三峡工程的成本收益进行了深入系统的分析（参见表 8-1），得出三峡工程可行的结论，1994 年三峡工程得以正式开工。

三峡工程的收益主要体现在：（1）提高防洪标准，可使荆江河段的防洪标准从 10 年一遇提高到 100 年一遇；（2）发电收益，三峡水电站年发电量 840 亿 kW·h，每年可替代煤炭 4000 万—5000 万吨；（3）改善航运，三峡工程修建后，万吨级船队可直达重庆，运输成本可降低 35%—37%。

三峡工程的直接成本主要体现在工程建设成本、淹没农田和移民带来的成本等方面。按照 1986 年末物价水平，估算三峡项目的静态总投资为 361.1 亿元，其中，枢纽工程投资为 187.7 亿元，水库移民投资为 110.6 亿元，电网的输变电投资为 62.8 亿元。此外，三峡工程对库区及长江流域的环境和生态的影响也较大。

按影子价格和 10% 的社会折现率，对三峡工程本身的投入、产出和早建、晚建、不建三峡工程进行动态经济分析表明，三峡工程的净现值为 131.2 亿元，经济内部收益率为 14.5%。说明从国民经济总体角度衡量，兴建三峡工程是有利的。

对早建（假定于 1989 年开工）、晚建（假定于 2001 年开工）、不建（以其他工程替代）进行了综合分析，结果表明，三峡工程早建方案费用总现值最小，晚建方案费用现值大于早建方案，但小于不建方案。说明三峡工程建比不建好，早建比晚建有利，参见表 8-1。

表 8-1   **三峡工程相关的成本和收益**

类别	直接的		间接的	
	成本	收益	成本	收益
有形的	工程投资、移民支出	发电收入	库区农产品减少	缓和两地区的能源供应紧张、煤炭运输巨大压力
无形的	淹没资源	防洪、航运	库区环境破坏、人防、防震	减少两地区环境污染、库区旅游业发展

资料来源：长江水利委员会：《长江三峡水利枢纽可行性研究报告》，《三峡工程科技通讯》1992 年第 1 期。

汪晓东：《长江勘测规划设计研究院院长、中国工程院院士钮新强——详解三峡工程四大效益》，《人民日报》2015 年 12 月 18 日。

（二）比较法

绩效评价的比较法是一种通过将政府采购项目的绩效与预先设定的标准、历史数据、类似项目或行业最佳实践进行比较来评估其效果和效率的方法。在政府采购管理中，比较法可以帮助确定采购项目是否达到了既定目标，以及与预算、时间和其他资源的利用效率如何。比较维度通常有以下几个。

（1）与历史数据比较：将当前采购项目的绩效与过去的类似项目进行比较，评估是否有改进或退步。

（2）与预算部门目标比较：评估采购项目是否符合预算部门设定的绩效目标。

（3）与行业标准比较：将采购项目的结果与行业平均水平或最佳实践进行比较，确定其在行业中的位置。

（4）跨部门比较：在政府内部不同部门之间进行绩效比较，识别哪些部门的采购管理更为高效。

（5）供应商比较：评估不同供应商的绩效，以确定哪些供应商提供了更好的价值和服务。

✐ 专栏 8 - 2

比较法案例分析

浙江省绍兴市上虞区公路管理段（以下简称"公路段"）对县乡村道开展大中修保养，2019年度大中修保养目标4个项目，分别为陈溪—黑龙潭 K0 - K6 + 731 段（以下简称"陈黑线"），梁湖—章镇 K23 + 589 - K24 + 889 段（以下简称"梁章线"）绿化提升，皂梁线 K6 + 400 段（以下简称"皂梁线"）边坡治理，乡村道大中修保养（以下简称"乡村道"）补助。该工程由绍兴市上虞区交通运输局印发《绍兴市上虞区交通运输局关于下达2019年农村公路养护计划的通知》（虞区交发〔2019〕19号）下达实施。

本次绩效评价主要采用了以下几种评价方法：（1）目标比较法，即通过对财政支出产生的实际效果与预定目标的比较，分析完成目标或未完成目标的原因，从而评价绩效的方法；（2）问卷调查法，即通过设计调查问卷，在一定范围内发放、收集、分析调查问卷，进行评价和判断的方法；（3）询问查证法，即以口头或书面、正式或非正式会谈等方式，直接或间接了解评价对象的信息，从而形成初步判断的方法；因素分析法，即通过综合分析影响，参见表8-2。

表 8－2   绩效分析

	预期	实际
绩效目标及实施计划完成情况	项目实施计划： 根据虞区交发〔2019〕19 号文件，县乡村道大中修保养陈黑线计划开工日期为 2018 年 9 月 13 日，竣工日期为 2019 年 3 月 31 日；梁章线计划开工日期为 2019 年 9 月 15 日，绿化种植结束日期为 2020 年 1 月 15 日 项目绩效目标： 1. 2019 年计划对县道公路陈溪至黑龙潭（逐段）15cm5% 水稳基层＋5cm 沥青砼及路基挡墙修复 2. 县道公路梁湖至章镇绿化提升 3. 计划对皂梁线 K6＋400 处进行边坡治理 4. 乡村道路由乡镇街道负责，公路段给予乡镇公路一定比例补助	项目完成情况： 陈黑线实际开工日期为 2018 年 9 月 20 日，竣工日期为 2019 年 3 月 31 日。施工周期为 193 天基本符合计划 200 天要求 梁章线实际开工日期为 2019 年 9 月 22 日，竣工日期为 2020 年 1 月 15 日，施工周期为 115 天基本符合计划 123 天要求 绩效目标实现情况： 1. 2019 年实际完成县道公路陈溪至黑龙潭（逐段）15cm5% 水稳基层＋5cm 沥青砼及路基挡墙修复 2. 县道公路梁湖至章镇绿化提升工程全部完工 3. 计划对皂梁线 K6＋400 处进行边坡治理因政策处理等原因，工程尚在实施中 4. 乡村道路由盖北镇负责实施，公路段已完成给予乡镇公路一定比例补助

基本指标	具体指标	指标分值	评价得分
项目目标	目标明确度	1.5	1.5
	建设内容细化、量化程度	2.5	2.5
决策过程	决策依据	3	3
	决策程序	5	5
资金分配	分配方法	2	2
	分配结果	6	5
资金到位	到位率	3	2
	到位时效	2	2
资金管理	资金使用	7	7
	财务管理	3	3
组织实施	组织机构	1	1
	流程规范	3	1.5
	程序及时	3	1.5
	验收管理	2	0
	档案管理	1	1

		预期	实际	
项目产出	产出数量	4	3	
	产出质量	4	4	
	产出时效	4	4	
	产出成本	3	3	
项目效益	经济效益	5	3	
	资源利用率	5	5	
	社会效益	10	10	
	可持续影响	10	10	
	服务对象满意度	10	10	
评价得分	*	100	90	
评价等次	* 评价等次分为优秀（S≥95）、良好（95＞S≥85）、合格（85＞S≥60）、不合格（S＜60）4 个评价等次	良好		

基于上述评价，得出结论。县乡村道大中修保养是一个惠民工程，该项目合乎民意、关乎民生，充分发挥了此项资金的效益，改善了周边群众的居住和出行环境，社会效益较高。项目本身的组织管理基本符合要求、资金管理清晰明了。根据本项目的评价指标，在对评价证据汇总分析的基础上，经评价小组评议打分，本项目绩效评价综合得分为 90 分，绩效评价等次为良好。

（三）功能分析法

功能分析作为一种分析方法，由英国人类学家 B. 马林诺夫斯基和A. R. 布朗首先加以系统地运用。功能分析法首先要明确分析对象，然后是确定考察现象整体对社会的影响和作用，也就是把研究对象和现象放在社会之中，考察其对社会各方面的影响和作用。

公共支出管理的核心是公共资源的分配和有效使用，政府采购制度作为公共支出管理的手段，除了发挥其节约财政支出、提高财政资金使用效益的效率功能外，还在调控经济总量、调整经济结构、促进中小微企业发展和协调社会发展、绿色环保、促进不发达地区就业等方面发挥多样化的社会功能。在政府采购领域，该方法是通过比较政府采购所花费和所实现的职能，衡量政府采购部门的工作质量，从而得出其绩效情况的结果。衡量工作质量的标准不仅包括经济效益还包括采购活动产生的政治和社会职能的效果。

（四）因素分析法

因素分析是 20 世纪初期从心理学领域发展而来的一种多变量统计方法。

在政府采购领域，该方法注重考察政府采购活动所需要的直接费用和间接费用，尽可能地将各种费用因素尽量多地列举出来，并同时将可能产生的直接收益和间接收益列举出来，进行综合分析。其中，可以用同一单位来衡量费用和效益并进行分析比较；不能用同一单位表示出来的其他因素，则将具有相似性质或一定可比性的指标并入一组，然后分组进行对比分析；最后再综合各个因素，得出政府采购的效益。

因素分析法通常包括以下几个步骤。

（1）确定评价目标：明确绩效评价的目的和关键绩效指标。

（2）识别关键因素：列出可能影响采购项目绩效的所有因素，比如，供应商能力、市场价格、技术要求、合同条款等。

（3）数据收集：收集与关键因素相关的数据和信息。

（4）因素权重分配：根据各因素对项目绩效的影响程度，为每个因素分配权重。

（5）因素评分：对每个因素进行评分，可以是定量的（如成本节约百分比）或定性的（如供应商响应速度）。

（6）综合分析：将所有因素的评分和权重结合起来，进行综合分析，以评估项目的整体绩效。

（7）结果解释：根据分析结果，解释各因素对项目绩效的贡献，并识别改进的机会。

（8）制定改进措施：基于分析结果，制定具体的改进措施，以提高未来采购项目的绩效。

（五）最低成本法

政府采购中的最低成本法又称最低投入法，这种方法主要用于在无法取得有关政府采购项目的预期收益时，分析比较项目的投入、费用或成本，最低费用的就是最优项目，是一种以成本最小化为原则的采购方法，其核心目标是在满足质量和服务要求的前提下，选择成本最低的供应商。这种方法通常适用于标准化程度较高、技术规格统一的商品或服务采购。例如，对于国防支出项目其成本比较容易计算而其效益则是难以计算的，因此，对这类项目的预算决策进行分析时，可以只计算该支出项目的成本选择成本最低的作为最优支出项目。

在政府采购活动中，也有一部分的采购项目无法衡量其产生的预期效益，尤其是社会效益和长期效益，对这些项目支出可以用最低费用选择法，即只衡量、计算有形成本，评价某项采购活动在一定条件下是否实现成本费用最低，是否还有其他项目在取得相同或相似成果、效益的前提下成本费用更低。

最低成本法的实施步骤通常包括以下几个方面。

（1）明确需求：详细定义采购商品或服务的技术规格、性能要求和交付标准。

（2）公开招标：通过公开透明的招标程序，邀请所有合格的供应商参与竞标。

（3）评估报价：对所有供应商提交的报价进行评估，同时考虑其满足技术规格和质量要求的能力。

（4）选择最低报价：在满足所有采购要求的前提下，选择报价最低的供应商作为中标者。

（5）合同签订：与中标供应商签订合同，明确双方的权利和义务。

（六）公众评判法

公众评判法是指通过专家评估、公众问卷及抽样调查等方式，对财政支出的效率性和效益性进行评判，评价绩效目标的实现程度。对于无法直接用指标计量其效益的支出项目，可以选择有关领域的专家进行评估，或对社会公众进行问卷调查以评判其效益。专家评估主要是聘请有关专家，就评价对象的某一方面进行评价、判断。专家根据绩效评价项目的特点，可以采用多种评判形式，包括"背靠背"或"面对面"评议，或二者相结合的综合评价方式；而对社会公众的问卷调查，则可以通过设计不同形式的调查问卷，将需要进行考评的内容涵盖在设计的问题中，然后将问卷发放给公众填写，在发放过程中需要保证人群的随机性和广泛性，最后汇总分析调查问卷，得出评价结果。

与其他评价方法相比，公众评判法具有民主性、公开性的特点。其最大范围地吸收了社会力量的参与，使整个绩效评价过程较为充分的表达了社会公众的诉求，同时也保证了实施过程的透明度。这种评价方法由于其具有公开性的特点，适用于对公共部门提供的公共服务或者财政参与投资建设的公共设施等进行评价，但需注意设计好相应的评估方式，设计好调查问卷的内容以及有效选择被调查的人群。公众评判法的实施步骤包括以下几个方面。

（1）项目公示：将采购项目的信息、目标和预期效果向公众公开，确保透明度。

（2）收集公众意见：通过问卷调查、公开听证会、在线论坛等方式收集公众对采购项目的意见和建议。

（3）意见分析：对收集到的公众意见进行整理和分析，识别关键问题和公众的主要关切点。

（4）公众参与评审：在某些情况下，可能邀请公众代表参与评审过程，与专业评审团队一起评估供应商的提案。

（5）综合评估：将公众意见与专业评审结果相结合，形成对采购项目的全面评估。

（6）结果反馈：将公众评判的结果和最终决策反馈给公众，增强政府采购的公信力。

（七）标杆管理法

绩效评价标杆管理法是一种通过比较组织的绩效与行业内最佳实践或

最优标准来进行评估和改进的方法。在政府采购领域，绩效评价标杆管理法可以帮助政府机构识别和采用行业内的最佳实践，提高采购效率和效果，确保公共资金的使用效益。

当然，运用这一方法最关键的是，要找准"杠杆"，因此，其适用于一些有可比性的项目，如果项目之间没有可比性，盲目用这种评价方法，反而不能发挥出这种评价方法的优势。

具体到政府采购供应商的绩效考核，标杆管理法主要包括以下几个步骤。

（1）确定评价指标：根据政府采购的具体要求，确定评价供应商绩效的关键指标，如成本效益、交货时间、产品质量、服务水平等。

（2）收集数据：收集与评价指标相关的数据，包括供应商的历史绩效数据和行业内其他供应商或组织的数据。

（3）选择标杆：选择行业内表现最佳的供应商或组织作为标杆，这些标杆应具有可比性和可学习性。

（4）比较分析：将供应商的绩效与选定的标杆进行比较，找出差距和不足。

（5）制定改进措施：基于比较分析的结果，制订具体的改进措施和行动计划，以提高供应商的绩效。

（6）持续监控和改进：建立持续的监控机制，定期评估改进措施的效果，并根据需要进行调整。

✒ 专栏 8－3

供应商绩效评价综合案例

一、背景介绍

上海地铁维护保障有限公司物资和后勤分公司（以下简称"物资和后勤分公司"）作为上海轨道交通维保体系内物资管理的归口管理单位，在日常工作中会涉及成千上万种设备备件、维修维护等物资的采购工作。

随着上海轨道交通既有线路运营年限的增加和新线的不断建设，备件物资的采购需求和后续的维护维修压力也在不断增加。但因为很难根据供应商过往的优秀业绩来稳定预测出其在当前合同内的表现，包括承诺兑现程度、成本控制能力、团队责任心、风险意识、与其利益相关方关系的处理能力等方面都是难以在供应商准入时得以暴露和解决的问题。此外，行业市场的突然变化对供应商能否履约的影响也存在较大的不确定性、如原材料价格上涨导致的供货质量下降或超期供货等违约行为。因此，建立一套完整的有效的供应商评价机制有助于提升采购质量、降低采购成本、减少库存压力、有效整合和分配资源。

二、供应商履约行为评价

（一）供应商履约行为评价指标

对于已进入公司阳光采购平台供应商体系且正在合作的供应商应当通过建立以履约行为评价为方法的供应商绩效考核机制，评价其合作中的绩效表现并对绩效进行控制使供应商持续高效为上海轨道交通提供产品和服务。公司有关工作人员认为，因采购物资的品类、质量、技术和服务水平等各不相同有定量因素也有定性因素应当按部门进行划分针对不同部门应当根据部门与供应商的不同关系分别设定不同的履约评价标准再使用层析分析法将定性的分析进行量化处理将复杂的问题简单化从而使得整个过程更加合理。

（二）采购部门履约评价

采购部门分为采购部和贸易管理部，二者职能大体相同，只是负责的版块有所分别。采购部门是在合同签订过程中与供应商接触最多的部门，采购部门的供应商履约行为评价指标如图 8-1 所示。

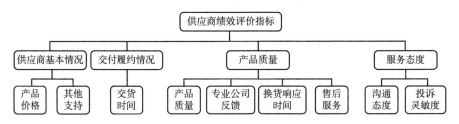

图 8-1　采购部门履约评价指标

（三）管理部门履约行为评价指标

管理部门一般是指生产计划部，负责在价格不能确定时将供应商报价送审，在合同成立过程中对合同条款进行审核。管理部门的供应商履约行为评价指标如图8-2所示。

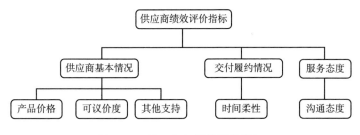

图 8-2　管理部门履约评价指标

（四）技术部门履约行为评价指标

技术部门一般是指物资管理部。物资管理部负责电子商务平台，更多是在供应商准入时与其进行对接。技术部门会与部分长期合作的供应商签订长期协议，也会在供应商违反合同条款后对供应商进行处置。技术部门的供应商履约行为评价指标如图8-3所示。

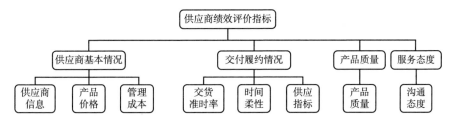

图 8-3　管理部门履约评价指标

（五）供应商履约行为评价结果等级

随着上海轨道交通采购平台上的供应商逐年增多物资和后勤分公司针对供应商准入和供应商分类制定了一套完整的资质审查机制。通过信用分和画像等方式对进入库内的供应商进行了划分。信用分达到60分的供应商才有资格参与电子平台上发布项目的投标。供应商项目履约评价评定等级及具体要求如表8-3所示。

表8-3　　　　　　　　供应商履约行为评价结果等级及说明

评价等级	具体要求
优秀	按要求履行合同的基础上，供应商产品交付时间提前15天以上，且入库后型规无异议
良好	按要求履行合同的基础上，供应商产品交付时间提前小于等于15天或按合同准时交付，且入库后型规无异议
一般	供应商因突发事件或不可预见事件未能按合同要求履约，但在合同有效期内能主动与采购方沟通，并得到采购方认可
差	供应商未能按合同要求履约

在绩效评价过程中，需要纳入考核的因素是多方面的，为了加强考核的全面性，更加贴近实际，往往在一个项目的评价过程中综合使用多种方法。本文通过下述以案例分析对供应商绩效评价的实际应用。

三、供应商绩效评价

（一）绩效评价指标

综合前述，供应商履约行为评价结果中，分别对于采购部门、管理部门和技术部门的指标设定，建立供应商绩效评价指标，如表8-4所示。

表8-4　　　　　　　　供应商绩效评价指标

第一层指标	第二层指标	评价内容
供应商基本情况	供应商信息	供应商准入分（信用分）
	产品价格	产品价格是否高于近3年历史采购价
	可议价度	供应商供货后年度价格下降的可能性
	其他支持	供应商能够提供的其他服务，如更长的质保期
	管理成本	管理该供应商需花费的成本
交付履约情况	交货时间	供应商是否按时交货
	交货准时率	按时交货次数/总交货次数
	时间柔性	提前交货时间是否大于15天
	供应指标	最小数量批次/标准起订量
	产品质量	仓库检验达标数量/总数量
产品质量	换货响应时间	不合格产品换货时间
	专业分公司反馈	专业分公司反馈产品与同类型产品质量比较
	售后服务	质保期间供应商沟通和换货是否及时

续表

第一层指标	第二层指标	评价内容
服务态度	投诉灵敏度	提出问题到解决的时间是否小于期望的时间
	沟通态度	服务对接人员的能力及素养

（二）指标权重确定

运用层次分析法依次得到供应商基本情况、交付履约情况、产品质量、服务态度四个维度各指标的权重。

（三）绩效评价指标体系

基于上述分析，逐步确定各维度的一级、二级指标及各自权重，最终得出供应商绩效评价指标及其权重如图8-4所示。

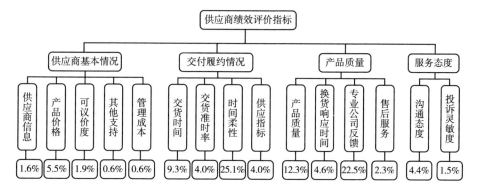

图8-4　供应商绩效评价指标体系

第三节　中标筹划能力的持续提升

一、经验总结

（一）招标信息的获取

多渠道获取信息：依赖单一信息源可能导致信息不全或更新滞后。应综合利用中国政府采购网、中国招标投标公共服务平台等多个平台，确保信息的全面性和时效性。

可以关注中国政府采购网、中国政府采购杂志等公众号来获取政府采购的一手资料和讯息，同时也可以从以下网站中获取。

1. 中国政府采购网（https：//www.ccgp.gov.cn/）

作为中国政府采购的官方门户网站，其提供全面的政府采购信息、政策文件和相关服务，具有权威性高、信息全面和更新及时的特点，是政府采购信息的主要来源。不过，用户可能需要具备一定的专业知识来理解这些信息。

2. 中国政府采购招标网（http：//www.chinabidding.org.cn/）

该平台专注于发布政府采购招标信息和政策法规，以信息分类清晰和便于用户浏览为优势，界面友好且易于导航。尽管如此，信息更新速度和界面设计可能还有待提升。

3. 中国招标投标网（https：//www.cecbid.org.cn/）

提供招标投标行业的理论研究、实务操作和政策法规，汇集业内专家意见，提供深度分析和行业见解。内容专业，有助于用户深入理解行业动态和趋势，但可能在实际操作指导和信息更新速度上不如一些实时信息平台。

4. 中国招标投标公共服务平台（http：//www.cebpubservice.com/）

提供全面的招标投标行业信息服务，包括政策法规、行业资讯等，服务综合性强，信息集中，方便用户一站式获取所需信息。尽管覆盖面广，但在特定行业的深度信息上可能不如一些专业平台详尽。

5. 中国招标投标协会（http：//www.ctba.org.cn/）

作为行业协会，具有较大的行业影响力，提供专业的行业标准制定、咨询服务等。行业权威性高，有助于提升行业标准和服务质量，但信息和服务可能更倾向于会员，对非会员的开放性可能有限。

6. 中国国际招标网（https：//chinabidding.mofcom.gov.cn/）

专注于国际招标领域，帮助企业了解国际市场，参与国际招标活动，提供国际视野，有助于企业拓展海外市场。然而，对于主要关注国内市场的用户可能信息不够全面。

7. 中国公共资源交易平台（http：//www. ggzy. gov. cn/）

整合全国公共资源交易信息，提供一站式服务，信息覆盖面广，包括土地、工程、政府采购等多个领域。一站式服务方便用户获取不同领域的公共资源交易信息，但在特定领域的深度和专业性可能不如一些专注于特定行业的平台。

持续关注更新：财政部在《关于做好政府采购信息公开工作的通知》（财库〔2015〕135 号）中已经明确：招标公告、资格预审公告的公告期限为 5 个工作日；竞争性谈判公告、竞争性磋商公告和询价公告的公告期限为 3 个工作日；中标、成交结果公告期限为 1 个工作日。对于采购文件的质疑从这些期限届满之日开始算。对于采购文件公告期限，法律法规仅提出最低限要求，例如，《政府采购法实施条例》规定，招标文件的提供期限不得少于 5 个工作日，具体提供期限则由采购人、采购代理机构在招标公告中进行明确，例如，在"河北省环境综合执法局远程执法抽查系统运行维护经费公开招标"公告中，就明确"获取文件开始时间：2018 年 6 月 5 日"、"获取文件结束时间：2018 年 6 月 11 日"，在江苏省政府采购中心的招标公告中，也会明确招标文件的提供期限。因此供应商应及时查看网站招标信息，以免错过合适的采购机会。

例如，某科技公司在参与一项政府信息化建设项目的投标过程中，由于未能及时获取最新的招标信息，导致其投标文件未能在截止日期前提交。该公司主要依赖单一的信息源，未能多渠道获取招标信息。由于投标文件提交延迟，该公司失去了参与评标的机会，错失了一次重要的商业机会。该案例提醒供应商注意多渠道获取招标信息，主动关注多个政府采购信息发布平台，确保信息来源的多样性和全面性；同时，建立信息更新机制，定期检查和更新招标信息，确保获取最新的招标公告和相关政策。

（二）招标文件或采购文件的研读

招标文件是采购活动的行动指南和评判的准则。招标文件内容：投标邀请书，投标人须知，招标产品的名称、数量、技术规格，合同条款，合同格式及附件，投标书格式，开标一览表，投标分项报价表，产品说明一览表，技术规格偏离表，商务条款偏离表，投标保证金保函格式，法定代表人授权书格式，资格证明格式，履约保证金保函格式，预付款银行保函格式，信用证样本，投标人及制造商的业绩要求和评标标准等资料。

招标文件详细规定了投标人必须遵守的规则和程序。仔细研读这些文件可以确保投标人在每一个环节上都遵循规定，避免因不符合要求而被取消投标资格。

（1）了解项目要求：在招标文件中明确描述了招标项目的性质、数量、技术规格等详细信息。通过研读这些信息，投标人可以充分了解项目需求，并在标书中准确反映这些需求，展示自身的匹配度和竞争力。

（2）精准报价：在文件中，关于招标价格的要求及其计算方式提供了报价依据。准确理解和应用这些信息可以帮助投标人制定合理的报价策略，既确保竞争力又保证利润。

（3）准备评标材料：招标文件中列出了评标标准和方法。投标人可以根据这些标准准备投标材料，突出自身优势，提高中标的机会。

（4）确保时效性：招标文件规定了交货、竣工或提供服务的时间，以及投标文件的提交方式、地点和截止时间。准确掌握这些时间节点，确保按时提交投标文件，是投标成功的基本前提。

（5）资质合规：文件中要求提供的资格和资信证明文件对于确认投标人的合法性和信誉至关重要。全面了解这些要求，准备充足的证据文件，可以增强投标的权威性和可信度。

注意招标文件研读的误区。

案例1：未能准确理解招标价格计算方式

某建筑公司A参与一个市政工程项目的投标。招标文件详细说明了报价应包括材料费、人工费、管理费以及一定比例的不可预见费。

误区：公司A在研读招标文件时，忽略了不可预见费的计算比例，以为只要涵盖主要费用即可，因此，未将不可预见费计入总报价中。

结果：在评标过程中，公司 A 的报价虽然低于其他竞争对手，但由于未能按要求包含不可预见费，被评标委员会认为报价不完整，最终失去投标资格。

案例 2：未能充分准备资格和资信证明文件

某软件公司 B 投标一个政府信息化建设项目。招标文件要求投标人提供公司营业执照、财务报表、同类项目经验证明等多项资格和资信证明文件。

误区：公司 B 认为自身在业内知名度较高，资信证明文件可以简化处理，只提交了营业执照和部分财务报表，而没有提供详细的同类项目经验证明。

结果：在资格审查阶段，公司 B 因资信证明文件不全，被认定为不合格投标人，失去了参与评标的机会。

案例 3：未能准确掌握投标截止时间

某物流公司 C 投标一项大型物流仓储服务项目。招标文件明确规定了投标文件的提交截止时间为某日下午3点。

误区：公司 C 负责人在研读招标文件时，没有注意到本地与招标城市存在的时差，误认为下午3点是本地时间。

结果：公司 C 在本地时间下午2点提交投标文件，但此时招标城市的时间已经过了下午3点，导致投标文件被拒绝接收。

案例 4：忽略技术规格的细节要求

某设备制造公司 D 投标一项高精密工业设备采购项目。招标文件详细列出了设备的技术规格和性能要求，包括精度、材料、操作温度等。

误区：公司 D 在研读技术规格时，只关注了主要性能参数，而忽略了操作温度要求，提交的投标方案中设备操作温度范围不符合要求。

结果：在技术评审阶段，评标委员会发现公司 D 的设备不能满足操作温度的要求，认为其技术方案不符合招标要求，导致投标失败。

（三）合同管理工作总结

合同管理是政府采购的关键环节之一。在当前我国政府采购越来越重视从需求到履约验收全链条管理的背景下，合同管理尤为重要，其对提高政府采购效率、降低政府采购活动风险、实现政府采购物有所值目标有着重要意义。通过实际调研，笔者发现，部分采购人在政府采购合同管理方面仍存在一系列问题，影响着政府采购效力的发挥。笔者认为，应以问题为导向，强化政府采购合同管理。

（1）政府采购合同管理存在的主要问题。

政府采购合同对政府采购中各主体法律关系及权利义务进行了划分及规范，是采购人和供应商出现纠纷时划分责任的主要依据。当前，采购人在政府采购合同管理中要存在以下四种问题。

一是合同流程不规范。《政府采购法》与《民法典》对于政府采购合同流程有着明确规定，但在实际的政府采购活动中，采购合同在签订、履行和验收环节中均存在不规范的情况。

在合同签订环节，合同未按规定时间签订的情况屡有发生。《政府采购法》第四十六条规定了采购合同的签订日不应超过自中标、成交通知书发出之日起的 30 日。然而，在实际签订过程中，仍有较多单位签订的政府采购合同日期超出了法定时间限制。

在合同履行环节，存在合同签订前就履行合同或合同未按订立条款履行的情况。依照《民法典》第五百零九条规定，当事人应当按照约定全面履行自己的义务。但笔者发现，有的政府采购合同尚未签订，但合同已经开始履行，存在补签合同现象；有的采购合同未按签订的合同条款履行，如实际合同款支付日期晚于合同约定日期、付款期或付款金额与合同约定不符、实际到货与合同约定采购物品种类、单价、数量不符等问题。无论是在合同签订前就履行合同，还是未按文本内容履行合同，都会削弱合同约束力，偏离采购目标。

在合同验收环节，存在未严格按照合同规定内容进行验收的情况。《政府采购法实施条例》第四十五条对验收环节作出了明确要求，即采购人或者采购代理机构应当按照政府采购合同规定的技术、服务、安全标准组织对供应商履约情况进行验收，并出具验收书。验收书应当包括每一项技术、服务、安全标准的履约情况。然而，在实际验收过程中，部分单位仍存在未按照合同规定逐项验收、未验收即支付合同款项或未按规定记录验收结果等问题。

相关案例：在某市政府的一次公共设施升级改造项目中，出现了合同流程不规范的问题，导致了一系列连锁反应。该项目由市政府委托一家建筑公司负责施工，根据《政府采购法》规定，合同应在中标通知书发出后的30天内签订。然而，由于市政府采购部门的疏忽，加之建筑公司对合同条款的一些异议，双方在合同细节上反复协商，导致合同签订时间比法定期限晚了近两个月。在合同履行过程中，市政府在未与建筑公司充分沟通的情况下，擅自更改了部分施工要求，这导致建筑公司在材料采购和施工安排上出现了混乱。由于合同条款未能及时更新以反映这些变更，建筑公司在执行过程中遇到了法律风险和成本控制问题。此外，合同中规定的验收程序也未能得到严格执行，市政府在未进行充分验收的情况下就急于支付了部分款项，这为后续可能出现的质量问题埋下了隐患。最终，由于合同流程的不规范，项目在实施过程中出现了延期、成本超支和质量争议等问题。市政府不得不投入更多的时间和资源来解决这些问题，同时也损害了市政府的公信力和建筑公司的商业信誉。这个案例凸显了合同管理流程规范的重要性，以及在政府采购项目中严格遵守合同管理规定的必要性。

二是合同条款设计不规范。首先，在合同中存在相关条款不完善或涉嫌违规的情况，如在政府采购合同中未按规定将项目验收与合同金额支付挂钩，或违规收取质量保证金等。其次，合同要素不全，如缺失合同签订日期、公司法人或代表人签字等要素。最后，合同条款与招标文件设定的合同条款及中标文件的相关内容不一致。招标文件承载着采购需求、采购合同条款等内容，是供应商编制投标文件以及签订合同的基础。因此，合同条款应与招标文件、中标文件一脉相承。合同条款与招标文件、中标文件相关内容不一致，反映了招标采购过程的不规范性和随意性，常表现为签订合同金额与中标采购文件金额不一致，采购项目合同约定的付款方式与招标文件确定的不一致，采购人要求中标供应商在中标价基础上再给予优惠，以及采购人与中标供应商以低于中标价签订合同且在此基础上又签订补充合同等。

相关案例：在某次政府采购的 IT 系统集成项目中，由于合同条款设计不规范，引发了一系列合同执行问题。项目由一家知名的 IT 公司中标，负责为政府部门提供硬件设备和软件开发服务。在合同起草阶段，由于政府部门的合同管理人员缺乏足够的法律和专业知识，未能充分考虑到合同条款的完整性和明确性，导致合同中存在多处模糊不清的表述。例如，合同中关于项目交付的时间节点和质量标准没有具体明确，只是泛泛地提到了"按时交付"和"满足需求"，而没有具体的时间表和验收标准。此外，合同中对于变更请求的处理流程也未作出明确规定，导致在项目实施过程中，由于需求变更频繁，双方对于变更的响应时间和成本分摊产生了分歧。由于合同条款设计不规范，双方在合同执行过程中频繁发生纠纷，导致项目进度受阻，成本增加。最终，政府部门不得不投入更多的时间和资源来重新协商和修订合同条款，以解决双方的分歧。这个案例凸显了合同条款设计的重要性，尤其在政府采购项目中，合同条款的规范性和明确性直接关系到项目的顺利执行和风险控制。

三是合同信息公开不规范。部分政府采购项目并没有根据《政府采购法实施条例》第五十条规定，将采购合同在财政部门指定的媒体上公告，或尽管公开了相关合同信息，但超过了公开合同规定的 2 个工作日时限。合同信息公开的不规范，直接影响了政府采购合同的监管效果，不利于政府采购诚信体系建设。

相关案例：在某次政府采购医疗设备项目中，由于合同信息公开不规范，引发了公众对政府采购透明度的质疑。项目由一家国际知名的医疗设备供应商中标，负责为当地公立医院提供一系列先进的医疗设备。然而，在合同签订后，负责该项目的政府部门未能按照《政府采购法实施条例》的要求，在规定时间内将合同信息在指定的媒体上进行公告。由于合同信息公开的不规范，政府部门的公信力已经受到了影响。同时，供应商也因为合同信息的不透明而受到了市场的质疑，影响了其商业信誉。这个案例表明，合同信息公开是政府采购透明度的重要体现，对于维护政府采购的公正性、防止腐败具有重要作用。

四是合同内控管理制度不健全。部分采购人未有效建立政府采购合同内控管理制度。例如，合同签订和合同履行监控为同一人、合同签订人与验收人为同一人等，这是典型的不相容岗位未分离。在合同签订后，采购人信息记录不及时或有缺失，合同台账管理不规范，违反了《行政事业单位内部控制规范（试行)》的相关规定。

相关案例：在某市的一个城市基础设施建设项目中，由于合同内控管理制度不健全，导致了严重的管理漏洞和经济损失。项目由市政府委托一家建筑公司负责施工，合同金额高达数亿元。然而，在合同执行过程中，由于缺乏有效的内控管理制度，在合同的签订、履行和验收等环节出现了严重问题。首先，在合同签订环节，由于合同管理人员与项目执行人员职责不清，导致合同条款存在重大遗漏，例如，未明确规定材料质量标准、施工进度要求和违约责任等关键内容。此外，合同审查机制不健全，缺乏法律和财务专业人员的参与，使得合同存在法律风险和财务风险。其次，在合同履行过程中，由于缺乏有效的监控机制，项目进度严重滞后，材料质量和施工质量也未达到合同要求。项目管理人员未能及时发现和纠正问题，导致问题不断累积，最终影响了整个项目的质量和进度。最终，由于合同内控管理制度不健全，项目出现了严重的质量问题和进度问题，导致市政府不得不投入更多的资金和时间进行整改。这个案例凸显了合同内控管理制度的重要性。政府部门在进行政府采购和项目执行时，必须建立健全合同内控管理制度，明确岗位职责，加强合同审查和监控，规范合同履行和验收程序，以确保合同的规范执行和项目的成功实施。同时，也应加强合同管理人员的专业培训，提高合同管理的专业性和有效性。

（2）政府采购合同管理问题带来的不良后果。

对上文提及的在政府采购合同管理中存在的四个方面的问题，笔者认为，如果不加以解决，将会产生一些不良后果。

一是政府采购法律法规的权威性减弱，不利于采购活动依法依规良性开展。二是合同流程及内容的不规范会影响政府采购合同的法律效力，在后期出现纠纷时不利于保护相关方的权益。三是合同与招标文件、中标文件的割裂可能会导致出现游离于法律监管以外的不合法交易行为。四是合同履行与合同文本条款不一致使得政府采购的前期效果大打折扣，浪费了人力物力资源，也容易带来不公平现象，不利于政府采购领域营商环境的优化，也不利于政府采购目标的实现。五是合同信息公开不规范不利于各个社会主体参与对政府采购的监督，不利于促进信息流动、市场竞争，从而影响政府采购效率的提升。六是合同内控管理不健全会加大政府采购活动的风险，监管缺位也容易滋生腐败。

（3）强化政府采购合同内控管理的建议。

《深化政府采购制度改革方案》指出，深化政府采购制度改革要坚持问题导向，特别提到要强化采购人主体责任。对于政府采购合同管理过程中存在的诸多问题，笔者认为，要切实强化采购人主体责任，着力保障政府采购合同当事人的合法权益，进一步推动政府采购活动规范有序开展。

①增强采购人合同管理风险防范意识，强化监管合力。

采购相关人员应加强政府采购法律法规的学习，增强合同管理风险防范意识。如有必要，应特设部门或者安排专人负责合同管理。重点关注合同履行先于签订以及合同验收不规范等方面的问题，对于编入采购合同的履约验收标准及要求，应进行重点关注和核验，并将履约验收书留存备查。在合同签订前后均应进行审查，避免相关合同要件的遗漏。此外，在合同与招标文件、中标文件的对应性上也应加大检查力度，避免合同与招标文件、中标文件的割裂。对于合同与招标及中标文件不一致的地方，要重点延伸检查是否存在相关利益方的私下交易。对于在合同规范性审查或监督过程中发现的问题，责任人要及时上报并进行整改，对相关责任人也要有问责机制，对其权力进行约束。采购业务可能涉及采购人内部不同部门，比如，需求部门、采购部门、财务部门、资产管理部门等，不同部门都应在自己职责范围内协助监管政府采购合同履行，从而增强合同监管合力。

②规范采购合同流程，加强对合同签订、履行、验收环节的程序管理。

在合同签订环节，采购人应加强诚信意识，自觉遵守法律法规，尊重市场规则。按照《政府采购法》要求，在中标、成交通知书发出后 30 日内，及时完成合同签订，避免拖延签订时间。采购人应在合同签订前开展充分调查，做好合同签订准备，重点对合同履行能力情况进行调查，在充分掌握供应商成本和风险后确定合同条款。对于涉及专业技术以及法律法规关系复杂的合同，在合同文本拟定过程中，要组建涵盖法律、技术、财务等多领域专业人员的合同拟定团队。对于关键技术问题，可聘请外部专家对合同内容进行把关。在合同签订前，要注意合同要素是否完善。在合同签订后，应及时对合同签订内容及程序进行核查。对于缺失的合同要素，如合同签订日期、公司法人或代表人签字等，应尽快予以补充。采购人应将签订好的合同信息上传到单位合同内控信息系统或登记到合同内控专用台账。

在合同履行过程中，采购人要制定合同履行风险控制规定。统筹运用内控方法，细化具体内控措施，对于供应商偏离采购合同的情况，要及时指出并要求其整改。对在采购合同中关键环节和产品指标进行重点监管、实时审查。在合同履行期限结束后，采购人应及时对合同履行情况开展内部评价。对于合同履行过程中出现的问题，要提出整改方案，形成经验总结。

在合同验收环节，采购人应细化验收程序，实现对合同履行验收的全流程管理。关注合同验收人员的组成，采购人员不得担任验收人员。同时，也要在合同中明确规定验收结果和处理方法。对于特定采购合同，应联系专业质量检测机构进行检验。对验收不合格的情况，应按规定进行复验。对于已经验收合格的情况，也要随访、跟踪、监督。

③细化合同文本，规范合同内容设定。

采购人应深入了解市场动态，对市场供需情况、行业发展情况及供应商交付能力，展开周密调研。在对供应商成本和风险充分掌握后，拟定合同文本，并严格按照《民法典》和《政府采购法》的要求设定合同文本。采购人应采用标准化政府采购合同文本，在设置合同条款时，明确标注采购中的关键要素和重点环节。严格根据招标文件、中标文件中的内容设定合同内容，确保合同文本与招标文件需求、中标文件相关内容的一致性。此外，采购人还应在单位内部建立合同文本审核机制。在合同起草、签订环节，应由相关负责人对合同内容的合理性、合同文本的规范性、合同要素的完整性进行核查。对于合同文本及合同内容出现的纰漏，要及时进行修改。

④增强政府采购合同信息公开的规范性。

严格执行政府采购法律法规对合同公开的规定，加大对未公开采购合同或逾期公开信息单位的处罚力度。除按照《政府采购法实施条例》规定对直接负责的主管人员和其他直接责任人员依法给予处分外，可对直接负责的主管人员的直系领导也给予相应的警告。通过自下至上的连带追责机制，促进政府采购合同的信息公开。

⑤完善内控管理制度建设。

采购人应根据《行政事业单位内部控制规范（试行）》的相关规定，细化内部采购管理制度，规范内部管理工作流程。首先，着力健全和完善内控机制，注重政府采购内部控制环境的建设，为合同流程和内容的规范性提供制度保障。建立切实有效的内部控制运行机制，形成政府采购合同管理闭环。其次，合理设置工作岗位，明确岗位职责及分工，确保不相容岗位分离。要将合同的相关条款进行分解，并落实到个人。明确工作职责划分，达成事权与财权相互分离，从而使合同管理各环节相互监督制约。最后，完善内部监督流程。采购人应积极发挥单位内部控制职能部门职责，明确履行监管责任的主体。对采购人内部进行责任区分，形成多层次监管主体，避免出现责任划分不清、重复监管、监管责任缺失等情况。

二、中标筹划能力的制约因素分析

（一）政府采购能力建设不足

（1）法规遵循不足。部分供应商对于《政府采购法》及相关法律法规的理解不够深入，导致在实际操作中容易出现违规行为，如未按规定程序进行资格预审、未公示中标结果等。这不仅影响了政府采购的公正性和透明度，还可能给供应商自身带来法律风险。

（2）专业团队缺乏。政府采购活动涉及众多环节，包括资格预审、招标、投标、评审、签订合同等，每个环节都需要专业的知识和技能。然而，一些供应商由于缺乏专业的政府采购团队，导致在参与政府采购活动时，难以有效应对各个环节的挑战。

（3）实战经验不足。对于一些新手供应商来说，由于缺乏政府采购的实战经验，其往往难以准确判断采购项目的实际需求和市场状况，导致在编制响应文件时，难以提供符合采购人需求的解决方案。

（二）信息获取分析能力不足

（1）信息获取渠道有限。除政府官方发布的招标公告外，供应商还可以通过行业报告、专业媒体、市场调研等多种渠道获取政府采购信息。然而，一些供应商由于资源有限或缺乏市场调研能力，导致在获取政府采购信息时存在局限性。

（2）信息分析能力欠缺。即使供应商获取了政府采购信息，但由于缺乏深入分析和研究的能力，其往往难以准确判断采购项目的市场需求、竞争态势以及潜在风险。这可能导致供应商在参与政府采购活动时，无法制定有效的竞争策略。

（3）信息更新不及时。由于信息获取渠道有限或分析能力不足，一些供应商难以获取最新的政府采购信息，导致在参与采购活动时存在信息滞后的问题。这不仅影响了供应商的竞争地位，还可能导致供应商错过重要的商机。

（三）编制高质量的响应文件能力不足

（1）格式和内容不符合要求。一些供应商在编制响应文件时，未能严格按照政府采购文件的要求进行编写，导致响应文件的格式、内容等方面存在不符合要求的问题。这不仅会影响响应文件的可读性和可理解性，还可能影响评审专家对响应文件的评价。

（2）缺乏创新性和针对性。在编制响应文件时，供应商需要针对采购项目的具体需求进行深入分析和研究，提供具有创新性和针对性的解决方案。然而，一些供应商由于缺乏深入研究和创新能力，导致响应文件缺乏创新性和针对性，难以满足采购人的实际需求。

（四）信息不真实、不完整

为了提高中标概率，一些供应商可能在响应文件中提供虚假信息或隐瞒重要事实。这不仅违反了政府采购的诚信原则，还可能给供应商自身带来严重的法律风险。

（五）改进措施

（1）加强法规培训。定期对供应商团队进行政府采购法规的培训，提高团队成员对法律法规的理解和遵循能力。

（2）组建专业团队。鼓励供应商组建专业的政府采购团队，提高团队的专业素质和实战能力。

（3）拓宽信息获取渠道。鼓励供应商通过多种渠道获取政府采购信息，提高信息的准确性和时效性。

（4）加强信息分析能力。培养供应商的信息分析能力，使其能够准确判断采购项目的市场需求、竞争态势以及潜在风险。

（5）严格审查响应文件。在评审响应文件时，严格按照政府采购文件的要求进行审查，确保响应文件的格式、内容等方面符合要求。

（6）加强诚信建设。建立供应商诚信档案，对存在不诚信行为的供应商进行记录并采取相应的惩罚措施。同时，加强供应商的诚信意识教育，提高供应商的诚信水平。

三、对评价总结的针对性措施

在深入分析了供应商在政府采购能力建设、信息获取分析能力以及编制高质量的响应文件等方面存在的不足后，我们认识到这些不足对供应商中标（成交）能力产生了直接影响。为了持续提升供应商的中标（成交）

能力，我们需要从以下几个方面进行改进和优化。

（1）法规遵循与专业知识。供应商必须严格遵守政府采购相关法律法规，并不断提升团队的专业知识和技能水平。这包括对政府采购流程、政策规定、合同管理等方面的深入了解。

（2）信息获取与分析。供应商需要拓宽信息获取渠道，提高信息获取的效率和质量。同时，加强信息分析能力，准确判断采购项目的市场需求、竞争态势以及潜在风险，为制定有效的竞争策略提供有力支持。

（3）响应文件编制。供应商应严格按照政府采购文件的要求编制响应文件，确保文件的格式、内容等方面符合要求。同时，提高响应文件的创新性和针对性，针对采购项目的具体需求进行深入分析和研究，提供符合采购人需求的解决方案。

（4）诚信经营。供应商应坚持诚信经营原则，确保响应文件中的信息真实、完整、准确。避免提供虚假信息或隐瞒重要事实的行为，维护良好的商业信誉和声誉。

为了持续提升供应商的中标（成交）能力，我们提出以下针对性措施。

（1）加强法规培训与教育。定期组织供应商团队参加政府采购法规培训活动，提高团队成员对法规的理解和遵循能力。同时，将法规培训与日常业务活动相结合，确保团队成员在实际工作中能够熟练运用法律法规知识。

（2）组建专业团队。鼓励供应商组建专业的政府采购团队，提高团队的专业素质和实战能力。通过引进专业人才、加强内部培训等方式，不断提升团队的专业水平和服务质量。

（3）拓宽信息获取渠道。鼓励供应商通过多种渠道获取政府采购信息，比如，订阅行业报告、关注专业媒体、参加行业展会等。同时，加强与政府部门、行业协会等机构的沟通与合作，获取更多有价值的政府采购信息。

（4）加强信息分析能力。培养供应商的信息分析能力，使其能够准确判断采购项目的市场需求、竞争态势以及潜在风险。通过引入数据分析工具、加强市场调研等方式，提高信息分析的准确性和有效性。

（5）优化响应文件编制流程。建立规范的响应文件编制流程，明确各个环节的职责和要求。加强内部审核和质量控制，确保响应文件的格式、内容等方面符合要求。同时，鼓励供应商在响应文件中展现创新性和针对性，提高响应文件的竞争力。

（6）建立诚信档案与奖惩机制。建立供应商诚信档案，记录供应商的诚信经营情况。对存在不诚信行为的供应商进行记录并采取相应的惩罚措施，比如，限制参与政府采购活动等。同时，对诚信经营表现优秀的供应商给予表彰和奖励，激励供应商持续提高诚信水平。

附录　相关法律法规部门规章规范性文件

中华人民共和国立法法

　　第九届全国人民代表大会第三次会议通过　2000 年 3 月 15 日

　　第十二届全国人民代表大会第三次会议第一次修正　2015 年 3 月 15 日

　　第十四届全国人民代表大会第一次会议第二次修正　2023 年 3 月 13 日

中华人民共和国民法典

　　第十三届全国人民代表大会三次会议表决通过　2020 年 5 月 28 日

中华人民共和国预算法

　　第八届全国人民代表大会常务委员会第二次会议通过　1994 年 3 月 22 日

　　第十二届全国人民代表大会常务委员会第十次会议修订　2014 年 8 月 31 日

　　第十三届全国人民代表大会常务委员会第七次会议修订　2018 年 12 月 29 日

中华人民共和国政府采购法

　　第九届全国人民代表大会常务委员会第二十八次会议通过　2002 年 6 月 29 日

　　第十二届全国人民代表大会常务委员会第十次会议修改　2014 年 8 月 31 日

中华人民共和国招标投标法

　　第九届全国人民代表大会常务委员会第十一次会议通过　1999 年 8 月 30 日

　　第十二届全国人民代表大会常务委员会第三十一次会议修改　2017 年 12 月 27 日

中华人民共和国行政诉讼法

　　第七届全国人民代表大会第二次会议通过　1989 年 4 月 4 日

　　第十二届全国人民代表大会常务委员会第十一次会议第一次修正　2014

年 11 月 1 日

第十二届全国人民代表大会常务委员会第二十八次会议第二次修正 2017
年 6 月 27 日

中华人民共和国行政许可法

第十届全国人民代表大会常务委员会第四次会议通过 2003 年 8 月 27 日

第十三届全国人民代表大会常务委员会第十次会议修正 2019 年 4 月 23 日

中华人民共和国行政处罚法

第八届全国人民代表大会第四次会议通过 1996 年 3 月 17 日

第十一届全国人民代表大会常务委员会第十次会议《关于修改部分法律
的决定》第一次修正 2009 年 8 月 27 日

第十二届全国人民代表大会常务委员会第二十九次会议《关于修改〈中华
人民共和国法官法〉等八部法律的决定》第二次修正 2017 年 9 月 1 日

第十三届全国人民代表大会常务委员会第二十五次会议修订 2021 年 1
月 22 日

中华人民共和国行政复议法

第九届全国人民代表大会常务委员会第九次会议通过 1999 年 4 月 29 日

第十一届全国人民代表大会常务委员会第十次会议《关于修改部分法律
的决定》第一次修正 2009 年 8 月 27 日

第十二届全国人民代表大会常务委员会第二十九次会议《关于修改〈中华
人民共和国法官法〉等八部法律的决定》第二次修正 2017 年 9 月 1 日

第十四届全国人民代表大会常务委员会第五次会议修订 2023 年 9 月 1 日

中华人民共和国公司法

第十四届全国人民代表大会常务委员会第七次会议通过修订 2023 年 12
月 29 日

中华人民共和国科学技术进步法

第八届全国人民代表大会常务委员会第二次会议通过 1993 年 7 月 2 日

第十届全国人民代表大会常务委员会第三十一次会议第一次修订 2007
年 12 月 29 日

第十三届全国人民代表大会常务委员会第三十二次会议第二次修订　2021年12月24日

中华人民共和国仲裁法

第八届全国人民代表大会常务委员会第九次会议通过　1994年8月31日

第十一届全国人民代表大会常务委员会第十次会议第一次修正　2009年8月27日

第十二届全国人民代表大会常务委员会第二十九次会议第二次修正　2017年9月1日

第十四届全国人民代表大会常务委员会第十二次会议审议修订草案　2024年11月4日

中华人民共和国注册会计师法

第八届全国人民代表大会常务委员会第四次会议　1993年10月31日

第十二届全国人民代表大会常务委员会第十次会议《关于修改〈中华人民共和国保险法〉等五部法律的决定》修正　2014年8月31日

中华人民共和国标准化法

第七届全国人民代表大会常务委员会第五次会议通过　1988年12月29日

第十二届全国人民代表大会常务委员会第三十次会议修订　2017年11月4日

中华人民共和国消费者权益保护法

第八届全国人大常委会第四次会议通过　1993年10月31日

第十一届全国人民代表大会常务委员会第十次会议《关于修改部分法律的规定》第一次修正　2009年8月27日

第十二届全国人民代表大会常务委员会第五次会议通过《全国人民代表大会常务委员会关于修改〈中华人民共和国消费者权益保护法〉的决定》第二次修正　2013年10月25日

中华人民共和国特种设备安全法

第十二届全国人民代表大会常务委员会第三次会议通过　2013年6月29日

中华人民共和国海关法

第六届全国人民代表大会常务委员会第十九次会议通过　1987年1月22日

第九届全国人民代表大会常务委员会第十六次会议《关于修改〈中华人民共和国海关法〉的决定》第一次修正 2000 年 7 月 8 日

第十二届全国人民代表大会常务委员会第三次会议《关于修改〈中华人民共和国文物保护法〉等十二部法律的决定》第二次修正 2013 年 6 月 29 日

第十二届全国人民代表大会常务委员会第六次会议《关于修改〈中华人民共和国海洋环境保护法〉等七部法律的决定》第三次修正 2013 年 12 月 28 日

第十二届全国人民代表大会常务委员会第二十四次会议《关于修改〈中华人民共和国对外贸易法〉等十二部法律的决定》第四次修正 2016 年 11 月 7 日

第十二届全国人民代表大会常务委员会第三十次会议《关于修改〈中华人民共和国会计法〉等十一部法律的决定》第五次修正 2017 年 11 月 4 日

中华人民共和国中小企业促进法

第九届全国人民代表大会常务委员会第二十八次会议通过 2002 年 6 月 29 日

第十二届全国人民代表大会常务委员会第二十九次会议修订 2017 年 9 月 1 日

中华人民共和国反垄断法

第十届全国人民代表大会常务委员会第二十九次会议 2007 年 8 月 30 日

中华人民共和国民事诉讼法

第十届全国人民代表大会常务委员会第三十次会议第一次修正 2007 年 10 月 28 日

第十一届全国人民代表大会常务委员会第二十八次会议第二次修正 2012 年 8 月 31 日

第十二届全国人民代表大会常务委员会第二十八次会议第三次修正 2017 年 6 月 27 日

第十三届全国人民代表大会常务委员会第三十二次会议第四次修正 2021 年 12 月 24 日

第十四届全国人民代表大会常务委员会第五次会议修正 2023 年 9 月 1 日

中华人民共和国产品质量法

第七届全国人民代表大会常务委员会第三十次会议通过 1993 年 2 月 22 日

第九届全国人民代表大会常务委员会第十六次会议第一次修正　2000 年 7 月 8 日

第十一届全国人民代表大会常务委员会第十次会议第二次修正　2009 年 8 月 27 日

第十三届全国人民代表大会常务委员会第七次会议第三次修正　2018 年 12 月 29 日

中华人民共和国建筑法

第八届全国人民代表大会常务委员会第二十八次会议通过　1997 年 11 月 1 日

第十一届全国人民代表大会常务委员会第二十次会议第一次修正　2011 年 4 月 22 日

第十三届全国人民代表大会常务委员会第十次会议第二次修正　2019 年 4 月 23 日

中华人民共和国药品管理法

第六届全国人民代表大会常务委员会第七次会议通过　1984 年 9 月 20 日

第九届全国人民代表大会常务委员会第二十次会议第一次修订　2001 年 2 月 28 日

第十二届全国人民代表大会常务委员会第六次会议第一次修正　2013 年 12 月 28 日

第十二届全国人民代表大会常务委员会第十四次会议第二次修正　2015 年 4 月 24 日

第十三届全国人民代表大会常务委员会第十二次会议第二次修订　2019 年 8 月 26 日

中华人民共和国政府采购法实施条例

国务院第 75 次常务会议通过　2014 年 12 月 31 日

中华人民共和国招标投标法实施条例

国务院令第 183 次常务会议通过　2011 年 11 月 30 日

国务院令第 676 号《国务院关于修改和废止部分行政法规的决定》第一次修订　2017 年 3 月 21 日

国务院令第 698 号《国务院关于修改和废止部分行政法规的决定》第二次修订 2018 年 3 月 19 日

国务院令第 709 号《国务院关于修改部分行政法规的决定》第三次修订 2019 年 3 月 2 日

建设工程安全生产管理条例

国务院第 28 次常务会议通过 2003 年 11 月 12 日

中华人民共和国进出口货物原产地条例

国务院第 61 次常务会议通过 2004 年 8 月 18 日

安全生产许可证条例

国务院第 34 次常务会议通过 2004 年 1 月 7 日

国务院令第 638 号《国务院关于废止和修改部分行政法规的决定》第一次修订 2013 年 7 月 18 日

国务院令第 653 号《国务院关于修改部分行政法规的决定》第二次修订 2014 年 7 月 2 日

中华人民共和国行政复议法实施条例

国务院第 177 次常务会议通过 2007 年 5 月 23 日 – 中华人民共和国电信条例

国务院第 31 次常务会议通过 2000 年 9 月 20 日

国务院令第 653 号《国务院关于修改部分行政法规的决定》修订 2014 年 7 月 29 日

建设工程质量管理条例

国务院第 25 次常务会议通过 2000 年 1 月 10 日

国务院令第 687 号《国务院关于修改部分行政法规的决定》修订 2017 年 10 月 7 日

国务院令第 714 号《国务院关于修改部分行政法规的决定》修订 2019 年 4 月 23 日

中华人民共和国外商投资法实施条例

国务院第 74 次常务会议通过 2019 年 12 月 12 日

中华人民共和国工业产品生产许可证管理条例

　　国务院令国务院第97次常务会议通过　2005年6月29日

　　国务院令第752号《国务院关于修改和废止部分行政法规的决定》第一

　　次修订　2023年7月20日

政府采购非招标采购方式管理办法

　　财政部令第74号　2013年12月19日

政府采购货物和服务招标投标管理办法

　　财政部第87号令　2017年7月11日

政府采购质疑和投诉办法

　　财政部第94号令　2017年12月26日

政府购买服务管理办法

　　财政部令第102号　2020年1月3日

政府采购需求管理办法

　　财库〔2021〕22号　2021年4月30日

政府采购框架协议采购方式管理暂行办法

　　财政部令第110号　2022年1月14日

必须招标的工程项目规定

　　国家发改委令第16号　2018年3月27日

国务院办公厅关于建立政府强制采购节能产品制度的通知

　　国办发〔2007〕51号　2007年7月30日

国务院办公厅关于印发整合建立统一的公共资源交易平台工作方案的通知

　　国办发〔2015〕63号　2015年8月10日

政府采购进口产品管理办法

　　财库〔2007〕119号　2007年12月27日

关于政府采购进口产品管理有关问题的通知

　　财库〔2008〕248号　2008年7月9日

关于明确政府采购保证金和行政处罚罚款上缴事项的通知

　　财库〔2011〕15号　2011年1月20日

财政部关于进一步规范政府采购评审工作有关问题的通知

财库〔2012〕69号 2012年6月11日

财政部关于推进和完善服务项目政府采购有关问题的通知

财库〔2014〕37号 2014年4月14日

政府和社会资本合作项目政府采购管理办法

财库〔2014〕215号 2014年12月31日

政府采购竞争性磋商采购方式管理暂行办法

财库〔2014〕214号 2014年12月31日

中央预算单位变更政府采购方式审批管理办法

财库〔2015〕36号 2015年1月15日

财政部关于政府采购竞争性磋商采购方式管理暂行办法有关问题的补充通知

财库〔2015〕124号 2015年6月30日

财政部关于贯彻落实整合建立统一的公共资源交易平台工作方案有关问题的通知

财库〔2015〕163号 2015年9月15日

财政部关于在政府采购活动中查询及使用信用记录有关问题的通知

财库〔2016〕125号 2016年8月1日

政府采购评审专家管理办法

财库〔2016〕198号 2016年11月18日

财政部关于进一步加强政府采购需求和履约验收管理的指导意见

财库〔2016〕205号 2016年11月25日

关于促进残疾人就业政府采购政策的通知

财库〔2017〕141号 2017年8月22日

政府采购代理机构管理暂行办法

财库〔2018〕2号 2018年1月4日

关于促进政府采购公平竞争优化营商环境的通知

财库〔2019〕38号 2019年7月26日

工业和信息化部、财政部关于公布国务院部门涉企保证金目录清单的通知

工信部联运行〔2017〕236 号 2017 年 9 月 21 日

财政部发展改革委生态环境部市场监管总局关于调整优化节能产品、环境
标志产品政府采购执行机制的通知

财库〔2019〕9 号 2019 年 2 月 1 日

关于印发节能环保产品政府采购清单数据规范的通知

财办库〔2017〕3 号 2017 年 1 月 9 日

关于印发环境标志产品政府采购品目清单的通知

财库〔2019〕18 号 2019 年 3 月 29 日

政府采购信息发布管理办法

财政部令第 101 号 2019 年 11 月 27 日

政府采购促进中小企业发展管理办法

财库〔2020〕46 号 2020 年 12 月 18 日

政府采购合作创新采购方式管理暂行办法

财库〔2024〕13 号 2024 年 4 月 24 日

机电产品国际招标投标实施办法（试行）

商务部令 2014 年第 1 号 2014 年 2 月 21 日

关于疫情防控采购便利化的通知

财办库〔2020〕23 号 2020 年 1 月 26 日

关于疫情防控期间开展政府采购活动有关事项的通知

财办库〔2020〕29 号 2020 年 2 月 6 日

关于开展政府采购意向公开工作的通知

财库〔2020〕10 号 2020 年 3 月 2 日

公平竞争审查制度实施细则（暂行）

发改价监〔2017〕1849 号 2017 年 10 月 23 日

国务院办公厅转发国家发展改革委关于深化公共资源交易平台整合共享指
导意见的通知

国办函〔2019〕41 号 2019 年 5 月 19 日

中央预算单位政府集中采购目录及标准（2020 年版）

国办发〔2019〕55 号

关于多家代理商代理一家制造商产品参加投标如何计算供应商家数的复函

财办库〔2003〕38 号　2003 年 4 月 14 日

关于开展政府采购信用担保试点工作的通知

财库〔2011〕124 号　2011 年 9 月 5 日

政府采购品目分类目录

财库〔2013〕189 号　2013 年 10 月 29 日

关于政府采购支持监狱企业发展有关问题的通知

财库〔2014〕68 号　2014 年 6 月 10 日

关于做好政府采购信息公开工作的通知

财库〔2015〕135 号　2015 年 7 月 17 日

关于未达到公开招标数额标准政府采购项目采购方式适用等问题的函

财办库〔2015〕111 号　2015 年 5 月 28 日

关于〈中华人民共和国政府采购法实施条例〉第十八条第二款法律适用的函

财办库〔2015〕295 号　2015 年 9 月 7 日

关于完善中央单位政府采购预算管理和中央高校、科研院所科研仪器设备
采购管理有关事项的通知

财库〔2016〕194 号　2016 年 11 月 10 日

国务院办公厅关于加强行政规范性文件制定和监督管理工作的通知

国办发〔2018〕37 号　2018 年 5 月 16 日

关于印发节能产品政府采购品目清单的通知

财库〔2019〕19 号　2019 年 4 月 2 日

中央预算单位政府集中采购目录及标准（2020 年版）的通知

国办发〔2019〕55 号　2019 年 12 月 26 日

关于印发《项目支出绩效评价管理办法》的通知

财预〔2020〕10 号　2020 年 2 月 25 日

关于印发《政府采购公告和公示信息格式规范（2020 年版)》的通知

财办库〔2020〕50 号　2020 年 3 月 18 日

关于《必须招标的基础设施和公用事业项目范围规定》实施工作的通知

发改办法规〔2020〕770 号 2020 年 10 月 19 日

关于运用政府采购政策支持乡村产业振兴的通知

财库〔2021〕19 号 2021 年 4 月 24 日

财政部关于印发《政府采购品目分类目录》的通知

财库〔2022〕31 号 2022 年 9 月 2 日

财政部办公厅关于组织地方预算单位做好 2024 年政府采购脱贫地区农副产品工作的通知

财办库〔2023〕252 号 2023 年 12 月 29 日

财政部关于做好政府采购框架协议采购工作有关问题的通知

财库〔2022〕17 号 2022 年 5 月 16 日

财政部关于进一步加大政府采购支持中小企业力度的通知

财库〔2022〕19 号 2022 年 5 月 30 日

财政部办公厅关于在中央预算单位开展政府采购评审专家和采购代理机构履职评价试点工作的通知

财办库〔2022〕192 号 2022 年 8 月 10 日

财政部办公厅 住房城乡建设部办公厅 工业和信息化办公厅关于印发《政府采购支持绿色建材促进建筑品质提升政策项目实施指南》的通知

财办库〔2023〕52 号 2023 年 3 月 22 日

关于加强财税支持政策落实 促进中小企业高质量发展的通知

财预〔2023〕76 号 2023 年 8 月 20 日

关于印发《预算指标核算管理办法（试行）》的通知

财办〔2022〕36 号 2022 年 9 月 21 日

关于进一步提高政府采购透明度和采购效率相关事项的通知

财办库〔2023〕243 号 2023 年 12 月 8 日

关于进一步提高政府采购信息查询使用便利度的通知

财办库〔2024〕30 号 2024 年 2 月 4 日